MBA精读系列

30天精读MBA ②
商务金融
你通往商业成功的快车道

[英] 科林·巴罗（Colin Barrow）◎著
王丽君◎译

[第二版]

THE 30 DAY MBA IN BUSINESS FINANCE
YOUR FAST TRACK GUIDE TO BUSINESS SUCCESS

中信出版集团 | 北京

图书在版编目（CIP）数据

30天精读MBA.②，商务金融：第二版/（英）科林·
巴罗著；王丽君译.--北京：中信出版社，2019.6
（MBA精读系列）
书名原文：The 30 Day MBA in Business Finance:
Your Fast Track Guide to Business Success
ISBN 978-7-5217-0582-9

Ⅰ.①3… Ⅱ.①科… ②王… Ⅲ.①工商行政管理-
教材 Ⅳ.①F203.9

中国版本图书馆CIP数据核字(2019)第087911号

The 30 Day MBA in Business Finance (2nd ed) by Colin Barrow
Copyright © Colin Barrow, 2011, 2016
This translation of The 30 Day MBA in Business Finance is published by arrangement with Kogan Page.
Simplified Chinese translation copyright © 2019 by CITIC Press Corporation
ALL RIGHTS RESERVED
本书仅限中国大陆地区发行销售

30天精读MBA②：商务金融（第二版）
（MBA精读系列）

著　　者：[英]科林·巴罗
译　　者：王丽君
出版发行：中信出版集团股份有限公司
　　　　　（北京市朝阳区惠新东街甲4号富盛大厦2座　邮编　100029）
承　印　者：北京通州皇家印刷厂

开　　本：787mm×1092mm　1/16　印　张：21.25　字　数：260千字
版　　次：2019年6月第1版　　　　印　次：2019年6月第1次印刷
京权图字：01-2019-1937　　　　　 广告经营许可证：京朝工商广字第8087号
书　　号：ISBN 978-7-5217-0582-9
定　　价：58.00元

版权所有·侵权必究
如有印刷、装订问题，本公司负责调换。
服务热线：400-600-8099
投稿邮箱：author@citicpub.com

再版说明

本书多数章节均附有全球知名商学院的相关免费教学资源的链接。

本书还提供了数百课时的免费视频课程链接，主讲人是来自各大商学院的知名教授，其中的知名院校包括克兰菲尔德大学管理学院、宾夕法尼亚大学沃顿商学院、芝加哥大学布斯商学院、哈佛商学院和伦敦商学院。

你也可以从耶鲁大学商学院（http://opa.yale.edu/netcasts.aspx）进入有关私募股权、银行业、早期投资及如何撰写商业计划书等主题的在线讲座。

你可以下载知名的杜克大学福库商学院关于商业预测的课程材料，这对于进行财务预测的人来说有很重要的意义。

你也可以打开克兰菲尔德大学管理学院系列研究论文的链接，了解全球供应链物流领域的最新见解，或观看哈佛商学院教授迈克尔·波特（Michael Porter）的演讲，他是全球知名的国际商业战略方法论的领军人物。

你也可以点击链接 http://www.koganpage.com/product/the-30-day-mba-in-business-finance-9780749475406 查看上述所有的在线资源及其他相关资源，这些资源的清单也穿插在本书各章节之中。

目 录

插图列表 /IX

表格列表 /XI

案例列表 /XIII

引 言 /001

商务金融 MBA 的核心学科 /006

商务金融 MBA 知识的主要用途 /008

本书的组织方式和使用方法 /009

新增网络学习资源 /010

第一部分 商务金融的基本原理

第一章 财务报表 /015

财务信息由谁使用及为何使用 /017

会计分支 /018

记账——记录交易的方式 /020

现金流 /024

利润表 /028

资产负债表 /031

财务报表 /038

第二章 会计规则 /041

基本惯例 /042

会计原则 /047

规则制定者 /048

国际会计准则 /049

保护投资者 /049

第三章 分析财务报表 /055

分析账目 /057

会计比率 /059

使用比率的一些问题 /069

获得公司账目 /072

使用财务数据改善业绩 /076

第四章 财务在价值创造中的作用 /091

成本、数量、定价和利润决策 /093

利润最大化与股东价值 /106

资本成本 /109

未来投资决策 /113

外 包 /117

股票和市场 /122

第二部分 企业资本结构

第五章 企业结构在融资业务中的作用 /129

企业结构 /131

第六章　债务融资　/139

　　银行贷款　/141

　　地方融资计划　/146

　　债券、信用债券和抵押贷款　/147

　　资产融资　/153

第七章　股　权　/159

　　私募股权　/162

　　公共资本　/173

　　投资者想要什么　/185

　　混合融资　/189

　　免费资金——赠予　/189

第三部分　金融战略和特殊主题

第八章　风险管理　/195

　　杠　杆　/197

　　客户违约　/201

　　在线交易和远程交易　/212

　　外汇交易　/213

第九章　营业税和利润报告程序　/219

　　税务原理　/220

　　税　种　/222

　　审计师——守门人　/225

　　申报账目　/228

董事的职责和义务　　/230

价值观和会计报表　　/233

第十章　并　购　/239

进行并购　/244

评估并购目标　/247

限制风险　/253

明确监管机构　/257

第十一章　商业计划和预算　/261

预　测　/262

经济周期　/266

商业计划　/270

预算和差异　/274

第十二章　MBA通用的其他核心课程　/281

市场营销　/283

组织行为　/296

激　励　/303

战　略　/306

制定战略——工具和技巧　/313

插图列表

图 1-1　一个简单的业务记账系统　/023

图 4-1　成本模型 1：固定成本　/096

图 4-2　成本模型的变化 1：固定成本的提高　/097

图 4-3　成本模型 2：可变成本随数量变化而产生的变化情况　/098

图 4-4　总成本和固定成本模型　/099

图 4-5　盈亏平衡点成本模型　/099

图 4-6　特殊交易的盈亏平衡图　/104

图 6-1　蛇王啤酒融资策略　/152

图 7-1　出资喜好　/186

图 8-1　关于失败的风险的一些真相　/197

图 8-2　风险和杠杆　/200

图 8-3　信贷需求管理　/201

图 8-4　信用报告一部分　/203

图 9-1　全球税种及其变化趋势　/222

图 11-1　散布图示例　/264

图 11-2　散布图——最适合线　/265

图 11-3　教科书版的经济周期　/268

图 12-1　蛇王啤酒假想竞争对手 SWOT 分析表示例　/285

图 12-2　帮助理解组织行为的框架　/297

图 12-3　基本层级组织图　/298

图 12–4　直线参谋制示意图　　/300

图 12–5　职能组织示意图　　/301

图 12–6　矩阵组织示意图　　/302

图 12–7　战略业务单元的组织结构图　　/302

图 12–8　经验曲线　　/310

图 12–9　波士顿矩阵　　/315

图 12–10　目标金字塔　　/316

图 12–11　平衡计分卡　　/320

表格列表

表0-1　2015年英国《金融时报》全球顶尖商学院及2014年金融方向MBA排名　/003

表1-1　复试记账示例　/022

表1-2　映象公司未来6个月现金流预测　/025

表1-3　全球废品公司未经审计的简明现金流量表　/028

表1-4　映象公司6个月（4~9月）的利润表　/029

表1-5　映象公司扩展利润表　/030

表1-6　映象公司9月30日资产负债表　/033

表1-7　某美国公司资产负债表　/034

表1-8　财务报表　/038

表2-1　资产变"值"的例子　/043

表2-2　不匹配的利润表示例　/046

表3-1　影响利润绩效的因素　/057

表3-2　映象公司的扩展利润表　/060

表3-3　映象公司9月30日的资产负债表　/062

表3-4　乐购的"方向盘"比率　/068

表3-5　艰难的比较　/070

表3-6　谷歌公司账目　/074

表3-7　乐购公司利润表　/076

表3-8　映象公司的利润表和资产负债表　/077

表 3-9	评估折扣优惠	/080
表 3-10	产品收益（1）	/084
表 3-11	产品收益（2）	/084
表 3-12	依据贡献水平进行的固定成本分摊	/085
表 3-13	使用贡献水平算出的产品收益	/085
表 4-1	成本与数量关系示例	/094
表 4-2	计算安全边际（率）	/101
表 4-3	背景信息	/103
表 4-4	成本及售价明细	/104
表 4-5	加权平均资本成本	/112
表 4-6	回收期法	/114
表 4-7	使用贴现现金流	/115
表 8-1	杠杆对股东收益的影响	/198
表 8-2	EAT 公司利润表	/205
表 8-3	EAT 公司资产负债表	/205
表 8-4	债权人发票的账龄分析	/209
表 8-5	数百万货币单位的外汇转换风险	/215
表 10-1	贴现未来收益流	/249
表 11-1	概要——历史和预测	/271
表 11-2	固定预算	/275
表 11-3	固定预算	/276
表 12-1	安索夫成长矩阵	/314

案例列表

全球废品公司　　/027

惠普公司与自治公司　　/050

奥凯多　　/107

贺卡公司Moonpig　　/118

宝孕高　　/141

目的地伦敦　　/146

蛇王啤酒　　/150

奥克汉姆　　/156

亚马逊为何能让互联网书店黯然失色　　/165

Innocent　　/167

众　筹　　/169

芝兰哥——墨西哥卷饼债券是如何诞生的　　/170

贺卡坊　　/174

Meraki：企业创投数百万美元交割日　　/177

Travelport折戟IPO　　/182

汤姆兄弟　　/187

EAT——内部信用风险评估研究　　/206

附注35　报告周期后的事项　　/230

联合利华——嵌入企业道德　　/234

壳牌并购英国天然气集团　　/240

城市航空快运　　/251

"至死不渝"　　/255

宜　家　　/256

博　登　　/270

默契网　　/287

雅来药厂　　/318

引 言

- 商务金融方向的 MBA 学习哪些内容
- 你为何需要掌握这些知识
- 如何使用本书
- 规划自己的学习方案

欧洲商学院（Ecole Spéciale de Commerce et d'Industrie，即 ESCP Europe）1819年创建于巴黎，享有"世界第一商学院"的声誉。曾引入"企业家"这一概念的让–巴蒂斯特·萨伊（Jean-Baptiste Say）是欧洲商学院的首位经济学教授。美国第一所商学院是沃顿（Wharton）商学院，由无师自通的商人约瑟夫·沃顿（Joseph Wharton）创建于1881年。沃顿曾是一名矿工，通过经营美国镍公司（American Nickel Company）和伯利恒钢铁公司（Bethlehem Steel Corporation）积累了一笔可观的财富，其经历后来成了最早的商业案例研究对象。哈佛商学院是能与沃顿商学院媲美的后起之秀，它于1908年成立时只有15名教员。

英国是开设商学院大潮的后来者。亨利大学管理学院（Administrative Staff College at Henley），也就是现在的亨利商学院（Henley Business School），创建于1945年，是作为平民的军官学院而创建的，它实际上就是一所商学院。长久以来，政客和商人都坚信管理是一种与生俱来的能力，而这一观念又被家族经营企业高度集中的管理模式所强化，因而此后又过了10年左右，这一观念才得以弱化。后来，在曼彻斯特（Manchester, 1965年）、伦敦（London, 1966年）和克兰菲尔德（Cranfield, 1967年）成立的三大商学院都是作为大学的一部分建立的，但都享有极大的自主权。克兰菲尔德大学管理学院（Cranfield School of Management）由工读学院（Work Study School）发展而来，实际开学是在1953年。

除了巴黎的欧洲商学院外，欧洲的其他商学院虽然开设得比较晚，但它们在近几十年来都迎头赶上来了。仅在德国，能够授予商科研究生学位的机构就已经超过70家。如表0-1所示，MBA在全世界范围内广受欢迎，金融方向MBA也是如此。然而，各商学院的总体排名与其在金融方向的排名却不是完全一致的。沃顿商学院虽然在全球的总体排名是第三，但其金融方向MBA排名全球第一；哈佛商学院虽然总体排名第一，但其金融方向MBA却只排名第四。

表0-1　2015年英国《金融时报》全球顶尖商学院及2014年金融方向MBA排名*

学　校	2015年商学院及2014年金融方向MBA排名**	国家
哈佛商学院 Harvard Business School	1（4）	美国
伦敦商学院 London Business School	2（2）	英国
宾夕法尼亚大学沃顿商学院 University of Pennsylvania: Wharton	3（1）	美国
斯坦福商学院 Stanford Graduate School of Business	4（9）	美国
欧洲工商管理学院 INSEAD	4（7）	法国
哥伦比亚大学商学院 Columbia Business School	6（6）	美国
麻省理工学院斯隆商学院 MIT Sloan	8（13）	美国
芝加哥大学布斯商学院 University of Chicago: Booth	9（3）	美国
加州大学伯克利分校哈斯商学院 University of California at Berkeley: Haas	10（21）	美国
IE商学院 IE Business School	12（8）	西班牙
西北大学凯洛格商学院 Northwestern University: Kellogg	14（10）	美国
洛桑国际管理发展学院 IMD（International Institute of Management Development）	20（18）	瑞士
杜克大学福库商学院 Duke University: Fuqua	21（26）	美国

（续表）

学　校	2015年商学院及2014年金融方向MBA排名**	国家
牛津大学赛德商学院 Said（Oxford）	22（23）	英国
达特茅斯学院塔克商学院 Dartmouth College: Tuck	23（36）	美国
印度管理学院艾哈迈达巴德分校 Indian Institute of Management, Ahmedabad	26（16）	印度
意大利博科尼商学院 SDA Bocconi	26（15）	意大利
印度商学院 The Indian School of Business	33（37）	印度
伦敦城市大学卡斯商学院 City University: Cass	45（27）	英国
圣加伦大学 University of St. Gallen	627（31）	瑞士①

注释：* 本排名以各校的教学、研究及学习资源为依据。

** 数据来源为"顶尖MBA"（TopMBA）排名（http://www.topmba.com/mba-rankings/specialization/finance）。

MBA是为了弥补企业管理人员专业能力的不足和认可资质的缺乏而推出的。通常，会计师、工程师、科学家、精算师、化学家和心理学家等人员都有各自领域的知识体系及认证协会，这确保了在这些领域从业的人员满足其岗位职责的最低要求。在某种程度上，MBA能够解决管理人员专业能力不足的问题。目前，全球超过2 000所商学院每年培养成千上万的MBA毕业生。随着商业世界变得愈加复杂，对于更加专业的商科学位的需求也变得愈加明显，这些学位不同于以往的全科全能的MBA。虽然总览性学习是好事，但是对于那些想要进入某一特定领域从事管理工作的人来说，他们还需要学习更多的东西。专业性的MBA由此应运而生。

---

① 原书此处误为United States（美国），圣加伦大学是瑞士著名大学之一。——编者注

本书的研究对象——商务金融 MBA 有很多不同的名称。它最初是普通 MBA 里的一个专业方向。早在 1881 年，爱丁堡大学（the University of Edinburgh）就开设了专门研究金融的 MBA，这是世界上第一个专业金融硕士项目，当时沃顿商学院也开设了同样的项目。芝加哥大学布斯商学院开设的金融项目主要聚焦于证券行为研究，它源于该校的证券价格研究中心（Center for Research in Security Prices），该中心在提供股市历史数据方面占据领先地位。伦敦商学院的优势项目是金融硕士，克兰菲尔德大学、麻省理工学院和斯坦福大学也都使用了这一名称。然而，利物浦大学（Liverpool）、东北大学（Northeastern University）及很多其他大学该项目都用的是"金融方向 MBA"（MBA in Finance）这一名称。金融领域的 MBA 还需要进一步细化。北威尔士大学班戈商学院（Bangor Business School in North Wales）开设了伊斯兰银行与金融方向 MBA（MBA in Islamic Banking and Finance）。

金融管理方向 MBA 学习哪些内容？将来有何用处？

如果你想在规划组织方向及其实施过程中扮演更全面的角色，却又苦于缺乏财务和会计知识，那么阅读本书能让你在参与战略决策时具备与 MBA 毕业生同等的资格，同时又能让你在决策过程中感觉很轻松。对于来自公共和私有领域各种规模的组织机构的专业人士来说，本书包含的 MBA 金融和会计技能可以让他们得心应手地加以运用，从而比起那些在这方面懂得少的同事更有竞争优势。

商务金融涉及诸多学科领域，而各领域又由丰富的内容构成。这些学科包含了能够帮你有效分析公司财务状况的工具，利用业务相关的内部信息，以及决策前你需要了解的关于市场、竞争者和一般企业环境的相关外部信息。

"概念"和"工具"是本书的重点。在商界，关于组织能够或者说应该如何运作及塑造它们自身以提高成效的理论与思想有很多冲突和矛盾。这些理论思想流行一时又很快过时，逐渐会被美化或被替代。这就好比一个木匠的工具箱里的工具数量是有限的，而使用同一件工具能够制作的产品的数量却是无限的。木工产品的最终成功一部分取决于木匠使用工具的技巧，而另一部分在一定程度上则取决于他在特定时间所处的环境。瞄一眼木匠的工具箱，我们就能发现他长期使用的常见的实用工具——螺丝刀、钳子、扳手、细刨、锯和锤子。

在商业活动中，没有什么所谓的最优资本结构或最合适的新上市产品数量，也不存在并购是或不是制胜战略之说。比如，最佳负债权益比会因组织类型及当下的货币市场而有所不同，这一比率对同一企业而言，也会因其所处的时间和追求的战略的不同而有差异。企业可以使用借来的资金而不是股东资金将固有的风险市场策略进行分层，也就是说使用多样化的风险金融策略，这样可能会比单独使用某一项策略面临更大的风险。然而，无论做出哪种选择，评估金融和市场优劣势的工具都基本相同。本书将为你解释这些学科中会使用到的概念和工具并教你如何单独使用它们，以便更全面地评估经营形势。

商务金融 MBA 的核心学科

商务金融 MBA 的核心学科并不算多。很多商学院会避开这些学科里的一些重要内容，因为从研究或职业前景来看它们过于强调实践，没有吸引力；或者过分倾向于技能或艺术，而不是学术。因此，有些商学院将较高水平的基础会计知识作为学生必需的知识储备，或者仅提供该学科的在线学习资源。在某些情况下，一些商学院可能也会有内容独特的专业选修课，如伦敦商学院开设的并购及其他更复杂的公司改组方式的财务分析，卡斯商学院开设的金融犯罪防范。在金融方向 MBA 排名第一的沃顿商学院，戴维·韦塞尔斯（David Wessels）教授研究了全球最有价值的公司是如何创造价值的，以及它们如何维持竞争地位。沃顿商学院金融系的其他 80 名左右的教师，则深入研究了他们感兴趣的其他领域。顺便提一下，有些商学院根本没有这么多的教师，这也在某种程度上解释了为什么沃顿商学院如此杰出。

以下是金融方向 MBA 的教学大纲中必不可少的核心内容。

商务金融的基本原理
- 财务报表：现金流、利润表和资产负债表，以及它们的结构、目标和局限性。
- 会计规则：会计概念、原则和程序，有哪些能和不能通过账目看出的业绩。
- 分析财务报表：财务信息的来源，使用比率衡量和比对经营业绩。
- 财务在价值创造中的作用：利润最大化与股东价值，计算各种资本的成本和资本投资评估技术。

企业资本结构
- 企业结构：如个体经营者、合伙经营、有限合伙、私人企业或上市公司在金融业务中的作用。
- 债务融资：银行、贷款、透支、债券、联合贷款、商业票据及政府资助的作用。
- 资产融资：租赁融资、租购及售后回租。
- 周转基金：保理、发票贴现、汇票、承兑信用证及卖方融资。
- 股权：企业概览、股权投资者（标准和回报）、商业价值评估、股份（普通股、优先股和转换股）、天使投资人和种子融资、商业孵化器、私人风险投资、政府资助的风险投资、企业风险投资及股市。

- 夹层融资（mezzanine finance）：混合使用债务和股权融资。这两者是公司扩张的典型融资方式。夹层融资本质上就是债务资本，贷方有权由此转换为所有权或股权。

金融策略和特殊主题
- 风险管理：概述金融风险、杠杆和杠杆比率、信用评分和评级、期权和衍生工具、期货、远期和互换交易、汇率风险（可能产生的影响）、远期市场期权的考虑、财务尽职调查、董事在融资中的职责、担保和赔偿、风险和商业周期。
- 营业税和利润报告程序：融资来源的税务处理、投资者会计、审计者角色和责任、债务契约（收回贷款的合法依据）、停止营业及经营失利情况下的融资啄序（pecking order）。
- 并购：价值评估方法、搜索方法、公司财务顾问的选择和使用、谈判的影响因素、盈利能力支付协议的处理、并购的人性化安排及合并后企业的会计。
- 商业计划和预算：预测方法和因果关系、预算指南、预算模型构建、预算的编制和修订、现金和资本预算、通过差异分析监控企业业绩以及计划的制订。
- 其他通用的MBA课程：市场学、组织行为学、激励和战略。

商务金融 MBA 知识的主要用途

本书或商学院课程所涵盖的商务金融专业知识，能够加强学生对金融理论和实践的透彻理解，帮助学生掌握必要的技能来运用会计和财务工具，而这些工具是解读和影响财务业绩所必需的。拥有这些技能，你就能够得心应手地做好下面这些事情。

- 获得财务分析能力，具备战略视角，从而帮你在制定关键商业决策时更有效地与高管层互动。
- 在财务规划和控制、财务分析、外汇风险管理和资本预算中充分发挥作用。
- 高效参与购买、出售及合资等并购策略的制定。
- 了解商业融资方式及金融机构在融资决策时采用的标准，并在帮助企业筹集资金方面发挥作用。
- 编制业务计划和财务计划。
- 了解股权市场的运作方式及如何有效运用此类市场。

商务金融 MBA 的知识还能为你的职业发展和改变开启更多机会。这些种类繁多的职业领域包括业务分析，并购，投资，银行，贸易，投资管理，对冲基金，证券分析，机构销售，证券经纪，资本市场，风险管理，公司、非营利机构、监管部门及经贸组织的财务部门，以及投资者关系。一旦熟练地掌握了本领域的知识，你就有可能实现非常大的职业进步。伦敦商学院有这样一个案例，一个攻读金融硕士项目的非全日制学生在 3 年里从财经新闻广播行业转到了新兴市场固定收益产品的精品投资管理领域。

本书的组织方式和使用方法

本书每章都涵盖了顶级商务金融 MBA 项目所有核心学科的基本要素。作者还针对很多话题提供了全球顶级商学院的免费教学资源网址，以及包括伦敦商学院、帝国理工学院（Imperial College London）、牛津大学和阿斯顿（Aston）大学等顶级学校知名教授的数百小时的免费视频讲座网址。通过本书提供的网址，你能够下载杜克大学福库商学院有关财务预测的讲座资料。你还能获得克兰菲尔德大学管理学院的系列研究论文链接，从而获得最前沿的商务金融知识。

根据你的财务学基础知识，这三个部分的每个部分你都应计划 8 天的时间来学习。你应当制定一个延续周期为 12、24 或 36 周的时间表。在期末考试前，你应花几天时间复习，此时你可以登录如下网址找到一些期末试卷样题：www.koganpage.com/30DaysMBA。

每章的主题都对应着你能在重点商学院的教学大纲上可以找到的内容，大纲上涉及的是你能够从老师或同学那里学到的理论基础及其实际应用。

最后一章是核心章节，内容包括一名 MBA 在每天的工作当中会用到的或者工作多多少少会涉及的基本工具。所有 MBA 学生，无论学的是综合课程还是专门研究像本书一样的某一特定学科，都需要学习以下 4 项主干学科：财务和会计（本书主题）、市场学、组织行为学和战略。

新增网络学习资源

在每章最后都会有两个新增的部分，这两部分可以用来扩展和强化你的学习。在"课程和讲座在线视频"部分，你能找到契合主题的或与之相关的课堂或教学演示和讨论。除少数情况外，这些资源都是免费的，都是由顶尖商学院的教师提供。有些资源在某种程度上可以算是由大概 20 节课构成的完整课程了，它们包括了你通过亲自上课、教学笔记、上课材料及使用最先进的 P2P（个人对个人）社群学习工具进行的研讨能够学到的所有内容。多数讲座都是永久性的，但有的部分是周期性的，每年最多 4 次。学习完部分课程后，你可以获得成绩证书，你也可以只旁听课程。这些课程和讲座通过全天候的虚拟"课堂"进行，每个人都可以参加。

通常情况下，很多课程会在以下两大慕课［大规模在线开放课程（Massive Open Online Courses，缩写为 MOOC）］平台上发布。课程全部免费，部分课程需要缴纳证书费，但旁听是免费的。

Coursera（www.coursera.org）

该平台是斯坦福大学在 2012 年设立的，其使命是"提供给全球各地的人士都可以获得的世界最好教育"。这个教育平台与全球顶尖大学和组织合作，免费向所有人提供在线课程。向 Coursera 提供课程的大学超过了 100 所，其中包括斯坦福大学、西班牙 IE 商学院、耶鲁大学（Yale University）、普林斯顿大学（Princeton University）、西北大学、罗格斯大学（Rutgers University）、杜克大学、哥本哈根大学（University of Copenhagen）、东京大学（University of Tokyo）、巴黎高等商学院（HEC Paris）、哥伦比亚大学和慕尼黑大学（Ludwig Maximilians Universität München）等知名院校。

EDX

EDX 平台 (www.edx.org) 由麻省理工学院和哈佛大学于 2012 年 5 月创立，提供来自以下大学的 400 多门课程：麻省理工学院、哈佛大学、加利福尼亚大学伯克利分校、加利福尼亚理工学院（Caltech）、乔治城大学（Georgetown）、索邦大学（the Sorbonne）、北京大学（Peking）、印度理工学院孟买分校（IIT Bombay）、莱斯大学（Rice）、京都大学（Kyoto）、哥伦比亚大学、澳大利亚国立大学（Australian National）及康奈尔大学（Cornell）。EDX 的目标是"联合与我们一样在教学方面不断追求卓越的各所院校，提供最优质的课程"。

还有很多其他的学校提供慕课课程，很多参与 Coursera 或 EDX 项目的学校也在各自的网站上运作自己的慕课，但据说这些课程不太好找。除了这些讲座和课程外，如果你还有额外需求，一个比较好的方法是使用 MERLOT 11（www.merlot.org）"搜索 Merlot"标签。MERLOT 的全称是在线教学多媒体教育资源（Multimedia Educational Resource for Learning and Online Teaching）。MERLOT 是加州州立大学分布式学习中心（California State University Center for Distributed Learning）于 1997 年发起的一个项目。对于学生们来说，这些确实是需要了解的搜索工具。

本书有大约 80 个"案例研究在线视频"（包括来自商学院各种各样的课程讲座），分布于各章章末，这些案例研究通常由企业家、高级经理及其他组织提供。有些是记者的电视评论，有些是学生们做的商业行为和业绩分析。苹果前总裁史蒂夫·乔布斯（Steve Jobs）、亚马逊总裁杰夫·贝佐斯（Jeff Bezos）、爱彼迎创始人内森·布莱卡斯亚克（Nathan Blecharczyk）都出现在这些视频中，他们会客观地评论华尔街的劳工政策，联合碳化物公司（Union Carbide）对博帕尔（Bhopal）毒气泄漏事件的处理以及耐克对企业责任立场的辩护。这些案例研究对课本内容进行了补充。

第一部分

商务金融的基本原理

财务报表就像是冰山一角：其背后是大量的记账、会计方法和报告决策。企业经理、投资人和贷款人需要牢固掌握这些财务报表，以便他们知道如何识别公司经营正常与否的信号。

会计会准备三个主要财务报表：损益账户（在美国叫利润表，本书中也叫利润表）反映了企业创造利润的活动以及该企业经营所致的盈亏数；资产负债表反映了某一时间节点（通常是盈利周期最后一天）上，公司在资产和负债方面的财务状况；现金流量表反映通过盈利获得的现金数量、其他现金来源以及现金的用途。简而言之，一个公司的财务状况、其成功的前景或者失败的风险都能通过这些财务报表揭示出来。

会计信息的记录和报告方式是由法定机构及会计行业规定的。除了其他职责外，审计人员有责任确保会计报表遵守了这些规定，同时真实且公允地记录了当前时段内公司的状况。会计信息的分析方法需要使用标准系列商业工具以及各类公司都通用的比率，从而能够提供一些通用标准。

本部分最后的内容是关于会计信息如何帮助公司经理增加其业务价值，方法之一就是确保公司迅速赢利，并至少确保公司对全部投资有所规划，这样才能提高公司的盈利能力。

第一章　财务报表

- 记账流程
- 现金流预测和报表
- 计算利润
- 平衡收支

会计就是对能够产生货币价值的交易行为进行记录和分析的过程。从定义来看，财务信息仅仅能部分反映公司业绩。也可以说，作为一个公司最重要的资产，人力并没有出现在公司账目当中，当然，足球俱乐部以及类似的交易主体是人的情况另当别论。

随着规范越来越多，会计变得日益复杂，已经从账本上的可见数据变成了软件程序中的操作，但是会计的目的仍然没变，依旧是为了确立：

- 公司所拥有的资产；
- 公司所承担的债务；
- 固定时间间隔内的盈利能力，以及公司是如何实现盈利的。

一名金融方向的 MBA 不太可能被要求去从事会计记录工作，除非他是在非常小的组织机构里，或者其本人就是公司所有者。但是，只有了解如何做账以及资产和债务的分类规则（主要在第二章介绍），我们才能充分理解这些数字的真正含义。例如，缺乏经验的人可能不太清楚公司股票是归类为负债的，更不可能知道无论是否审计，所记录下来的资产也基本不可能产生账目中所体现的那些数字。有 85 年历史的投资银行贝尔斯登公司（Bear Stearns Cos.）2008 年以每股 2 美元（1.25 英镑或 1.50 欧元）的价格卖给了摩根大通公司（JP Morgan Chase & Co），总价值约 2.36 亿美元（2.51 亿英镑或 1.77 亿欧元），而仅在此前几周，该公司价值还高达 200 亿美元（125 亿英镑或 150 亿欧元）。这个例子生动地说明了财务报表的数据和真正可变现数据之间的差距。然而，财务报表确实非常有助于人们了解公司的经营业绩，而且无论何种情况下，对于股东和监管者等人来说它都是必备可查的。

财务信息由谁使用及为何使用

所有财务信息都旨在为特定使用者提供决策所需的相关实时数据。财务信息的使用者是谁？他们需要做出哪些决策？财务信息潜在用户的范围很广泛，他们要求这些信息是公正、准确和及时的。

- 股份有限公司的股东接收到的有关公司财务业绩和财务状况的信息，会影响他们维护投资者或增减股份的决定。股东每年通常会收到这些财务信息两次，其形式表现为上半年和全年的利润表及资产负债表。
- 非法人企业的业主经理需要以上信息，但他们同时也需要更详细且更短期的企业财务信息。
- 公司从领导级到主管级的管理人员。每个人都需要依靠会计信息履行自己的工作职责：主管可能比较关注完成很小一部分任务需要的营业成本；领导需要控制公司的整体业绩，做出战略性的融资和投资决策；中层经理需要反馈他们是否完成了财务目标。
- 供应商在确定赊账数量和账期时需要评估潜在的及已有的客户的可信度。客户的可信度部分地——即便不是主要地——建立在各自的财务背景基础上，因此供应商的会计会评估其客户最近的利润表和资产负债表。供应商也会从其他信用机构［如邓白氏公司（Dun & Bradstreet）］来获取客户的历史支付情况，以辅助自身的决策。
- 客户也需要心里有底，以便将断供或干扰自身产出的风险降至最低。参与合资的公司也需要相互信任，它们需要对供应商的此类风险进行排查。
- 员工及其代表非常关心雇主的财务状况和未来前景。因此，他们需要依靠专家们对已公布账目进行评估。
- 政府要对企业创造的利润征税，对大多数行业的销售收入征收增值税（或营业税）。税务机关依据公司提供的信息进行征税。
- 竞争者依据同行已公布账目数据对比本公司雇员的人均销售额、利润和资产利用率等，这一过程被称为"标杆管理"。这种方法能够为它们确定自身该从哪些方面提高业绩提供线索，尤其是在能通过这些信息获得不同运营系统差异原因的情况下。
- 贷款方需要确信他们的资本是安全的，借款方能够偿还贷款或有足够透支额度，因此也需要检查利润表和资产负债表等财务报表。
- 合伙人同股东一样需要跟踪了解经营业绩情况，以确保自己受到了合作伙伴恰当且公平的对待。
- 特殊利益团体——从环保领域的地球之友（Friends of the Earth）和塞拉俱乐部（Sierra Club）、反对堕胎的生命权利组织（National Right to Life），到致力于竞选筹款改革的共同事业组织（Common Cause）和善待动物组织（PETA）。它们会跟踪了解所在领域的公司的账目，通常从反面去监控和评价各公司的行为。

会计分支

财务信息的不同用户对信息的要求不同，利用信息的目的也不尽相同。会计有三大分支：财务会计、管理会计和财务管理。它们会有部分重叠，尤其是在一些小型企业，因为通常只有一个人或一个部门同时负责财务会计、管理会计和财务管理这三个分支。

- 财务会计旨在总结已发生事项并编制财务报表，通常是以利润表和资产负债表为主要形式。投资人、债权人和供应商等外部参与者通常对这些记录历史信息的报表会比较感兴趣。
- 管理会计整合关于当前和未来规划事项的更详细信息，从而帮助管理者实现规划、控制和决策。管理会计信息包括产品成本和涉及某一具体决策（如到底是生产还是购买）的成本数据等。管理会计还包括编制和监控与产品、活动或服务相关的预算成本。管理会计信息很少对外部披露，即便银行和私人股本提供者通常以提供月度管理账目作为资助条件，它们也很少能如愿。
- 财务管理涵盖与融资及确保企业以最有效方式使用资金相关的所有事项。例如，仅仅为了提高短期销售额而增加长期贷款或出售股份来融资的经济效率是很低的。财务管理的作用就是选择并使用更有效的资金来源，如透支。资本结构和投资风险都会影响投资成本。

在这三大会计分支内，还有其他的会计子集。它们或者涉及某一特定活动，或者贯穿全流程。例如财政、税务、审计和法务等。

- 财政是通常只会在大公司或集团才会出现的财务功能。例如，为实现余额利息最大化或透支利息最低化而管理银行存款余额，就是典型的财政任务。这可能涉及在货币市场上进行隔夜贷款，还可能涉及在使用外汇进行金融交易时对汇兑风险的管理。
- 在小公司里，税务包含在财务会计的职责范围内，他们可能经常需要外部的专业意见。对于有些大公司、集团公司或跨国公司来讲，公司利润所得税并不是一目了然的，资本减免体系可能很复杂。公司适用的增值税或营业税、员工税及其他相关减免项（如国民保险和以实物支付的领导福利）等，都需要依靠专业会计或会计团队的服务。大公司通常使用此类公司的服务，以便将税负降至最低，并从此类税收和补贴中实现利益最大化。
- 审计是另一种通常在较大组织才会有的会计功能。内部审计负责监督会计流程、凭证和计算机化交易等操作的正确性，而对此加以补充的是外部审计，专业审计师会采取更广义的方式在年报中向股东提供独立报告。
- 法务会计仅从外部进行工作，但其职责是审视内部的一切经营活动。特许会计师协会（ACA）网站上将法务会计描述为"帮助调查欺诈及其他财务虚假的财务侦探"。他们的工作就是协助律师、保险公司和客户解决争端。他们需要看穿那些单纯的数字，分析、解读并总结复杂的商业和财务问题。同样重要的是，他们要有在法庭的紧张气氛之下清晰、简洁的沟通能力。

记账——记录交易的方式

除了最小的单人组织，现在的商界已不再采用单式记账法，甚至更讲究的能记录各式账目的复式记账法也已被软件程序内置的各种核算和平衡方法所取代，后者已成为当今世界会计记录的基础。但是，MBA学员需要了解我们今天使用的财务数据记录体系是如何演变而来的。

单式记账法

早在公元前3000年左右，两河流域的古城乌鲁克（Uruk）和美索不达米亚（Mesopotamia）地区其他城市的人们就已开始使用象形泥板记录经济往来。泥板上的字母是从符号演变而来的，提供了一种逐渐适应乌鲁克经济需要的古代金融体系的证据。当时在泥板上记录的人就相当于今天的会计，其职责也差不多，但还更宽泛一些。除了写下交易，他还要确保双方的协议符合交易的具体规范和要求。寺庙、宫殿和私人产业雇用了成百上千的记录员——就像今天的会计职业一样，记录员在当时是名望很高的一个职业。在当时的典型交易中，双方需要到城门处寻找记录员并将双方协议讲清楚，记录员会拿出专门准备的一小块黏土，并将交易记录在上面。

古埃及政府的记账方法跟美索不达米亚地区的方法很像。它们使用纸莎草纸而不是泥板，从而能轻松记录更多细节。大量的记录被保存下来，尤其是王室仓库的复杂记录，其中就有关于用羊或牛纳税的"以货代款"的记录，因为当时的人类还没有发明货币。为王室仓库记账的人将账目记录得一丝不苟，接着这些账目还要受到内部审查系统的仔细检查。这些早期的会计必须做到诚实准确，因为王室的审计师一旦发现错误，会计会被处以罚款、体罚甚至死刑。尽管这些记录很重要，古埃及的会计方式在其存在的几千年中也能进行极其简单的列单式盘点。迄今为止，全世界博物馆收藏了大概100万份石板或泥板会计记录。

在中国的周朝（公元前1122年[①]—公元前256年）时期，记账主要用以衡量朝廷的收支项目和管理这些项目的官员的效率。当时能够达到的复杂程度一直未被超越，直到一千年后出现了复式记账法。

古罗马的账目最初是家族首领的记录。他们在杂录（adversaria）或流水账上记录家族的日常收入和支出，每月再过账到叫作codex accepti et expensi的现金账簿上。

直到中世纪，这种单式记账法——被分为收入和支出两部分，最后说明庄园主的余额——在英国和其他地方仍广为流行。尽管这些记录非常初级，但是它们足以满足当时盛行的简单的交易结构的需要。商人多数都是自己管理自己的账户或者很快就要解散的合伙产业的账户。顺便提一下，直到21世纪，劳埃德（Lloyd）保险公司在本质上依然在采用

[①] 中国周朝始于公元前1046年，原书有误。——编者注

这种结构。从单式记账法的一致性来看，似乎很确定的一点是，这是被设计、记录并且广泛采用的一种模式。

复式记账法

直到500多年前卢卡·帕乔利（Luca Paccioli）写出世界上第一本会计书之前，会计记录一直都是单式记账格式：每件事做一个记录。这就意味着只能通过很多重复工作才能避免错误。比如说，让很多人编制并计算平行记录。帕乔利是一个为威尼斯总督（Doge of Venice）工作的数学家，他想出了一个复式记账的体系。这个体系需要为每笔交易记录两个条目，这样就能通过内置的检查和平衡机制确保准确性。每笔交易都要有一个借方分录和贷方分录。

例如，在复式记账体系下销售货物可能会产生两个独立的分类账目——借方分录记录减少了250英镑的存货，相对应的贷方分录记录增加了250英镑的新入账现金——这就是复式记账（见表1-1）。在复式记账中，借方金额必须总是与贷方金额相等。如果不一致，那肯定有地方出错了。所以复式记账能帮你平衡收支，而单式记账却做不到这一点。

表 1–1　复试记账示例　　　　　　　　　　　　　　　　（单位：英镑）

安德鲁书店普通日记账			
日期	科目	借	贷
7月10日	租金费用	250	
	现金		250

帕乔利的天才之处，就在于他看到了公司账上的最终余额数就是企业所有者的盈利或亏损。基于这样一个合理假设：表1-1的生意就是为了通过卖书获得盈利，这些数字看上去大不相同。为了让数字更

简单些，我们假设货物的价值为 125 英镑（50% 的利润），那么分类账目应该这样记：存货减少 125 英镑，现金增加 250 英镑。125 英镑的差额被增加的 125 英镑盈利所平衡，这样资产和负债就保持了平衡。在这个例子中，如果货物以低价卖出，就会造成亏损，相对应的数额就是业主股份的贬值。

这是商务金融 MBA 需要了解的记账知识，他们需要这些知识去解读记录在账的数字。

引入记账

如果你的生意只是小本经营，没有全职会计和满意的账目记录方法，那么你可能需要自己设计和操作。无论会计记录系统有多复杂，它都要遵循同一个模式（见图 1-1）。

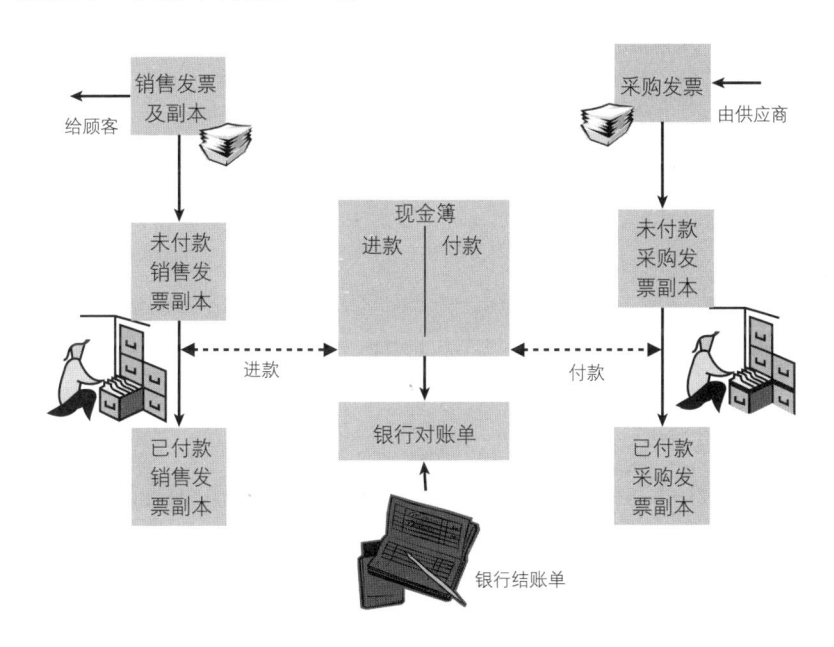

图 1-1　一个简单的业务记账系统

实际上，销售发票和采购发票等所有要素都是记录相关事项的分类账。在很久之前，它们实际上都是分类账本，但在今天却都成了会计软件包中的账目。

为了不至于在完成远低于商务金融 MBA 薪酬等级的工作时感到吃力，你需要购买一个会计程序包，找一个记账员，让他输入数据并生成标准的商业报告（包括利润表、资产负债表和业绩对比表）。

现金流

商界有这样一种说法：利润是虚荣，现金流是理智。虽然这两者事实上都很重要，但是从短期来看，当企业努力在倏忽万变的交易中站稳脚跟时，现金流是关乎生死的。有关现金构成的规则很简单——它必须是真金白银，或者是能承担现金功能的可流通证券。

我们可以通过两种很明显也很重要的方式来看待现金流：可以预测未来的预期现金流；可以分析一个会计期内的现金来源和走向，以及由此产生的可用现金的增加或减少。

现金流预测

毫厘不差地精准预测未来是不可能的，但人们可以预测可能发生的结果，并通过设定安全边际来为应对相关事件做准备。为了做出预测，你首先要对自己想达到的目标做出假设，并测试其合理性。

以映象（High Note）公司为例，这家公司向各类院校销售活页乐谱、小型乐器和音乐光盘，以期获得商业信贷和吸引那些用现金支付的大众客户。公司所有者计划投资 10 000 英镑，从银行获得 10 000 英镑的长期借款。该公司购买固定设备需要 11 500 英镑，电脑、软件和打印机需要 1 000 英镑，7 500 英镑用作采购存货等直接交易费用，另外的 1 500 英镑用于初期的广告支出。理想状况下，公司很快就能收到客户的付款，这些收入可用于支付其他费用，如记账费用、管理和履行订单等。依据手头已经谈好的交易，映象公司前 6 个月的销售额预计为 60 000 英镑，此外还有即将到账的部分现金。根据行业的经验法则，存货会涨价一倍，这样该公司买入 30 000 英镑的货物，后期能卖出 60 000 英镑。

基于以上假设，我们能做出如表 1-2 所示的现金流预测。为了方便理解，这个表有所简化，省略了增值税（或营业税）和利润税等税目。该表的数学方法很简单：各种来源的现金收款计算总和，各种支出也是如此。从某一项中拿走一部分就产生了当月的现金结余或亏损。最后一行是汇总情况。举个例子，若 4 月底有 2 450 英镑现金结余，除去 5 月 1 500 英镑的亏损，5 月底的现金余额就只有 950 英镑（2 450 英镑 – 1 500 英镑）。

表 1-2　映象公司未来 6 个月现金流预测　　　　　　　　　　（单位：英镑）

科　目	4月	5月	6月	7月	8月	9月	总计
进款							
销售额	4 000	5 000	5 000	7 000	12 000	15 000	
所有者现金	10 000						
银行贷款	10 000						
现金总收入	24 000	5 000	5 000	7 000	12 000	15 000	48 000
付款							
采购	5 500	2 950	4 220	7 416	9 332	9 690	39 108
房价、电、热、电话及网络等	1 000	1 000	1 000	1 000	1 000	1 000	
工资	1 000	1 000	1 000	1 000	1 000	1 000	
广告	1 550	1 550	1 550	1 550	1 550	1 550	
设备或家具	11 500						
电脑等	1 000						
现金总支出	21 550	6 500	7 770	10 966	12 882	13 240	
月现金							
结余或亏损（-）	2 450	(1 500)	(2 770)	(3 966)	(882)	1 760	
累计现金余额	2 450	950	(1 820)	(5 786)	(6 668)	(4 908)	

过量交易

在上一个例子中，基于之前所做假设，映象公司看上去现金不足。公司外部人员——一位银行家会从 8 月的数据中发现销售额增长越快，现金流亏损越多。通过预测，他认为这种状况会从 9 月开始有所改善，再坚持几个月之后，现金流亏损就会消失，甚至还会有盈余。如果该公司从一开始就做出了现金流预测，通过利用透支筹资、减少在固定装备和家具上的开支或者设定相对保守的需要更少库存和广告费用的销售目标，它就会有很好的业绩。这些数据表明，映象公司正在进行超出自己财力的交易，这种情况被称为"过量交易"（overtrading），这对于全世界的银行家来说都是一道魔咒。

企业家有财务人员帮助他分析那些可能会影响净现金流的因素，并基于各种可替代的财务规划（如利润边际、库存水平和给顾客的信用额度等）对未来的现金流做出预测（www.entrepreneur.com/calculators/cashflowcalculator.html）。

年度现金流量表

现金流量表能准确总结当年的现金来源和去向。乍看起来，它好像吸收了同期的利润表和资产负债表当中的各种交易，但实际上不完全如此。很多现金交易（如税收和股息支出）都有时间差，这样现金流量表就包含了前一年的部分交易及当年的部分交易。当年的其余交易计入下一年的现金流量表中，这当中的现金实际上已经转手。同样地，与销售和采购相关的收付实现制及权责发生制惯例，也会分别导致现金交易计入利润表的时间有所差异。

示 例

某公司当年实现销售额 500 万美元，上一年是 400 万美元，这些数都字记在了这两年的利润表上。当年底的应收账款是100万美元，上一年年底是80万美元。当年销售产生的现金流是480万（80万+500万-100万）美元，但是记在利润表上的销售额是500万美元。

因此，要得出全部现金流，不能只看当年的利润表和资产负债表，也需要看前一年的。资产负债表显示了周期结束时的现金余额，但是不会轻易披露现金是如何得到的。编制现金流量表是一项技术性工作，你需要通过培训才能掌握这项技能，并且要获得相关的内部信息。然而，多数事项都可以通过研究当年和上一年的另外两种会计报表来获得。

就商务金融MBA来看，理解现金流量表和另外两种报表的需求很重要，同样重要的是要能够解读现金流的意义。

案例研究

全球废品公司

表1-3是全球废品公司（Global Waste Inc）的未经审计的简明现金流量表。该公司成立于2013年，致力于为从源头分类的废品处理业务提供容器解决方案。从最初的一个人一张办公桌开始，这家公司现已迅速成长为领先的垃圾回收解决方案供应商。2016年，其全年营业额超过3 000万英镑（4 500万美元），盈利超过100万英镑（150万美元）。表中前两列是2013年和2014年的同期6个月份的现金流，第三列是2015年全年的现金流。截至2015年12月31日，现金额为212.6万英镑，并转移到2016年上半年。加上在此期间产生的现金净增额（减额），我们就能得到期末的现金头寸。

这张现金流量表完整地展示了全球废品公司的现金流动是如何产生的：源于正常的销售活动、购买或处置资产或融资活动等。通过扩展期末资产负债表中分散的单一数据，我们得出现金和现金等价物为375.1万英镑。

表1-3 全球废品公司未经审计的简明现金流量表

（截至2015年12月31日，单位：万英镑）

科 目	截至2013年6月30日的6个月	截至2014年6月30日的6个月	截至2015年12月31日的全年
经营活动净现金流	224.2	387.9	117.1
投资活动现金流			
购买不动产、工厂及设备	（60.3）	（46.4）	（70.1）
出售不动产、工厂及设备所得款	34.5	—	—
购买无形资产	（5.5）	（8.7）	（19.3）
购买投资产品	（3.5）		
已收利息	2.8	5.8	10.7
投资活动净现金流量	（32.0）	（49.3）	（78.7）
融资活动现金流			
已付股息	（31.0）	（28.3）	（42.2）
股票发行所得	1.3	—	12.8
融资活动所用净现金	（29.7）	（28.3）	（29.4）
现金及现金等价物净增加额	162.5	310.3	9.0
期初现金及现金等价物余额	212.6	203.6	203.6
期末现金及现金等价物余额	375.1	513.9	212.6

利润表

如果回看映象公司的财务状况，你就会发现这是一个能体现现金和利润两者的区别的典型例子。这家公司将成本为30 000英镑的货物卖出了60 000英镑，从而创造了很高的利润率。与此同时，尽管它只卖出了成本价为 30 000 英镑的货物，却需要向供应商支付 39 108 英镑。这就意味着仍有价值 9 108 英镑的乐器、活页乐谱和光盘是存货。销售方面也是如此。该公司账单值达到 60 000 英镑，但只收到了 48 000 英镑的付款，差额由债务人承担。现金流量预测表显示映象公司亏损达到 4 908 英镑，但孤零零的数字似乎缺少一些重要的事实依据。

利润和现金的区别

现金很直观，不需要考量其他因素。然而，利润是对经济活动的衡量，会考虑到价值或成本等其他要素。利润的会计原则被称为"配比原则"（matching principle），也就是说收入和支出在其发生的时间段内是相匹配的。（这在第二章决定着成本和收益的管理方式——收入实现制和权责发生制——的一些概念中会得到更详细的解释）。映象公司前 6 个月的利润表如表 1-4 所示。

表 1-4 映象公司 6 个月（4~9 月）的利润表 （单位：英镑）

科 目	金额	金额
销售额		60 000
减去商品成本		30 000
毛利		30 000
减去开支		
热、电、电话和网络等	6 000	
工资	6 000	
广告	9 300	
总开支		21 300
扣除税、利息和折旧前的利润		8 700

利润表的结构

利润表呈现了更多细节，更有助于我们理解企业的业绩如何。例如，尽管上表中给出的利润是 8 700 英镑，但实际比这低得多。因为一旦借钱用于现金周转就会产生到期利息，而且该公司有 10 000 英镑的长期贷款。实际上，利润可以分为如下 4 个层次：

- 毛利是企业从收入中扣除所有成本后的利润收入；
- 营业利润是企业以从毛利中扣除营业成本后的利润；
- 税前利润是扣除所有财务成本后的利润；
- 税后利润是企业所有者将来在业务中可以支出或再投资的部分。

映象公司的利润构成如表 1-5 所示。比映象公司规模更大的企业也会产生更多的收支。例如，除了所有者的资金，它们可能还要偿还长期贷款（利息及资本偿还），可能会转租部分车间或办公室从而产生"非营业收入"，另外肯定还要扣除部分折旧费用。与所有会计报表一样，我们在编制利润表时应为用户提供最佳表单，同时不要忘记监管部门的常规要求。

表 1-5　映象公司扩展利润表　　　　　　　　　　（单位：英镑）

科目	金额
销售额	60 000
减去已售商品成本	30 000
毛利润	30 000
减去营业费用	21 300
营业利润	8 700
减去银行贷款和透支利息	600
税前利润	8 100
减去税负	1 827
税后利润	6 723

利润表应包含的科目有：

- 销售额（以及经营产生的所有其他收入）；
- 销售成本（或已售货物成本）；
- 毛利——销售额与销售成本的差额；
- 营业开支——销售、管理、折旧及其他一般成本；
- 营业利润——毛利润减去营业开支；
- 非营业收入——其他收入，包括利息和租金等；
- 非营业开支——财务成本及与业务运营非直接相关的其他开支；
- 税前利润；
- 备付所得税；
- 净收益（盈利或亏损）。

利润表表格

美国《企业家》（*Entrepreneur*）杂志在其网站（www.entrepreneur.com/formnet/form/939）上提供了一个免费的利润表表格，该表格有 25 个支出栏，4 个收入栏，你可以根据需要进行添加、删减和编辑。

资产负债表

资产负债表是某一特定时期企业状况的快照。它一方面展示了公司的资产价值（财产），另一方面展示了是谁提供了创造这些资产的资金，以及公司最终对谁负责。

资产主要有两类：固定资产或流动资产。固定资产有三种形式：第一种是企业自己使用而不向顾客出售的硬件或实体事物，例如建筑、工厂、机器、车辆、家具和设备；第二种是无形固定资产，如商誉和知识产权等，这些通常也归在"固定资产"这个大科目下；第三种是对其他业务的投资。流动资产是最终可变现的其他资产，包括存货、在制品、客户欠款及现金：

$$总资产 = 固定资产 + 流动资产$$

资产只能使用由所有者提供的资金或从他人（如银行或债权人）处借来的资金来购买。所有者通过两种方式提供资金：直接投资业务（也就是购买公司的股票）或间接允许公司保留部分利润以备用。这部分资金来源被统称为负债：

$$总负债 = 股本及准备金 + 借款及其他负债$$

从形式上看，借入资本可能是固定利率的长期贷款，也可能是通常利率可变的短期贷款，如银行透支。所有短期的、需要在12个月内支付的债务都被称为"一年内到期债务"，长期债务则被称为"一年后到期债务"。

在映象公司的案例中，用于"现金"项的资金（如花在电脑、固定装置和设备上的12 500英镑）被忽略了，同样被忽略的还有存库待售的价值9 108英镑的活页乐谱等，以及12 000英镑的客户应付账款。我们需要就如何弥补现金赤字做出假设，同时假设最合理的短期资金来源就是银行透支（见表1-6）。

资产负债表结构

使用英国会计准则做出来的资产负债表布局编排有点混乱，资产和负债是混在一起的。美国的资产负债表习惯将这两者分开，其数字要么是水平排列的，要么是竖直排列的（见表1-7）。

表 1-6　映象公司 9 月 30 日资产负债表　　　　　　　　　　（单位：英镑）

科　目	金额	金额
资产		
固定资产		
固定装置、装备与设备	11 500	
电脑	1 000	
总固定资产		12 500
营运资本		
流动资产		
库存	9 108	
债权	12 000	
现金	0	
	21 108	
减去流动负债（一年内到期债务）		
透支	4 908	
债权	0	
	4 908	
净流动资产		
营运资本（流动资产－流动负债）		16 200
总资产减流动负债		28 700
减一年后到期债务		
长期银行贷款		10 000
总净资产		18 700
资本及准备金		
所有者投入的资本	10 000	
利润留存（源于利润表）	8 700	
总资本及准备金		18 700

表1-7 某美国公司资产负债表　　　　　　　　　　　　　　（单位：英镑）

资产	金额	负债	金额
流动资产		流动负债	
现金	0	透支	4 908
应收账款	12 000	应付账款	0
存货	9 108	超过1年期贷款	10 000
固定资产	12 500	权益	
		自有资本	10 000
		利润留存	8 700
总资产	33 608	总负债和权益	33 608

美国资产负债表中最令人困惑的是"权益"，也就是所有者在企业中的股份，是集中在债务里的。但是，当你考虑到这些账是为公司做的，而公司具有与各种所有者分离的法律性质，这就完全符合逻辑了，疑惑自然就消除了。英美两国的利润表和现金流表的布局大体是相同的。

其他国家的资产负债表也都有自己的不同变体，全世界都也在努力统一会计准则，但是收效不大。

营运资本

在映象公司的案例中，你会看到，在资产负债表的中间部分，资产和负债是混在一起的，将流动资产和流动负债相抵，最后得到的数字是营运资本16 200英镑。在会计中，"流动"意味着在商业周期（通常是一年）当中存货会用完，债务人也会付清欠款，根据要求可随时偿还的透支看上去也像是短期债务。

表1-6中的营运资本中还有很多其他应该出现但没被展示出来的项目，如未支付的普通税款和增值税（或营业税）应当作为流动负债出现。

无形固定资产

很多看似无形的项目耗资不菲，因此我们应在财务报表中对它们加以说明。其中就有商誉，它是指对某一资产支付的价格高于公平市价。这点在并购案中很常见，对同一公司的竞争会把价格推高。另一个例子是知识产权，如专利、版权、设计和商标。这些支出项也平摊在其使用寿命内。例如，如果某项专利的有效期为10年，需要花费100万英镑获得，在公司账目中的记录就是每年均摊10万英镑。

库存账目

确定资产负债表中的库存数字是很复杂的计算。理论上很简单，毕竟你知道花了多少钱。在存货的成本价和市场价中取较低者计入资产负债表中，这个准则也不难遵守。但在现实中，一个公司为了有货可销，会不断买入存货，而每次采购时价格都不同。

以某个出售早餐麦片的公司为例。以1 000、1 020、1 040和1 060英镑的价格分别从不同的供应商处购买4箱麦片，总价4 120英镑。在会计期末卖出了3箱，所以逻辑上该公司利润表中商品成本应记数字为3 060英镑（1 000英镑+1 020英镑+1 040英镑）。最后一箱的价值1 060英镑应计入资产负债表中，这样就能确保4 120英镑的总成本对得上。

处理库存的方法被称为先进先出法（First In First Out，简写为FIFO），理由很明显。还有其他两种普遍采用的成本计算方法。后进先出法（Last In First Out，简写为LIFO）是基于这样的论证：如果你持续经营，就需要以最新（较高）价不断更新库存，所以不妨计入利润表以尽早适应这种状况。在这种情况下，商品成本应当是3 120英镑（1 060英镑+1 040英镑+1 020英镑），而不是先进先出法计算出的3 060英镑。

第三种成本计算方法是平均成本法，就是取所有库存的平均数。在上述例子中，采用这个方法得到的就是前两种方法计算出的库存成本的中间值 3 090 英镑。

这些方法都有各自的优点，但是先进先出法通常更受欢迎，因为它符合这样的现实：价格是平稳上升的，商品在业务中的进出是以其采购的顺序进行的。如果一个店铺在清空现有存货之前卖掉了最后到货的麦片，那它的经营就很差。

折旧方法

折旧展示的是财产在其使用寿命内是如何被"消费"的。它就是账本上的一个记录，使我们能够将资产的部分成本分配到合适的时间段内。这个时间段由诸如资产使用寿命长短之类的因素决定。以下是实际业务中使用的折旧的原则性方法。

直线折旧法

这种方法的假设是资产在寿命内是被平均"消费"的。例如，如果某笔资产以1 200英镑的价格购入，在5年期末以200英镑卖出，需要冲销的成本数就是1 000英镑。每年用掉20%，这样分摊资产的全部成本，我们就能计算出每年的"账面价值"。

余额递减法

这种方法跟前一种方法比较相似，但不同于每年平均折旧，我们假设资产价值折旧会越来越少。有些资产，以机动车为例，第一年折旧很快，之后会越来越少。仍以前述价值1 200英镑的资产为例，在第一年末这两种折旧方法得出的都是减少200英镑，但第二年情况就有所变化了。采用直线折旧法其价值继续减少200英镑，但采用余额递减法则减少了800英镑（1 000英镑减去已折旧的200英镑）的20%（协定折旧率），就是160英镑。

年数总和法

这种方法在美国比在英国运用得更普遍。余额递减法是用递减额乘以一个协定的百分比，而年数总和法则是在最初成本上使用不断递减的百分比。将资产预期寿命中的单个数字加起来得出分母。分子是相关年数，不过是倒序计算的。

例如，用1 200英镑买来的电脑预计使用寿命为5年，求和得到的分母是1+2+3+4+5=15。第一年折旧是采购价1 200英镑的1/3（5/15），等于400英镑；第二年折旧4/15，之后以此类推。

这是固定资产折旧最常用的三种方法。在实践中，当企业选择使用哪种折旧方法时，它们需要针对不同类型的资产采用不同方法。需要记住你的目的。你的目标是分配购买资产的成本，因为在资产使用寿命内每年你都会使用资产。

摊　销

摊销与折旧类似，但它通常指的是分摊无形资产在使用寿命内的成本。在有些国家，折旧和摊销是可以互换的。部分无形资产有明确的使用寿命，如专利。而如商誉等无形资产的使用寿命不易确定，所以适用基于会计准则的惯例。你可以观看本章最后解释摊销和折旧的视频课程。

资产负债表和其他在线工具

在会计教练（Accounting Coach）网站上你可以得到更多与资产负债表和其他会计报告相关的所有事项的指导。既是注册会计师又是工商管理硕士的哈罗德·艾弗坎普（Harold Averkamp）当初建立这个网站，是为了"使用互联网向全世界的人以更低成本更清楚地解释会计概念"

（www.accountingcoach.com/accounting-topics）。网站上的基本信息是免费的，这些信息足够让你对会计的诸多主题有些眉目。Pro 版本定价 33 英镑（49 美元），其中包含一系列短视频、课堂笔记和主要财务话题的一些测试。网站上的"术语字典"（Dictionary of Term）选项卡能为你提供该领域多数词汇的定义和解释。

财务报表

现金流量表、利润表和资产负债表共同构成了一套账表。但是按照惯例需要两个资产负债表，期初的和期末的，这样才能构成一套"财务报表"。有了这两个资产负债表，我们就能清楚地看到所有者对企业的投资发生了什么变化。

表 1-8 是一套简化的财务报表。从中，我们能看出 2011 年该企业税后利润是 600 英镑，其中 200 英镑作为额外固定资产投资了，400 英镑作为库存和应收账款等营运资本，与之抵销的是 600 英镑的当年利润留存。

表 1-8　财务报表　　　　　　　　　　　　　　　　　　　　（单位：英镑）

2010 年 12 月 31 日的资产负债表		截至 2011 年 12 月 31 日的全年利润表		2011 年的资产负债表	
固定资产	1 000	销售额	10 000	固定资产	1 200
营运资本	1 000	减销售成本	6 000	营运资本	1 400
	2 000	毛利	4 000		2 600
		减去开支	3 000		
		税前利润	1 000		
所有者权益融资	2 000	税	400	所有者权益融资	2 000
		税后利润	600	利润留存	600
					2 600

课程和讲座在线视频

1. 会计权责发生制：可汗学院（Khan Academy）（www.khanacademy.org/economics-finance-domain/core-finance/accounting-and-financial-stateme/cash-accrual-accounting/v/accrual-basis-of-accounting）。

2. 摊销和折旧：可汗学院（www.khanacademy.org/economics-finance-domain/core-finance/accounting-and-financial-stateme/depreciation-amortization-tut/v/amortization-and-depreciation）。

3. 折旧之一：娜塔莎·麦克唐纳（Natasha McDonald），伦敦商业金融学院（London School of Business and Finance）（www.youtube.com/watch?v=DXJfVZNqVRE）。

4. 折旧之二：娜塔莎·麦克唐纳，伦敦商业金融学院（www.youtube.com/watch?v=eQmFrALUHa8）。

5. 复式记账法：ACCA（国际注册会计师）课程第3讲（www.mapitaccountancy.com: www.youtube.com/watch?v=tZkA90bIs78）。

6. 会计导论：ACCA课程第1讲（www.mapitaccountancy.com: www.youtube.com/watch?v=B3DoRwJYp8w）。

7. 财务会计导论：内容包括资产负债表、利润表、现金流和营运资本以及如何审阅年度报表。该课程包含视频课、测验和讨论。对学生的数学知识仅要求会加减乘除即可。由沃顿商学院的教师每年授课4次（www.coursera.org/course/whartonaccounting）。

8. 为什么是金融？新金融理论简史。耶鲁大学经济学教授约翰·吉纳科普洛斯（John Geanakoplos）和詹姆斯·托宾（James Tobin）（www.youtube.com/watch?v=vTs2IQ8OefQ）。

案例研究在线视频

1. 达美航空公司（Delta Air Lines）和新加坡航空公司（Singapore Airlines）的折旧：阿拉斯加大学（University of Alaska）的 PPT 展示（www.powershow.com/view/b75c-MDk1M/Depreciation_at_Delta_Air_Lines_and_Singapore_Airlines_powerpoint_ppt_presentation）。

2. 我们是如何帮助 IT 承包商罗南·莫里亚蒂（Ronan Moriarty）理解自己的收入的：关键会计师事务所（Crunch Accounting）（www.youtube.com/watch?v=cCja3dEpsXY&list=PLY1w7ViHqCO359V9apwhwoCPLFjwYCHBz&index=4）。

第二章　会计规则

- 会计惯例及原则
- 财务规则制定者
- 国际会计准则
- 保护投资者

会计当然不是一门精确的科学，即使最热忱的会计从业人员也不会否认这点。因为会计人员在记账时对许多现实情况并不了解，由此留下了很大的解释空间和有依据的猜测。例如，虽然我们可能无法确定某一客户能否付清款项，但是，除非我们有确凿的证据表明他们无力付款（比如其生意失败），否则他的这笔欠款就会计入账中。

很明显，如果会计和经理能完全自由地按其意愿解释各类事项，那么公司内外就没人会相信这些数据了。因此，会计行业制定了一些基本规则，以助力实现会计信息的一致性。

基本惯例

会计行业在整合与呈现财务信息时会遵循以下永恒的基本惯例。

货币计量

会计当中的记录仅限于能够通过货币形式表达的事实。例如，总经理的健康状况或者你的主要竞争对手正在你对面开一个更具吸引力的店的消息，都是重要的商业事实。但你对此没有任何会计记录，它们也不会体现在资产负债表中，那是因为这些事实没有客观的货币价值。

以货币形式表现业务事实有一个巨大的优势：提供了一个公约数。假设你要把电脑设备、车辆及 4 000 平方米的办公室相加，你就需要一个通用的术语去表现这些基本的算术功能，并在不同账目间进行比较。

企业实体

记账只为了企业本身，而不是为了所有者、银行或其他与企业相关的任何人。就是说，资产和债务永远是从企业角度进行定义的。例如，如果企业主把企业的钱借给别人，那么即便他实际上可能把这笔钱视为自己的，在会计账目中也要记作债务。他用企业的钱做的任何事（如购买设备）在账上都记作企业资产。企业整体净值的增减决定了其所有者股份的大小。

成本概念

在购买日，资产通常会被当作成本入账。因为各种各样的原因，某一资产的真正"价值"可能会随着时间而变化。一笔资产的价值是主观估计出来的，没有任何两个人可能就此达成一致。因为资产本身通常不出售，所以这会使得资产价值变得更复杂，更受人为因素的影响。

为了追求客观性，会计人员最终决定将成本记录在账。这就意味着，资产负债表不是反映一家企业的当前价值。这也不是资产负债表的初衷。这样并不意味着"成本"数字就是永恒不变的。例如，成本价值6 000英镑的机动车在两年之后可能就成了表2-1所示的样子了。

表2-1 资产变"值"的例子 （单位：英镑）

科　目	第一年	第二年
固定资产		
车辆	6 000	6 000
减去累计折旧	1 500	3 000
净资产	4 500	3 000

我们通过折旧来体现资产在使用寿命中的"消耗"。这不过是记账过

程中的一个数字，让我们能够把资产成本分摊到适当的时间内。（更多折旧的计算方法参见第一章。）

折旧期由资产的使用寿命等因素决定。税务机关不允许将折旧当作业务开支，因而这个折旧数字不能用于减税。针对资本支出的税款减免是被允许的，这又被称为"减低账面价值"，计算公式由政府依据不同时期的经济目标（如刺激资本支出等）来确定。

其他的资产（如自由保有的土地或建筑物）都会不时地被重新估值。依据稳健原则（见本章后文），库存会依照成本和市价两者中的较低值记账。

记录资产的其他方法

虽然在传统企业中，采购当日的成本是资产账目记录的依据，但也有某些业务和特定情形使用其他的货币记录方法。

- 市场价值。当某一资产实际上要进行销售，且存在针对这一特定类型资产的成熟市场时，相关公司通常使用该方法来记录资产。这种情况通常出现在整个公司或公司某部分即将停业时。
- 公允价值，也被描述为估价。当资产可能在熟悉情况但不相关的双方之间进行自愿交易时，交易双方会采用公允价值来记录资产，这样的双方可能并不会实际进行交易。这一基准经常用于尽职调查中，由于某些特殊的协同效应，高于市场价值（会产生商誉）的价格此时也可以借助这一方法实现合理化。
- 逐日盯市。银行或股票经纪商等金融机构会每天计算市场价值，逐日盯市这种记录资产的方法就可派上用场了。在市场波动较大，需要包括现金在内的额外资产抵偿市价下跌时，这种方法可能会导致价值的剧烈变化。这一方法因其对流动性"黑洞"的形成起到推波助澜的作用而遭到诟病，它迫使银行为实现流动性目标而出售资产，这一行为反过来导致市价更低，反而需要出售更多资产。

持续经营原则

会计报表都假设企业会无限期地经营下去——除非有确凿的证据表明企业将无法经营。这意味着我们仅仅把企业资产视为利润的来源，而非可以出售的。再来看看上面的机动车的例子。第二年，在企业会继续经营的基础上计算的净资产数额是 3 000 英镑。我们如果得知企业会在几周后停业，那么就会对车辆的转售价值而不是"账面"价值更感兴趣：这辆车也许只能卖出 2 000 英镑，与之前的 3 000 英镑大不相同。

一旦企业停止经营，我们就不能再按照之前的方式来看待这些资产了。它们就不再是用来产生销售和利润的了。此时，最客观的数字就是它们在市场中能值多少钱。

在实践中，公司经理和审计师都必须确信企业在未来至少一年内会继续存活下去。否则，他们有义务承担企业可能无法持续经营的风险。历史表明，更多企业会在经济萧条即将结束时陷入难以持续经营的困境。例如，2010 年初，环球唱片（Music Group）控股的百代唱片（EMI）及在英国另类投资市场（AIM）上市的专业咨询公司威特信公司（Vantis），就是众多被审计者怀疑无法持续经营的公司中的两家。人们普遍的观点是，公司如果能够公布自己的流动性问题，而不是等市场去发现这些困境并在不信任的环境下没有事实依据地夸大公司的困境，那么它继续生存下去的概率会更大。

复式原则

为完整记录所有的商业交易，我们需要知道钱从哪儿来，用到了哪里。例如，仅仅说银行借给公司 100 万欧元是不够的，我们需要告诉别人这些钱是怎么用的，比如用来购买房产、增加库存及其他用途等。你可以把它看作会计领域的牛顿第三定律（Newton's third law）："每一个作用力都有一个大小相等、方向相反的反作用力。"双重性是复式记账法（见第一章）的基础。

收入实现制原则

一位非常谨慎的销售经理曾说过：只有当客户兑现了支票，消费了产品，没有因此死亡，并且最终还充分显示出他会继续购买的迹象时，一个订单才真正成为订单。我们见到更多的是与之相反的过分夸大的销售人员。在会计中，当商品（或服务）已经发出且发票已送出时，通常就会被认为收入已经实现了。这跟订单何时收到、金额具体为多少或客户如何正确付款没有关系。还有一种情况：部分发出的产品会在之后被退回——可能是因为质量原因。这意味着收入及最终的利润会在某一时间段记入业务中，但是之后又不得不被删除。

很明显，如果能准确预估这些退货的数量，就能及时调整账上的收入。所以，利润表最上方一栏的"销售收入"数字就是在当期发出并开具发票的货物价值。

权责发生制原则

利润表旨在把恰当时间段内的收入和开支"配比"起来。只有这样，才能真正计算该时段内的利润。例如，假设你正在计算一个月的利润，恰好收到了季度电话账单。那么你的记账可能就如表 2–2 所示。

表 2–2　不匹配的利润表示例

20XX 年 1 月利润表	金额（英镑）
1 月销售收入	4 000
减去电话账单（上季度）	800
去除其他费用前的利润	3 200

这明显是错误的。首先，将3个月的电话费与一个月的销售做了"匹配"。其次，与1月收入匹配的不是当月的电话账单。不幸的是，当你做账时，此类账单很少就在手头上，因此在实践中电话账单就记作"应计"。在电话账单到期时，这个"应计"的数字（如果你有话费计量工具的话，那么这个数字就可能是绝对准确的）就可以用来支付所欠的电话费。

会计原则

这些概念提供了一套有用的基本规则，但是可能会有各种不同的解释。业界逐渐形成了应用这些概念的公认的方法。该方法取决于三个原则的使用：稳健性、重要性和一致性。

稳健性原则

通常而言，会计人员被看作忧郁的商人，他们的观点也比较悲观。其根本原因是需要全盘考虑问题。稳健性原则意味着会计人员如果能够选择，那么他们通常会选择能产生较低利润的那个数字。这可能就意味着他们会选择两个可能费用中较大的数字。如果在期末最终利润数字比之前预估的要高，那几乎没人会因此生气，反过来就不是这样了。

重要性原则

如果我们要严格解释折旧（见第一章），那这可能要涉及许多琐碎的工作。例如，卷笔刀、订书机、回形针等所有理论上可以称为固定资产的项目都会在使用寿命中折旧。很明显，这样是在做无用功，所以在实践中此类项目在购买时就一笔勾销了。

毫无疑问，对不同企业而言，"重要性"程度是有所区别的。一家跨国企业可能不会将价值在 1 000 美元以下的机器逐一记录在账；而对于一家小企业而言，1 000 美元则可能就是它拥有的所有机器的价值。

一致性原则

即便有了这些概念和惯例，关于如何记录和解释财务信息还是存在不同的维度。你应选择能够最公正地体现公司经营状况的方法并一直坚持下去。如果一个企业一直变换会计方法，那要记录它的各种事项是很难的。这并不代表着你要一成不变地采用一种方法。但是，任何的改变都是有重大影响的。

规则制定者

专业的会计机构要确保其会计报表符合 GAAP（公认会计准则，Generally Accepted Accounting Practices），这类机构几乎不需要政府的敦促。新出现的国际会计准则（International Accounting Standards）对 GAAP 形成了挑战，因为后者在各大洲的国家会有不同的解释，而且它们在很大程度上会忽视对方与自身的差异。

我们需要调整会计规则手册以适应业务方式的改变。例如，如果跨国贸易现在是惯例了，那我们就需要以一致的方式调整公司账目，以适应不同国家处理外汇和报告应税利润的规则。

尽管一名 MBA 不一定需要知道所有规则，但你需要在谈论这些问题的任何会议之前就对它们有所了解和准备。你可以通过特许会计师协会（Institute of Chartered Accountants）的网站（www.icaew.com>Accounting and corporate reporting>UK GAAP）跟踪了解公司会计报告规则的变化。

国际会计准则

制定会计准则和惯例是一回事，但在不同行业、国家和时间里普遍接受并应用它们又是另一回事。但是多数经济发达国家，尤其是北美和欧洲国家，会采用这些规则并且在有分歧的地方努力协调，因为会计本身远不是一个精确的过程。例如，2015 年 4 月 1 日，路透社（Reuters）曾报道："为美国公众公司制定会计规则的委员会周三建议将出台新规则的时间推迟一年，这些规则会改变公司确认收入的方式，而收入是公司财务报表里最重要的数字之一。"根据美国财务会计准则委员会（Financial Accounting Standards Board）的规章，会计领域目前已经有了"针对特定交易和行业的复杂、具体又全然不同的收入确认要求"。结果是，不同行业以不同且无法比较的方式只报告一个最重要的数字——特定时间段内的销售收入。这就使得那些想要了解账目的人拿苹果跟梨做比较，虽然都是水果，但是两者截然不同。因为此次推迟，2014 年 5 月批准通过的新的收入确认标准直到 2018 年才开始在公众公司推行，2019 年在私营公司执行。

以下机构可以帮助 MBA 们随时跟进国际会计准则的进展：

- 财务会计准则委员会（网址：www.fasb.org）是美国私营领域制定财务会计准则的专业机构，这些准则指导非政府组织编制财务报表。
- 国际财务报表准则基金会（IFRS Foundation）（网址：www.ifrs.org）是一家独立的非营利机构，其宗旨是"依据清晰描述的原则制定一套高质量、易懂的、可实施的且全球认可的国际财务报表准则"。

保护投资者

当美国商界因为诸如安然公司（Enron）和世通公司（Worldcom）

等备受瞩目的财务欺诈事件而信心大受打击时，美国政府引入了《萨班斯－奥克斯利法案》(Sarbanes-Oxley Act)，这一名字可能公众还不太熟悉，它的另一个更容易理解的名字是《2002 年公众公司会计改革和投资者保护法案》。该法案旨在堵上一些"富于创造力"的会计师制造的漏洞：他们总是想方设法高估利润，低估负债，从而使股东们看到企业"真实"的盈利能力是很好的。该法案不仅仅只适用于美国公司，任何在美国上市及与美国有业务往来的公司都需要遵守。你可以在 www.soxlaw.com 网站上了解该法案的真正内容。

英国的版本就是《公司（审计、调查和社区企业）法案》[The Companies (Audit, Investigations and Community Enterprise) Act]。想了解英国的规则，你可以参考 www.legislation.gov.uk/ukpga/2004/27/pdfs/ukpga_20040027_en.pdf。

案例研究

惠普公司与自治公司

2015 年春，大西洋两岸所有金融媒体的头条都聚焦在惠普和英国软件商自治公司（Autonomy）的官司上，后者 4 年前被惠普收购。惠普向律师团队支付了 1 800 万美元的聘用定金，并且根据他们能从自治公司高管和顾问那里拿回多少钱来支付最高达 3 000 万美元的胜诉费。

硅谷巨头惠普公司是由毕业于斯坦福大学电气工程专业的比尔·休利特（Bill Hewlett）和戴夫·帕卡德（Dave Packard）在 1935 年创建的。自治公司是由迈克·林奇博士（Dr Mike Lynch）和理查德·冈特（Richard Gaunt）于 1996 年在英国剑桥创办的。2011 年，惠普以 111 亿美元（74 亿英镑）收购自治公司，这被认为是一笔大交易——至少对于自治公司的股东们来说是这样的。自治公司是制造能够解构复杂无序的信息的搜索软件的先行者，其独特性就在于它几乎是世界舞台上唯一的英国技术公司。惠普总裁梅格·惠特曼（Meg Whitman）是哈佛大学1979届的MBA。《金融时报》（Financial Times）报道称：惠特曼刚刚"披露了令人失望的季度收入，同时公布了剥离个人电脑业务的计划。据说惠普决定放弃与iPad（苹果平板电脑）的竞争"。惠特曼想要公司的声音压过这些坏消息。跟惠普的1 190亿美元净收入和331 800名员工相比，只有8 704万美元（5 834万英镑）销售收入和1 878名员工的自治公司虽然是一个小企业，但它看上去对惠普来说是个不错的选择。曾赢得女王企业奖（Queen's Award for Enterprise）和《今日管理》（Management Today）杂志软件领域"英国最受尊敬的企业"荣誉的自治公司可谓是明日之星，这是惠普很久没在媒体上看到的积极信息。在宣布收购的当天，自治公司的股票上涨了79%，这对于当年上半年收入增长只有6%的公司来说是惊人的溢价。惠特曼2011年9月才出任惠普总裁，当年惠普就完成了对自治公司的收购。但是惠特曼从担任易贝（eBay）公司CEO（首席执行官）时就已经积累了丰富的行业经验。惠普公司自成立40多年来先后完成了将近100笔收购，但从没有如此大规模的。

惠普和与之达成交易协议的自治公司管理层之间的主要争端是从2012年11月20日开始的，当时惠特曼宣布从111亿美元的收购价值中降低88亿美元的账面价值，其中50亿美元与英国软件行业的违规操作有关。这一决定震惊了商界。惠普的顾问称，自治公司账上记录了影子销售，实际上并没有资金转手，从而虚增了其销售收入及公司价值。自治公司前CFO（首席财务官）苏沙万·侯赛因（Sushovan Hussain）称，惠普对自治公司财务状况的不同解释仅仅是由于大西洋两岸不同的会计标准造成的。

▶ 课程和讲座在线视频

1. 针对经理人员的会计概念，阿索肯·安南达罗杰（Asokan Anandarajan）教授，新泽西理工学院管理学院（New Jersey Institute of Technology School of Management）（www.youtube.com/watch?v=N2YyiVAO5Do）。

2. 金融理论I：安德鲁·洛（Andrew Lo），麻省理工学院斯隆商学院（www.youtube.com/watch?v=HdHlfiOAJyE）。

3. 国际管理会计体系的形成：特许管理会计师公会（The Chartered Institute of Management Accountants）和美国注册会计师协会（American Institute of Certified Public Accountants）发布了一套全球管理会计原则（Global Management Accounting Principles），以帮助全世界的财务机构确保自己拥有一个稳定和统一的管理会计体系（www.youtube.com/watch?v=rKNv2hVCfNU）。

4. 美国GAAP——收入确认：毕马威会计师事务所（KPMG）美国会计与报告小组克里斯塔·庞德（Krista Pound）（www.youtube.com/watch?v=nCrqktx-b38）。

5. 什么是美国GAAP和IFRS：凯文·金博尔（Kevin Kimball），杨百翰大学夏威夷分校（Brigham Young University-Hawaii）(www.youtube.com/watch?v=qxGbbtroDwg)。

▶ 案例研究在线视频

1. 美国铝业公司：董事会主席、总裁克劳斯·克莱因菲尔德（Klaus Kleinfeld）2014年5月2日在公司年度股东大会上的讲话（www.youtube.com/watch?v=YJm9UoyTwFU）。

2. 伯克希尔·哈撒韦公司（Berkshire Hathaway）：沃伦·巴菲特（Warren Buffett）在佐治亚大学（University of Georgia）特里商

学院（Terry College of Business）对 MBA 学生的讲话（www.youtube.com/ watch?v=2a9Lx9J8uSs）。

3. 惠普公司与自治公司谈崩：在董事会会议室。路透社露西·马库斯（Lucy Marcus）看争端：找人问责，审计委员会和董事会的责任（http://uk.reuters.com/video/2012/11/21/in-the- boardroom-hp-autonomy-debacle?videoId=239296266）。

4. 威斯康星能源公司（Wisconsin Energy）2014 年 5 月 2 日在康科迪亚大学威斯康星分校召开的年度股东大会（www.youtube.com/watch?v=IA-qVwoxFyw）。

第三章　分析财务报表

- 会计信息的重要性
- 使用营业比率
- 理解比率的局限性
- 寻找竞争对手的账户
- 提高经营业绩

第一章解释了三种重要的财务报表：利润表、资产负债表和现金流量表。在此，我们再简要回顾一下：某一时段内公司的经营业绩记录在利润表里，所谓利润是从销售收入中减掉运营费用得到的。资产负债表记录的是公司某一特定时间点——通常是会计期末时的财务状况，它列出了公司拥有的资产，与之对应列出的是资金来源。现金流量表衡量的是资金转入和转出发生时企业现金的真实流动情况。

通过查阅公司账目，再联系实际，你就能对公司事务有更深入的了解；通过对比当前年份与前一年的数字，你可以找出关键项的变化及其潜在的原因和解决办法；通过研究竞争对手的账目，你可以从财务角度了解其优劣势，并找到提高自身经营业绩的途径。

然而，如果你不能分析和解释账目，那么只有业务往来账目对你来说并没有多大用处。用来衡量各种业绩要素之间的关系的工具被称为比率，借此可以看到业绩到底是在提高还是下降。简单而言，就是将某一事项作为另一事项的比例，从而了解其间发生了什么。例如，mpg（miles per gallon，英里/加仑）是用来衡量机动车效率的。如果在某一时段这个比率是40mpg，而到了另一时段是30mpg，这就会引起人们的关注，需要调查到底是什么导致机动车性能的下降。

比率用于一个周期，如上个月或上一年与另一个周期——当月或当年的比较，也用于将你的公司业务与其他人（如竞争对手）的类似业务进行对比。同样，你可以通过比较它与你的目标或预算来衡量你做得如何。在财务领域，需要计算比率的时候很多，但是用于运算的比率却没有那么多。以下是所有企业都需要记录的重要比率。

表 3-1 左边两列是简化的利润表，右边三列是资产负债表的资产部分。任何能够增加净利润（销售增加、费用降低、税负下降等）但不会增加资产使用数量（库存下降、应收账款减少）的变化，都会提高企业资产的回报率。相反，任何能增加已动用资本但没有相应地提高利润的变化都会降低企业资产的回报率。

表 3-1 影响利润绩效的因素 （单位：英镑）

科 目	金额	科 目	金额	金额
销售	100 000	固定资产		12 500
减销售成本	50 000			
毛利	50 000	营运资本		
减费用	33 000	流动资产	23 100	
营业利润	17 000	减流动负债	6 690	
减财务费用	8 090		16 410	
净利润	8 910	总净资产		28 910

现在，我们假设发生的事项能够增加 25 000 英镑的销售收入，并使利润增加 1 000 英镑至 9 910 英镑。表面看上去业绩提升了，但如果我们发现获得这些额外利润需要价值 5 000 英镑的设备，并且需要占用 2 500 英镑的营运资本（库存和应收款），那这件事就没有看上去那么美好了。已动用资本回报率就从 31%（8 910 英镑/28 910 英镑 ×100%）降至了 27%［9 910 英镑/（28 910+5 000+2 500）英镑 ×100%］。

分析账目

账目的主要分析方法就是检查从账目中提取的成对数字间的关系。

这对数字可能来自同一个财务报表，也可能一个来自利润表，另一个来自资产负债表。把它们放在一起，这两个数字就构成一个比率。有些财务比率本身就有意义，但是它们的价值主要体现在与上一年度的等效比率、目标比率或竞争对手相同比率进行比较。

在衡量和分析一个企业的账目的任何内容之前，我们需要了解这家企业想要达到什么样的业绩水平或实现什么样的业绩类型。所有公司都有三大基本目标，它们使我们能看到经营情况有多好（或多差）。

实现令人满意的投资回报

第一个目标就是投入到业务中的资金能收到令人满意的回报（或利润）。我们对这个目标是很难质疑的。令人满意的回报要满足如下4个标准。

- 考虑到股东承担的风险，给予他们的回报必须公平合理。如果投资是高度投机的，且其利润率低于银行利率，那么股东们（包括你自己）就不会满意。
- 你必须获得足够的利润才能让公司继续成长。如果公司想扩大销售，它就需要更多的经营资本，最终需要更大空间或更多设备。新资金最安全、最可靠的来源就是企业内部产生的利润，即留存在企业中的准备金。（企业有三大新资金来源：股本或者说是企业主的资金，银行提供的贷款，企业创造的利润留存。）
- 必须要有足够好的回报才能吸引新的投资人或贷款方。如果投资人在其他类似业务中能获得更好的回报，他们就愿意把钱投到那里去。
- 投资回报需要提供足够多的准备金才能确保不动用实际资本。这就是说，你必须要认识到通货膨胀对业务的影响。如果一个公司每年都留存很多的利润，只实现了3%的增长，而通货膨胀率是4%，那么它的增长率实际上下降了1%。

保持良好的财务状况

除了获得满意的投资回报外，投资人、债权人和员工都希望公司能免遭不必要的风险。很明显，所有的公司都面临着市场风险：竞争对手、新产品和价格变化都是健康商业环境的组成部分。投资人和贷款人尤其关心较高的财务风险，如过量交易。

现金流问题不是公司金融状况的唯一威胁。大量借款会给小企业带来沉重的利率负担，尤其是在利率忽然提高时。当销售额和利润很好时，借款尚可接受。然而如果经济形势变差时，我们不能像要求股东那样要求银行勒紧裤腰带，它们希望借款的公司能不间断地还款。所以财务状况的审计不仅仅只是对盈利能力的审计，还包括生存能力及健全的金融制度的执行情况。

实现增长

企业维持生存和实现利润并不足以让股东、领导层或有抱负的MBA们感到满意——他们还想实现业务增长。他们想要的不仅仅只是员工人数或销售额的增加——无论这些数字有多高，他们还想要公司更高效，获得规模经济并提高利润质量。

会计比率

分析公司账目用的比率都集中在5个科目下面，它们被统称为"测试"，具体包括：

- 利润率测试；
- 流动性测试；
- 偿付能力测试；
- 增长测试；

- 市场测试。

利润率测试

用于衡量利润绩效的比率有 6 个，其中前四个是只用利润表就能得到的，而后两个是使用利润表和资产负债表方可得到的。

毛利率

用毛利润除以销售额然后乘以 100% 就可得到毛利率。以第一章提到的映象公司为例（见表 3-2，同表 1-5），其毛利率就是 30 000/60 000×100%=50%。这个比率用来衡量我们在购买那些产品或服务时，附加在采购材料及服务上的价值，这个比率越高越好。

表 3-2　映象公司的扩展利润表　　　　　　　　　　　　（单位：英镑）

科目	金额
销售额	60 000
减去已售商品成本	30 000
毛利润	30 000
减去营业费用	21 300
营业利润	8 700
减去银行贷款和透支利息	600
税前利润	8 100
减去纳税	1 827
税后利润	6 723

营业利润率

用营业利润除以销售额然后乘以 100%，我们就可以得到营业利润率。在本例中，映象公司的营业利润率是 8 700/60 000×100%=14.5%。

该比率用于衡量企业经营效率，但财务费用和税负不计算在内，原因是利率和税率会有周期性变化，也不在企业的直接掌控范围之内。这样更有利于比较不同时段或不同业务的营业利润。与毛利率一样，这个比率也是越高越好。

税前及税后净利润率

分别用税前净利润和税后净利润除以销售额再乘以100%，我们就可以得到这两个比率。本例中这两个数字分别是 8 100/60 000 × 100%=13.5% 和 6 723/60 000 × 100%=11.21%。在计算了财务费用和税负后，用这两个比率来衡量企业的经营效率。后面这个数字体现了企业创造更多资金的能力，这些钱可以再次投资在公司里，或者以提款或股息的形式分给企业主。这两个比率仍然是越高越好。

股本回报率

这个比率通常被认为可以用来表示任何个人投资理财的回报率。从企业主的角度看，他们关心自己投在公司里的资金产生了多少利润。这里的相关利润是扣除了利息、税负（以及所有优先股股息）之后的。它的表现形式就是构成普通股本和准备金权益的百分比。本例中计算出来就是：股本回报率 = 6 723/18 700 × 100%=36%。

已动用资本回报率（资产收益率）

相比股本回报率，已动用资本回报率可以更全面地体现公司业绩。该比率是用扣除利息、税负和股息之前的利润除以已动用总资本得到的百分比，不用考虑该资本是借的还是企业主提供的。

已动用资本包括股本、准备金和长期借款。如果银行透支包含在每年的流动负债中，实际上成了资金来源，它也被认为是已动用资本的一部分。如果银行透支的额度每年的变化很大，可以通过计算从开始年份到结束年份的平均透支额来得到一个更可靠的比率。公司已动用资本没有一个准确的定义。在映象公司的资产负债表（见表3–3）中，计算公式就是：已动用资本回报率 =8 700/（18 700+10 000）×100%=30%。

表3–3　映象公司9月30日的资产负债表　　　　　　　　　　（单位：英镑）

科　目	金额	金额
资产		
固定资产		
固定装置、装备与设备	11 500	
电脑	1 000	
总固定资产		12 500
营运资本		
流动资产		
库存	9 108	
应收账款	12 000	
现金	0	
	21 108	
减去流动负债（一年内到期的应付账款）		
透支	4 908	
应付账款	0	
	4 908	
净流动资产		
营运资本（流动资产 – 流动负债）		16 200
总资产减去流动负债		28 700
减去一年后到期债务		
长期银行贷款		10 000
总净资产		18 700

（续表）

科　目	金额	金额
资本及准备金		
企业主引入的资本	10 000	
利润留存（源于利润表）	8 700	
总资本及准备金		18 700

未计利息、税负、折旧及摊销前的利润

这个比率用来衡量公司的营业效率，并购公司比较喜欢使用它，因为这个数字扣除了并购之后不会继续产生的额外成本，即便还会继续产生额外成本，也不会是同样的比例。其中涉及的相关因素包括财务费用、会计惯例和税负。

- 财务费用。对并购的双方来说，适用的利率可能就有所不同。如果是基于现金或股份的交易，那么在并购之后，可能就不存在待付利息的剩余债务了。
- 会计惯例。如果并购公司没有要求或者使用不同的会计程序，那么折旧和摊销等会计科目可能会发生改变，因为有些资产可能不会被计算在内。
- 税负。如果并购公司所在国家的税率和被并购公司国家的税率不同，那么不考虑税负也是说得通的。如果并购公司想要并购的目标不止一个，那税负就尤其重要。如果某一并购公司所在国家的税率较高，那对于被并购公司来说它的吸引力可能就会下降，因为这样其净利润率就会显得比较低，然而在并购完成后这个因素可能就不再相关了。

这部分的更多内容可以参见第十章。

流动性测试

公司为了存活下去，必须时刻关注自身在资金方面的流动性，也就是说要确保有足够的短期资产来偿还短期债务。如果公司不能支付应当付给员工、银行和供应商的资金，那么公司就不得不停业了。

公司日常活动使用的流动资金被称为营运资本，是从流动资产中减去流动负债所得。在映象公司的案例中，流动资产是 21 108 英镑，流动负债是 4 908 英镑，所以营运资本为 16 200 英镑。

流动比率

营运资本能给我们透露的信息不多。这就好比是，你知道自己的车用了 20 加仑（1 加仑 =4.546 09 升）汽油，但不知道它到底跑了多远。如果你知道流动资产比流动负债多多少，那就比较有用了。这样我们就能知道自身所拥有的资金够不够支付库存账单、税负和可能发生的其他任何短期负债。流动比率的计算方法是用流动资产除以流动负债。在映象公司的例子中就是 21 108/4 908=4.30，常用的表述方式为 4.30:1。流动比率的理想值在 1.5:1 到 2:1 之间。低于这个区间，债务很难偿付；如果高于这个区间，则会毫无必要地占用资金。

速动比率（酸性测试）

这是一个比较稳妥的比率，用来确保公司有足够的现金或准现金来偿还所有的流动负债。库存等科目不计算在内，其原因在于：尽管它们也是资产，但不能立即用于支付账单。实际上，一个公司拥有的唯一流动资产就是现金、应收账款，以及银行存款和政府债券等短期投资。在映象公司的例子中，这个比率就是 12 000/4 908=2.44:1。如果一个公司想要有足够的流动资产，其速动比率应该高于 1:1。

平均收账期

如我们所见，映象公司的流动比率很高，这说明有些营运资本没能得到有效利用。该公司的客户应付款有 12 000 英镑，6 个月的销售额为 60 000 英镑。该公司的平均收账期的计算是用欠款（应收账款）除以赊销额然后乘以以天数计算的时长。具体计算如下：12 000/60 000×182.5=36.5 天。

如果信用期限是订货付现或 7 天，那么企业会面临较为严重的问题；如果是 30 天内付款，那么企业可能不存在问题。在这个例子中，我们假设所有的销售方式都是赊销的。

平均付款期

这个指标表示公司平均多久会给供应商付款，其计算过程和平均收款期是一样的，只是把应收账款改为了应付账款，把销售额改为采购额。

库存天数

映象公司有价值 9 108 英镑的活页乐谱和光盘等产品库存，在这个记账期内售出了成本为 30 000 英镑的库存。（即销售成本是 30 000 英镑，所以开出发票的销售额就是 60 000 英镑，毛利率为 100%。）使用和平均收款期相同的计算方法，我们就能计算出现有库存足够支持 55.41 天（9 108/10 000×182.5）的销售。如果映象公司的供应商每周都发货，那么它的库存量就太大了。如果该公司试图把库存天数从接近 8 周（55.41 天）减少到 1 周（7 天），那它需要减掉 48.41 天，或者从营运资本中去掉价值 7957.38 英镑的库存。这样的话，流动比率就会下降到 2.68:1。

营运资本的流通率

这个比率用来评估营运资本的使用效率，用销售额除以营运资本（流动资产－流动负债）。在本案例中的计算就是：60 000/16 420=3.65 次。

换句话说，每年反复使用营运资本超过 3.5 次。究竟什么样的营运本流通率是可接受的，并没有明确的规则。当然，营运资本的使用次数越多，比如售出了库存，那么公司就有更多机会赢利。

偿付能力测试

通过对企业偿付能力的测试和衡量。我们可以看出它们是如何管理自己的长期负债的。这有两个主要的比率：资产负债比率和利息保障倍数。

杠杆比率

这个比率用来计算所有借款（包括长期贷款和银行透支）在股东总资产（股本和准备金）中的比例。杠杆比率有时也被称为债务比率或股东权益比率。映象公司的资产负债比率就是：（4 908+10 000）/18 800=14 908/18 800=0.79:1。换句话说，股东每向映象公司投资 1 英镑，就需要额外再借 79 便士。从长期来看，这个比率一般不应该超过 1:1。（注：对于杠杆比率这个词，北美国家更喜欢用 leverage ratio，而其他地区更常用 gearing ratio。）

利息保障倍数

这个比率是指利息支出在利润中的比例，用利息、税负和股息支付前的利润除以年利息支出。这个数字越大，表明公司应对利润下降或浮动贷款利率上升的能力就越强；这个数字越小，金融机构贷款给公司产生的风险就越高。这个数字在 2~5 倍之间都是可以接受的。

增长测试

增长测试的结果是通过比较不同年份的一些数据得出的，通常要使用利润表中的销售额和利润等财务数据。例如，如果映象公司下一年的销售额是 100 000 英镑，营运利润是 16 000 英镑，那么销售增长比率为

67%，就是用多出的 40 000 英镑（100 000 英镑 –60 000 英镑）除以第一年 60 000 英镑的销售额。利润增长比率是 84%，用新增的 7 300 英镑（16 000 英镑 –8 700 英镑）营业利润除以第一年 8 700 英镑的利润。

我们从这两个比率中可以获得一些额外信息。从这个例子中，我们可以看出利润比销售额增长得快，这就说明如果情况发生逆转，映象公司就会有更健康的发展趋势。

市场测试

这是衡量股市业绩的指标。主要比率有：

- 每股收益＝净利润 / 股份总数；
- 用税后利润除以已发行普通股数量；
- 市盈率＝每股市价 / 每股收益；
- 普通股每股市价除以每股收益。

市盈率表示预期未来收益的市场价值，就是说需要多少年来赚回以流动比率支付的盈余股份价格。

$$股息率 = 每股股息 / 每股价格 \times 100\%$$

股东以"机会"价值或目前市价投资的收益比例是：

$$股息保障倍数 = 净收益 / 股息$$

也就是指收益超过股息的倍数，倍数越高，企业就可以留出越多的利润用于未来发展。

其他比率

公司还会使用很多其他比率来衡量企业各方面的业绩情况,例如:

- 在固定资产中投资1美元(英镑或欧元)实现的营收——衡量固定资产的使用情况;
- 每人营收——用来衡量员工人数是否超出了销售增长;
- 经理及后勤人员等实现的人均营收——表明间接费用的使用效率。

表3-4展示了英国领先的零售连锁店乐购(Tesco)比较看重的部分财务数据。乐购使用平衡积分卡方法来管理业务,这种方法在乐购公司内部被称为"方向盘"。它用来联合各种资源,将员工努力的重心凝聚在运营、财务业绩和客户指标交付上。乐购的理念是,如果公司能够很好地照顾客户,实现高效运营,那么就能通过销售、利润和回报率的增长来实现股东利益的最大化。表3-4展示的就是乐购的关键财务比率。

表3-4 乐购的"方向盘"比率

科目/关键财务比率	2009年	2008年
销售增长		
公司销售额年增长率(含增值税)	15.1%	11.1%
英国销售额增长率	9.5%	6.7%
国际销售额增长率	30.6%	25.3%
国际销售额增长率(以固定汇率计)	15.6%	22.5%
零售服务销售额增长率	11.0%	—
税前利润	29.54亿英镑	28.03亿英镑
税前营业利润	31.28亿英镑	28.46亿英镑
交易保证金		
英国交易保证金	6.2%	5.9%
国际交易保证金(不包括美国)	5.3%	5.6%

（续表）

科目/关键财务比率	2009年	2008年
英国市场份额		
食品市场份额	22.2%	21.8%
非食品市场份额	8.8%	8.5%
员工留任	87.0%	84.0%
二氧化碳排放量的减少		
英国	13.3%	3.8%
集团	12.6%	3.8%
二氧化碳排放量的减少，新店	20.9%	11.7%

资料来源：www.thesmehub.com，免费注册，然后进入会员服务，公司账目检索，输入内容。

综合比率

没人可以只用一个比率就确定这辆车是否比另一辆车更好或更值得买——油耗、时速、年折旧率和剩余价值率只是其中一些我们需要考虑的比率。做生意也是这样，我们要综合使用不同比率随时了解才财务状况。

最知名的比率组合就是奥特曼 Z 评分模型（Altman Z-Score）（www.creditguru.com/CalcAltZ.shtml）。通过 5 个比率组合——使用统计技术得到的能反映公司财务状况的 8 个变量计算得出，这一模型即可预测公司破产的概率。把数字输入网站屏幕上的模板，你就能得到公司的评估分数，以及对公司财务优势和劣势的解释。

使用比率的一些问题

找到计算营业比率需要的信息通常都不存在太大问题，但是要确定这些比率背后的含义却很难。最常见的问题是关于以下这 4 个方面的。

哪种方法是正确的

认为财务比率数字越高越好以及上升代表正确的方向，这种感觉是很自然的。而个人对于财富的感觉——认为财富就是有很多现金，在某种程度上又强化了这个看法。

不幸的是，使用哪种方法看财务比率才是正确的并没有一个通用的原则。有时候数字越高越好，但有时候数字低了才更好。确实，甚至还有，同一价值的不同种类的比率良莠不齐的情况。以表3–5的两个营运资本报表为例。

表3–5 艰难的比较 （单位：英镑）

科目	1		2	
流动资产				
库存	10 000		22 990	
应收账款	13 000		100	
现金	100	23 100	10	23 100
减去流动负债				
透支	5 000		90	
应付账款	1 690	6 690	6 600	6 690
营运资本		16 410		16 410
流动比率		3.4:1		3.4:1

在上表中，"1"和"2"两个例子的营运资本（16 410英镑）、流动资产（23 100英镑）和流动负债（6 690英镑）都是一样的。也就是说使用这些因素计算的所有比率都应该是一样的。例如，两个例子中的流动比率都是3.4:1，但第一个例子中很有可能收到由债务人支付的部分现金，足够支付少量的应付账款了。在第二个例子中，因为应收账款只有100英镑，不可能再通过交易获得可用的现金了，然而应付账款的

数字却达到了 6 600 英镑，这会给公司的财务稳定性带来很大的威胁。

所以在这个案例中，尽管流动比率是一样的，但两种财务状况却不一样。事实上，通常情况下，比较高的营运资本比率会被认为是不良的发展趋势。公司用在营运资本上的钱越多，就越难以从已动用资本中获得可观的收益，这是因为分母越大，已动用资本的收益率就越小。

有些情况下，正确的方向是比较明显的。有较高的已动用资本回报率通常会好一些，但即便是这样，它也可能是个危险信号，提示我们公司正面临着比较高的财务风险。并非所有高利润率都是好事。有时高利润率可能导致销售量的下降，从而导致已动用资本回报率的下降。

一般而言，通过比率衡量的公司业绩最好处于某个区间。以流动性（流动比率）为例，最好在 1.2:1 到 1.8:1 之间，低于或高于这个区间都有隐患。

通货膨胀会计核算

财务比率都是用美元、英镑或其他货币作为比较基础的：也就是历史汇率。如果你使用的是过去同一日期以英镑或美元为货币单位的财务指标就没问题，但实际上却不是。将当年的数字和三四年前的数字进行比较可能意义不大，除非我们把相关的货币价值变化计算在内。

解决这个问题的方式之一就是针对通货膨胀做出调整，可以使用某一指数，如消费者价格指数等。这些指数通常以过去某年（如 2000 年）为基数（基数为 100），然后得出之后每一年的指数价值，以此显示出该项目的相对变化。

苹果和梨

针对不同公司的比率进行比较会出现一些具体问题。小公司在初期的几个月或几年内会有非常惊人的销售额增长。销售额从前 6 个月的 10 000 英镑增长到下半年的 50 000 英镑是很常见的。期望一家成熟公司也实现这样的高速增长是不现实的。对乐购来说，如果要将销售额从 100 亿英镑提高到 500 亿英镑，就意味着需要把其他所有的连锁超市都挤垮。因此，需要注意的是，我们进行比较的一定是同类企业，同时要考虑到不同的企业环境（如果是同一企业内的比较，要考虑不同年份的贸易与经济环境）。

还有很重要的一点，你需要确认这个企业对流动性资产等账户分类的理解和你要与之比较的另一家公司是一样的。比较不同账户所采用的概念和原则的区别也会导致一些差异。

季节性因素

我们前面探讨过的很多比率都会使用资产负债表里的信息。资产负债表是某一时间点做的，它反映的是当时的财务状况，并不一定代表企业财务的平均状况。例如，季节性因素会使某公司的销售额在一年中有一两次高峰，如时尚零售业。

在这种季节性增长之前做的资产负债表可能会显示为了应对这种季节性需求而买入的大量库存。与之相反，高峰期后的资产负债表会有很高的现金量和很低的库存。这些库存数字的任何一个如果被用来当作平均库存数，那就会得到错误的信息。

获得公司账目

以其他类似的公司财务比率作为标尺来比较自己公司的业绩是很有用的。如果对方是上市大公司，其账目会受到审计，这就不会很难。但对于小型私企来说就没有那么简单了。在很多地区，小企业只需归档简易账即可，这些账目隐藏的业绩信息比已经揭露的更多。无论企业规模多大，其账目上都需要显示税前和税后净利润，但是其毛利和经营利润的具体信息却不是必需的。更复杂的是，不同地区和行业对于"小"的定义不一样。以美国为例，一家平均年销售额为75万美元（50万英镑）的农业公司会被认为是小公司，但是一家平均年销售额为3 650万美元（2 400万英镑）的整体建筑和建设公司，也会被认为是一家"小"公司。只有上市公司和大公司才需要提供完整的财务报表。尽管如此，我们还是可以使用以下资源得到一些关于财务业绩的重要信息。

以下两个链接可以帮你找到多数国家公司的财务账目：

- 企业信息和商业情报提供商毕威迪（Bureau van Dijk，简写为BvD）。它们的奥比斯（Orbis）全球数据库整合了超过120个数据源的资源，涵盖了近15亿家公司的信息。他们通过将财物和比率标准化以增加这些信息的价值。你需要在网站注册后方可免费试用。（www.bvdinfo.com/en-gb/our-products/company-information/international-products/orbis）
- AWARE。这是一家极富竞争力的市场情报专业供应商。在其网站上输入"我在哪里或者如何可以获得公司财务账目"的问题，你就可以在高度融合的信息中获得主要国家的公司账目链接。（www.marketing-intelligence.co.uk/help/Q&A/question22.htm）

下文列举的表格是多数有限公司和上市公司都会提供的会计信息。表3–6是谷歌公司2012—2014年3个年度及2014年季度账目的一部分。特别需要指出的是，最后一年的数字是"未审计的"，这意味着如果审计人员和公司会计师对某些会计项的看法不同的话，这些数字可能会有所变化（第九章有关于审计人员角色的更多介绍）。

表 3-6　谷歌公司账目　　　　　　　　　　　　　　　　（单位：美元，百分比除外）

科目	2012	2013	2014（未审计）	一季度（未审计）	二季度（未审计）	三季度（未审计）	四季度（未审计）
收入							
谷歌网站	31 221	37 422	45 085	10 469	10 935	11 252	12 429
年增长率	19%	20%	20%	21%	23%	20%	18%
季度增长率	—	—	—	-1%	4%	3%	10%
谷歌网络会员网站	12 465	13 125	13 971	3 397	3 424	3 430	3 720
年增长率	20%	5%	6%	4%	7%	9%	6%
季度增长率	—	—	—	-4%	1%	0%	8%
广告总收入	43 686	50 547	59 056	13 866	14 359	14 682	16 149
年增长率	20%	16%	17%	17%	19%	17%	15%
季度增长率	—	—	—	-1%	4%	2%	10%
其他收入	2 354	4 972	6 945	1 554	1 596	1 841	1 954
年增长率	71%	111%	40%	48%	53%	50%	19%
季度增长率	—	—	—	-6%	3%	15%	6%
总收入	46 039	55 519	66 001	15 420	15 955	16 523	18 103
年增长	21%	21%	19%	19%	22%	20%	15%
成本							
营业成本	17 176	21 993	25 691	5 961	6 114	6 695	6 921
占收入百分比	37%	40%	39%	39%	38%	40%	38%
流量获取成本	10 956	12 258	13 496	3 232	3 293	3 348	3 623
占收入百分比	24%	22%	20%	21%	20%	20%	20%
其他营业成本	6 220	9 735	12 195	2 729	2 821	3 347	3 298
占收入百分比	14%	18%	18%	18%	18%	20%	18%
研发	6 083	7 137	9 832	2 126	2 238	2 655	2 813
占收入百分比	13%	13%	15%	14%	14%	16%	16%
销售和营销	5 465	6 554	8 131	1 729	1 941	2 084	2 377
占收入百分比	12%	12%	12%	11%	12%	13%	13%
一般费用及行政费用	3 481	4 432	5 851	1 489	1 404	1 365	1 593
占收入百分比	8%	8%	9%	9%	9%	8%	9%

（续表）

科目	2012—2014 年 3 个年度			2014 年各季度			
	2012	2013	2014（未审计）	一季度（未审计）	二季度（未审计）	三季度（未审计）	四季度（未审计）
总成本和费用	32 205	40 116	49 505	11 305	11 697	12 799	13 704
利润							
营业利润	13 834	15 403	16 496	4 115	4 258	3 724	4 399
占收入百分比	30%	28%	25%	27%	27%	23%	24%
持续经营净收入	11 553	13 347	13 928	3 650	3 490	2 998	3 790
占收入百分比	25%	24%	21%	24%	22%	18%	21%
终止经营净（亏损）收入	(816)	(427)	516	(198)	(68)	(185)	967
净收入	10 737	12 920	14 444	3 452	3 422	2 813	4 757

资料来源：https://investor.google.com/financial/tables.html。

　　从谷歌公司的账目中，你会发现网站部分只是公司的第二大收入来源，并且其网站业务仍然在以两位数的速度增长。广告才是谷歌最赚钱的部分。尽管媒体上有很多对谷歌眼镜、智能手机、电子表格、文字处理和图片编辑软件等应用软件的评论，这些产品仅占其业务的几个百分点。继续往下看这些数字，你就会发现问题和答案一样多。例如，究竟是什么原因导致公司在这段时间产生了将近 20 亿美元的终止经营成本？还有很多此类的问题，你可以在"账目附注"中找到答案。详见本书第九章。

　　乐购是英国最大的日用品零售商，销售额排名世界第 5。采购的财务数字（见表 3–7）表明它正从 2013 年的利润下滑中恢复。再回去看本书第一版的关于 2008 年和 2009 年的账目，你会发现它想达到 21.66 亿英镑（32.3 亿美元）年利润的巅峰还有一段路要走。

表 3-7　乐购公司利润表　　　　　　　　　　　　　　　　　　　　（单位：亿英镑）

科　目	2014 年	2013 年
持续经营		
收入	635.57	634.06
销售成本	（595.47）	（592.52）
毛利	40.10	41.54
行政费用	（16.57）	（14.82）
物业相关项目产生的利润/亏损	2.78	（2.90）
营业利润	26.31	23.82
应占合资公司和联营公司利润	0.60	0.72
财务收入	1.32	1.20
财务成本	（5.64）	（5.17）
税前利润	22.59	20.57
税负	19.12	15.28
停止经营		
本年度中断经营亏损	（9.42）	（15.04）
本年度利润	9.70	0.24

资料来源：www.tescoplc.com/files/pdf/reports/ar14/download_annual_report.pdf。

使用财务数据改善业绩

对任何一个 MBA 来说，其首要任务之一就是协助经理提升部门或团队的业绩。这样才能最好地展示其能力和价值，从而在组织中获得支持者。就如何才能获得更多盈利（业务改善的酸性测试）而言，最成功的公司都会把精力放在三个领域：优化资源、保持或提高利润空间以及提高销售收入。最后一项是理所当然的，也吸引了各公司最多的注意力，但如果不追求前两项就不会带来盈利的增长，这会使得公司在扩大规模的过程中变得更脆弱。所有这三个通用增长策略多多少少都相互交织，因此，你可以把这个分类过程看成辅助备忘录，而不仅仅是个固定的结构。

简而言之，你会发现，所有试图增加利润，却不增加或实际上是在削减产生这些利润需要动用的资源的活动，都会实现业务的健康增长。通过表 3-8 归纳的映象公司的财务报表，我们可以看到不同增长策略的成效。如果我们要增加 10 000 英镑的销售，同时要保持 11.21% 的利润空间，我们就需要增加 1 121 英镑的利润，而这需要销售和利润都增长 17%。如果实现这一目标又不需要任何额外的营运空间或资金来支持库存，那就再好不过了，那样资本收益率也会提高。与之相对比的是，如果采用某一策略提高销售，同时也出现了不成比例的成本增加，并且需要动用更多资本，那样就会出现不健康的增长模式。

表 3-8　映象公司的利润表和资产负债表　　　　　　　　　　　　（单位：英镑）

利润表		资产负债表	
科目	金额	科目	金额
销售额	60 000	固定资产	
减去待售货物成本（材料、人工等）	30 000	车库改造等	11 500
		电脑	1 000
毛利润	30 000	总固定资产	12 500
减去营业费用（租金和水电和管理等）	21 300		
营业利润	8 700	营运资本	
减去应付银行利息	600	流动资产	
税前利润	8 100	库存	9 108
减去税负	1 377	应收账款	12 000
税后利润（11.21%）	6 723	现金	0

（续表）

利润表		资产负债表	
科　目	金额	科　目	金额
			21 108
		减去	
		流动负债	
		透支	4 908
		应付账款	0
			4 908
		营运资本（流动资产－流动负债）	16 200
		总资产	28 700

优化资源

增加利润的第一种或者在某种程度上说最简单的方法，就是用较少的资源获得更多的能够满足市场需求的产品。这种策略能提高利润空间，与此同时，还可以减少经营生意所需要的实际资金数量，或者让你能够在不需要额外融资的前提下实现增长。这两种都是很理想的结果，因为它们能让你的企业更安全、规模更大。

评估工作方法

实现资源优化最好的途径来自更聪明的工作方式，而不是更努力工作的态度。对小企业来说，找到更好的工作方式并非易事，因为创始人可以学习的对象只有少数的资深员工——而大公司就可以通过不断地招聘新人来获益。业主经理们也可以通过走出去看看业界最新动态而弥补自身和企业的不足。通过以下方法，你可以了解自己领域的最新进展。

广泛阅读本行业杂志及与其相近的话题内容。尤其是要阅读行业领先地区出版的杂志和文章：网络行业读硅谷的，汽车行业读德国的，相机和摄影行业读日本的。利用本章前面介绍的资源，你可以时刻跟踪了解竞争对手的财务业绩。启用谷歌资讯（www.google.co.uk/alerts）来标记自己感兴趣的话题新闻，如新产品发布、高管层的业绩或变更报告等。

参加展会、会议和研讨，借此认识行业先行者或有影响力的人士并倾听他们的高见。All Conference网站（www.allconferences.com）是各种会议、展会、贸易展销、展览和工作坊的目录集合，你可以通过种类、关键词、时间地点和名称进行搜索。

控制营运资本

就改善业绩而言，迅速制胜的主要手段在营运资本领域。如果一家公司使用同样甚至更低比例的营运资本就能实现销售和利润目标，那它就能实现良好的增长。

应收账款控制

如果你采用赊销方式，却给了客户90天的账期，那这肯定不正常。因为跟账期35天的公司相比，你每卖出100万英镑的产品，就需要多占用15万英镑的现金。即便是年营业额只有300万英镑的小公司也可以通过采取简单的改善措施来消除所有的透支。换一种方式来看，对这样一家公司来说，早一周收钱或许就可以释放6万英镑的救命钱。

在这方面多努力一点就可以获得很大的收益。一定要记住，公司融资需要的现金越少，利润就越高。你可以通过以下方式尽快拿到付款。

- 如果你采用赊销方式，那么就请在发票上明确交易条件。除非客户知道你希望什么时间拿到钱，否则他们只会在适合自己的时间付款。搞清楚你最大的客户每月处理支票的时间，从而确保你的账单可以及时地发给他们。及时寄出计算单来催促拖延付款的客户，随后保持电话跟进。在授予他们延期付款的信用时，你要获得对方的商业信誉资料，同时通过查看他们的账目来了解其是否经营良好。
- 一般的规律是从供应商那你可以获得最长的信用期。但有时经营良好的公司会及时付款，这点也说得通。尽管听上去很傻，但有时现金流有困难的供应商为了及时结账会提供非常高的利率。
- 如果某一供应商提出 7 天付款 2% 的折扣，而不是正常的 40 天，那么实际上它提出的是 22.65% 的等值利息（按照以下方法可以计算并判断及时付款是不是好的方式）。所以，如果这个数字比你的回报率高，你的现金流足够正常经营，那么即时付款相对于其他选择就不失为更好地提高利润的方式，尤其是在经济衰退的时候。你可以利用同样的算法计算出你可以通过什么办法及早收回资金（见表 3-9）。

表 3-9 评估折扣优惠

步骤	优惠计算	优惠幅度
第一步	同意折扣	2%
第二步	100% −折扣率	98%
第三步	用第一步的数字除以第二步的数字	0.020 48
第四步	正常付款天数	40
第五步	能得到折扣的付款天数	7
第六步	用第四步减去第五步的天数	33
第七步	365 天除以第六步数字	11.060 61
第八步	第七步数字 × 第三步数字 ×100%	22.65%

存货管理

市场营销部门通常都有很高的存货量，因为这样比较容易满足客户需求；而生产部门就不会这么做，因为他们要把存货成本算在预算里；财务部门坚持要最低存货量，因为高库存会提高营运资本，从而使投资回报下降。这种不同部门间的分歧是高管层需要解决的战略问题。沃特斯顿书店的创始人蒂姆·沃特斯顿（Tim Waterstone）有着出色的营销智慧，是一个合格的会计和公司领导者，他曾经提出过非常有意思的库存控制维度的例子。在沃特斯顿书店出现之前，传统的做法就是把书按照计算机、运动、旅行等专业主题词以字母的顺序竖直放在书架上。这样做还有一个优点就是可以比较容易看出来哪些书需要再订货，清点库存也比较方便。然而，沃特斯顿知道，那些"浏览者"——多数（据他研究约 60%）走进书店四处看的人都不知道自己想要什么，所以也不知道究竟从哪开始看起。所以，在遵循传统的书架摆放方式的同时，他也使用了与众不同的策略，将书成堆分散在书店各处：把新书放一堆，把特价放另一堆。由此带来的销售额和利润的增长足以弥补几乎成倍增长的书籍库存。

存货类别
企业需要保有和跟踪的存货有如下三类。

- 成品：指已准备好向客户发送的产品。对苹果公司来说，产品就是电脑、iPod 播放器等；对通用汽车（General Motors，简写为 GM）来说，产品就是汽车；对面包店来说产品就是面包片。
- 半成品：指在完成过程中的产品。由于它们已经使用了原材料、雇用了工人开始生产，所以这些投入也会体现在成本中。对通用汽车公司来说，半成品包括等待喷漆或在交付前待检查的汽车。
- 原材料：指生产最终产品需要的基本材料。对通用汽车公司来说，原材料可以包括金属和喷漆，但也可以包括为使用第三方动力装置而采购的发动机整机。

EOQ

企业需要维持最低数量的库存以确保生产线有效运行,从而满足可能的产品需求。唯有如此,企业才能承担不经常出现的数量较大的订货相关的成本。这样,在降低订单成本但提高库存成本时就需要与经常性订单相平衡,提高订单成本但降低库存成本时也是如此。EOQ(经济订货量,economic order quantity)在本质上是一个会计公式,用来计算订单的各种成本和存货成本的最低点,从而得到性价比最高的订货数量。EOQ 的公式是:

$$EOQ = \frac{\sqrt{(2 \times R \times O)}}{C}$$

其中,R=年需求量单位;O=下一次订单成本;C=当年持有每单位存货的成本。

InventoryOps.com 是戴夫·皮亚塞基(Dave Piasecki)为了辅助自己的书《库存精确度:人、流程和技术》(*Inventory Accuracy: People, processes, & technology*)而创建的网站。如果你要获取关于库存管理和仓储运作等各方面的信息,这个网站是很有用的入门工具。你可以在这个网站找到关于如何使用 EOQ 的详细解释(www.inventoryops.com/economic-order-quantity.htm)。

提升利润空间

慢慢地,成本会倾向于超过你从投资的钱中获得的价值。它是稳步提升的,通常几乎是难以被发现的,有时是在微不足道的增长中发生的。例如,员工会希望进行年度薪资考核,这意味着工资增加不一定跟业绩的改善相关;供应商会定期涨价;设备花费和政府税收一直都比通货膨胀增长得更快。除非你能在这些提高的成本中实现更多销售,否则利润就会缩水。我们可以采取以下 4 种方式来提升利润空间。

提高收费

涨价从不是一件容易的事，但如果可以有选择地涨价，那你也可能实现良性增长。首先我们来看看潜在的回报和风险。以映象公司作为我们的工作模型，假设其 60 000 英镑的销售额来自 60 个顾客，每人购买价值 1 000 英镑的商品和服务，毛利率就是 50%。如果提价 10% 客户不流失，那么利润就会增加 6 000 英镑。所有这部分利润都会在税前计入账本底线，因为这部分不会产生额外成本，这样就使得税前利润翻番了。

如果我们因为涨价丢掉 6 个（10%）客户，那会怎么样？那我们就只有 54 个客户，每人付款 1 100 英镑，最后销售额就是 59 400 英镑，虽然看起来比之前只少了 600 英镑，但实际上还损失了很多看不到的其他收益。把压力放在价格上而不是数量上，意味着你可以减少库存量，可以使用更少的资金，需要催缴的账单也会变少，设备消耗也就没那么快了。这并不是说涨价是很容易的。但它确实不会比寻找新客户更难，而且一般情况下这样做是会产生更多利润的。在涨价的同时，你要提供一些额外价值作为给客户的回报，如更好的服务或更多的性能。

这些数字都取决于你的毛利率水平。你的毛利润越少，你能够承担的因为价格上涨而带来的亏损就越低。华盛顿大学迈克尔福斯特商学院（Michael G Foster School of Business at the University of Washington）毕业的 MBA 查利·基德（Charley Kyd）给出了关于价格和利润空间对整体业绩造成影响的一系列电子表格和解释，参见：http://exceluser.com/excel_dashboards/raise-or-lower-prices.htm。

改变产品或服务组合

如果你出售的产品或服务多于一种，或者你正计划引入新的产品或服务作为增长策略的一部分，你需要分析成本，这样你就能把精力集中在利润空间最高的产品或服务上。很少有业主经理真正知道哪些产品或服务能产生最多利润，所以收集这方面的数据是第一步。（如果你对成本核算了解不多，请先看第四章。）

看表 3–10 的例子。这家公司生产三种产品。C 产品体积较大、比较复杂，相对卖得比较慢。它与产品 A 和产品 B 需要同样的设备、存储空间和销售团队，或许还要更多。在这三个产品系列中分摊固定成本的话，C 产品也是占用最多的。

表 3–10 产品收益（1） （单位：英镑）

科　目	产品 A	产品 B	产品 C	总计
销售额	30 000	50 000	20 000	100 000
可变成本	20 000	30 000	10 000	60 000
固定成本分摊	4 500	9 000	11 500	25 000
总成本	24 500	39 000	21 500	85 000
营业利润	5 500	11 000	（1 500）	15 000

这些数字看上去是在说明产品 C 在赔钱，应当淘汰该产品。如果你真这么做，该公司就会出现表 3–11 所示的情况。

表 3–11 产品收益（2） （单位：英镑）

科　目	产品 A	产品 B	总计
销售额	30 000	50 000	80 000
可变成本	20 000	30 000	50 000
新分摊固定成本	8 333	16 667	25 000
总成本	28 333	46 667	75 000
营业利润	1 667	3 333	5 000

虽然固定成本并不会仅仅因为我们放弃某一产品就发生改变，但我们仍需支付物业费及所有其他固定成本。所以，放弃"不盈利"的 C 产品实际上会导致利润下降。这种完全成本法系统给出了一个错误信号，因为它忽略了产品 C 带来的所有贡献（卖家和可变成本之间的差距）。

如果我们依据不同产品的贡献分摊固定成本，最后的计算结果大不相同（见表 3-12）。

表 3-12　依据贡献水平进行的固定成本分摊

产品	贡献（英镑）	占比（%）	固定成本分摊（英镑）
产品 A	10 000	25	6 250
产品 B	20 000	50	12 500
产品 C	10 000	25	6 250
总计	40 000	100	25 000

使用每种产品的贡献，而不是全面成本重新做利润表，也会呈现完全不同的利润结果（见表 3-13）。

表 3-13　使用贡献水平算出的产品收益　　　　　　　　　　（单位：英镑）

科目	产品 A 金额	占比（%）	产品 B 金额	占比（%）	产品 C 金额	占比（%）	总计 金额
销售额	30 000		50 000		20 000		100 000
边际成本	20 000		30 000		10 000		60 000
贡献	10 000	33	20 000	40	10 000	50	40 000
固定成本	6 250		12 500		6 250		25 000
产品利润	3 750	13	7 500	15	3 750	19	15 000

考虑到在家办公的企业能够减掉的固定成本不是很多，以贡献水平作为分摊固定成本基础的方式应当将精力集中在能提供更有用的信息的地方。远不止淘汰掉产品 C 那么简单，在同等情况下我们应当努力卖出更多产品。

少买一点

这么做的挑战就是避免浪费或设法提高产量。如果你一个人做，这可能不会产出很多；一旦你有了员工，无论多努力，问题都会出现。人在买东西之前都会问的经典问题是"如果这是你的钱，你会这么花吗？"，一位五年前白手起家的企业家将自己的公司打造成市值达 300 万英镑的企业，他将 20 名员工组建成了所谓的"智能圈"。这给他们提出了一个挑战：找到方法让公司可以以更低的成本更快更好地运营。第一年，他的利润就翻番了，在五年之内，公司估值达到了 1 000 万英镑。

降低税收金额

利润税通常是一家公司最大的开销，它会从账本底线中扣除 20% 到 40%。就一家企业来说，所有可以计入税负的钱都可以算是浪费。个人可能会把税看成某种价值，与此不同，企业从中几乎得不到回报。所以，公司需要在法律界限内最大限度地减少税金。2014 年美国全国广播公司财经频道（CNBC）曾报道，在标准普尔 500 公司中大概有 20 家企业第二季度实际所得税报税率接近 0，尽管它们同期是盈利的（www.cnbc.com/id/101917093）。这些公司包括药企默克公司（MRK）、计算机存储公司希捷公司（STX）及汽车制造商通用汽车公司。这种例子几乎在每个国家都有。合法降低税负是财务部的工作，如果公司有财务部的话。如果没有，寻找专业税务师事务所的建议。但是作为 MBA，你要能够扮演分析师的角色，确保税务事项能定期得到审查（见第九章）。

▶ 课程和讲座在线视频

1. 会计教练（Accounting Coach）：该网站使用笔记、测试、问答等工具清楚解释了财务比率和财务报表分析。该网站 AccountingCoach PRO 这个部分有计算 24 种常用财务比率会使用到的业务表格，价值 33 英镑（49 美元）：www.accountingcoach.com/financial-ratios/explanation。

2. 公司理财精要（Corporate Finance Essentials）：西班牙 IESE 商学院教授哈维尔·埃斯特拉达（Javier Estrada）每年开这门课程。共六次课，不需要提前学习或准备。每次课包含 45~60 分钟的视频授课，以及一两本推荐读物：www.coursera.org/course/corpfinance。

3. 未计利息、税负、折旧及摊销前的利润：可汗学院（www.khanacademy.org/economics-finance-domain/core-finance/stock-and-bonds/valuation-and-investing/v/ebitda）。

4. 财务基础：由来自美国杨百翰大学麦里特商学院（Marriott School of Management）教授吉姆·斯蒂斯（Jim Stice）和凯·斯蒂斯（Kay Stice）授课。你可以在 Lynda.com 网站上观看 3 小时 27 分钟的课程作为入门试听（www.lynda.com/Business-Accounting-tutorials/Finance-Fundamentals/174917-2.html）。

5. 杠杆比率导论：可汗学院（www.khanacademy.org/economics-finance-domain/core-finance/money-and-banking/banking-and-money/v/banking-10-introduction-to-leverage-bad-sound）。

6. 市盈率导论：可汗学院（www.khanacademy.org/economics-finance-domain/core-finance/stock-and-bonds/valuation-and-investing/v/introduction-to-the-price-to-earnings-ratio）。

7. 其他各种比率导论：可汗学院（www.khanacademy.org/math/ cc-sixth-

grade-math/cc-6th-ratios-prop-topic/cc-6th-describing-ratios/ v/ratios-intro）。

8. 我的财务教授告诉我的谎言，教授安德鲁·W. 洛（Andrew W. Lo）、查尔斯·E（Charles E.）、苏珊·T. 哈里斯（Susan T. Harris）；麻省理工学院金融论坛金融工程实验室主任（http://video.mit.edu/watch/lies-my-finance-professor-told-me-28391/）。

9. 流动性比率：白奥尼克·特特尔（Bionic Turtle）（www.youtube.com/watch?v=ICW3lckTjmk）。

10. 流动性与偿付能力：可汗学院（www.khanacademy.org/economics-finance-domain/core-finance/current-economics/paulson-bailout/ v/bailout-1-liquidity-vs-solvency）。

11. 市盈率探讨：可汗学院（www.khanacademy.org/economics- finance-domain/core-finance/stock-and-bonds/valuation-and-investing/ v/p-e-discussion）。

12. 盈利比率：白奥尼克·特特尔（www.youtube.com/ watch?v=P42NUXOwwnM）。

13. 资产收益率（ROA）：可汗学院（www.khanacademy.org/ economics-finance-domain/core-finance/stock-and-bonds/ valuation-and-investing/v/roa-discussion-1）。

14. 偿债能力比率：白奥尼克·特特尔（www.youtube.com/watch?v=Vssx5ugLsEM）。

▶ 案例研究在线视频

1. 亚马逊、苹果和网飞公司（Netflix）：台湾台中市中兴大学（National Chung Hsing University）学生分析账目，克莱德·沃登（Clyde Warden）教授进行评论：www.youtube.com/watch?v=FtP BgzQp9q4。

2. 法国案例研究：弗吉尼亚大学达顿商学院（Virginia Darden School

of Business）院长罗伯特·F. 布鲁纳（Robert F. Bruner）、达顿商学院企业管理教授肯尼斯·M. 伊兹（Kenneth M. Eades）和迈克尔·J. 希尔（Michael J. Schill）共同探讨如何通过案例方法有效进行金融教学（www.youtube.com/watch?v=3zqAFnF2PN0）。

3. 大河电力公司（Mighty River Power）：董事长道格·赫弗南（Doug Heffernan）做的"财务结果—分析师展示"（www.youtube.com/watch?v=EzNPBvSyYUI）。

第四章　财务在价值创造中的作用

- 盈亏平衡，价值的开始
- 实现利润目标
- 利润最大化与股东价值
- 了解资本成本，量入为出
- 预估未来收益

财务管理不只是一些历史数据及关于资产和负债估值的复杂争论。从一位 MBA 的角度来看，最实用的财务工具是那些强大但简单的技术，它们能帮助经理们更好地决策，而且，至少从财务角度来看，能比较准确地呈现未来业绩的可能结果。这些工具很简单，但绝对不是新出现的。例如，1962 年世界上就出现了评估盈亏平衡分析的文章[①]。但多数经理从没听说过这些工具，而知道怎么用的就更少了。这就给了 MBA 们一个很大的优势——能够参与决策，而这通常是少数拿高薪的人才有的特权。

为了充分理解财务业绩和价值之间的相互作用，我们介绍 3 个因素来提升 MBA 们的优势。首先，利润远没有会计师们想要你相信的那么重要：在不断蒙受损失的同时，亚马逊的股价在平稳提高，这一事实就足以证明公司的成长与发展比利润本身重要得多。2013 年 10 月 29 日的《时代周刊》刊出了一篇文章，标题是《这 8 家互联网公司的价值超过了 10 亿美元——但他们一分钱还没赚》，除了亚马逊之外，文章中罗列了 8 家尚未真正赢利的公司：推特（Twitter）、声田（Spotify）、拼趣（Pinterest）、照片墙（Instagram）、脸书、色拉布（Snapchat）、微博客（Tumblr）和尖叫网（Yelp）。2015 年 1 月 29 日，格雷格·贝森哲（Greg Besinger）在《华尔街日报》如此报道亚马逊："这是非常典型的状态，亚马逊用快速增长的销售额和投资让投资者满意，即便其代价是利润已

---

① 这篇文章是指《盈亏平衡分析：其用法和误用》（Break-Even Analysis: Its uses and misuse），霍华德·F. 斯特勒（Howard F. Stettler），1962 年，美国会计协会（American Accounting Association）。

经出现了自2000年以来的最大亏损额……但它的股票却在盘后骤升，一度上涨了14%。"

股东们心满意足背后的逻辑是，其销售额达到了890亿美元，但他们轻易地忽略了这样的事实：888亿美元的营业费用达到了其历史第五高。因而，MBA可以全面运用自己的能力——提升其优势的第一个因素——在充分理解财务作用的同时，更全面地了解价值的来源。

MBA需要记住的第二个因素是，在那些评估价值的人眼中，高管人员之下的管理并不重要，但财务结果很重要。人才管理公司智睿咨询（DDI）2010年2月做的研究显示，在50位财务分析师中只有8位表示，他们用于确定公司股票价值的影响因素中，领导力因素只占到25%，财务因素占到了其余的75%。他们当中84%的人认为营业额的持续增长是其最重要的因素，而94%的人则认为高管人员的经验是关键。本章后面给出的奥凯多（Ocado）的案例研究是对这些发现的支持。

第三，一家公司在某个时间段盈利很高，而在几个月甚至几天后就一文不值，这是很有可能的。如果你认为这不可能发生，回去看看雷曼兄弟（Lehman Brothers）的例子吧。这家有158年历史的老牌银行于2008年9月破产。2008年它还在财富500强中排名第37位，2007年排名第47位。它最后的账目显示，公司有41.92亿美元的利润，比上一年增长了4.6%。"待销存货"是它的投资建议，但在业务模式崩溃之后，这个建议也没有用了。MBA应当认识到，时间的车轮总是在向前转动，昨天的账目只能是"昨日之事"。

成本、数量、定价和利润决策

计算出生产产品或提供服务的成本以及因此应该如何定价，看上去不是很复杂。的确，这个问题乍一看很容易：你只需要把成本总数算出来，价格定的比这高一点就行。如果顾客会继续购买的话，定价超出成本越多，你获得的利润就越多。可惜，一旦你开始这么算，问题就变得复杂了。首先，不是所有成本都具有同样的特性。例如，无论你的销售额多大，有些成本是固定不变的。如果开一家商店，那么租金和税费相对是比较稳定的数字，完全不会随销量而变化。另一方面，商店卖出产品的成本完全取决于销量。卖得越多，其买入存货的成本就越高。

在你假定数量——计划卖出多少之前，我们不能真的就把这两种成本加在一起。表4-1中的例子很简单。在决定购买并有希望卖出1 000单位的产品之前，我们不能计算总成本。有了假设数量，我们就能得出每单位产品的成本：

总成本÷件数=3 500欧元÷1 000件=3.50欧元/件

表4-1　成本与数量关系示例

科　目	金额（欧元）
商店租金和税费	2 500
每1 000单位产品的成本	1 000
总成本	3 500

现在，假如所有产品都以3.50欧元的单价卖出，我们就能一直盈利。但我们能做到吗？假设我们做不到，那会怎样？理论上来讲，如果我们能卖到4.50欧元，卖出1 000单位就能获得1 000欧元的利润（总销售额4 500欧元－总成本3 500欧元）。但如果我们只卖出了500单位，总收入就会降到2 250欧元，实际上会亏损1 250欧元（总收入2 250欧元－总成本3 500欧元）。因此，在某一销售水平上，定价4.5欧元是恰当的，

但这个定价对于另一个销售水平来说可能就是灾难。这个简单的例子说明所有决策都是相互作用的。成本、销售量、售价和利润是相互关联的，任何一方面的决策都会对其他方面有影响。为了理解这些因素之间的关系，我们需要构建一张图或一个模型来加以描述。在构建模型之前，我们需要收集更多有关成本各构成部分的信息。

成本构成

对于决策者来说，理解作为交易模式的成本在商业变化中的作用是很重要的。正是这一存在于每个公司中的"动态"特性，使得决策成为企业存亡的关键，并给 MBA 提供了大量可以展现自己能力和智慧的机会。

上面这个例子表明：如果情况是静态可预期的，那么利润就是确定的。但如果这个框架中的任何一个构成部分不确定（在这个例子里就是数量），情况就大不一样了。要看懂变化情况下的成本是如何发挥作用的，我们首先需要识别出成本的不同类型。

固定成本

无论生产水平是什么样都会产生的或大或小的成本就是固定成本。例如，无论一辆车开了 100 英里（1 英里 =1.609 344 千米）还是 20 000 英里，车主购买这辆车的成本都是一样的，道路税、保险以及立体音响或导航等其他额外的费用也是一样的。

跟买车成本一样，企业里也有其他的固定成本，如车间、设备、电脑、办公桌、应答机等。但某些无形项也可能是固定资产，如租金、财产税和保险等，这些项目相对独立，通常不受公司是否成功的影响。

上述提到的多数成本在任何时间长度内都是固定的。其他成本，如雇用人员的成本，理论上在短期内是可变的，但实际上却是固定的。换句话说，如果销售需求下降导致公司需要的员工人数减少，几周之内这部分成本是不能避免的（通知、假日工资、裁员等）。另外，如果涉及的人员要求技艺精湛或招聘训练他们耗资不菲（或者在某方面特别有价值），而且这种下跌看上去是短期的，那么因为需求下降而减少这部分短期成本可能就不划算。因此，从几周或几个月的时间长度来看，劳动力是固定成本，而从更长的时间段来看，它可能就不是固定的。我们可以画一个简单的图来表明固定成本是如何随着"动态"数量变化而作用的。图4-1是成本模型的第一阶段。它展示了固定成本在某一特定产量范围内相对稳定的水平。再回到上一个例子中，这个表显示了在相当大的销售数量范围内，一家商店的固定成本（租金和税费）是不变的。一旦店主在一家店实现了比较满意的销售额和利润水平，那么他就有可能决定再租房开第二家店，在这种情况下股东的成本会"提高"。图4-2展示的就是固定成本模型的变化。

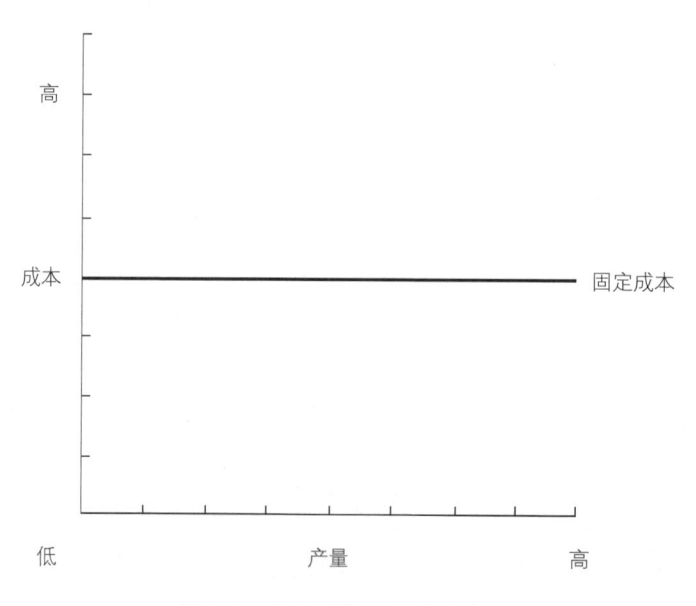

图4-1　成本模型1：固定成本

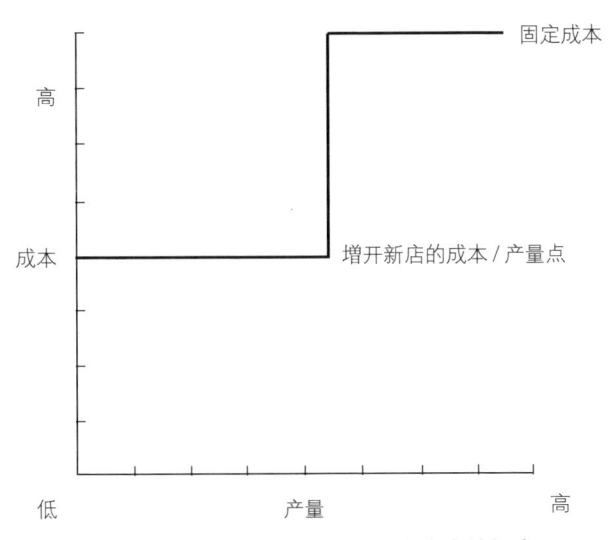

图4-2　成本模型的变化1：固定成本的提高

可变成本

可变成本是指随着产量而变化的成本。例如，用于生产的原材料、包装材料、奖金、计件工资率、销售佣金和邮资等。可变成本的重要特性是，它的升降变化与产量的变化直接成正比。我们也可以画一个图来展示可变成本是如何随着产量变化而变化的。图4-3展示的是成本模型的第二阶段。

固定成本是可以预期的成本，而可变成本是随时都会变化的成本——这是一种常见的错误想法，上面给出的定义是成本核算时唯一可靠的判断依据。

半变动成本

可惜，不是所有成本都可以轻易地归类为固定的或是可变的。有些成本既有固定元素，也有可变元素。例如，一部手机的月租成本是固定的，超出规定使用率的每消费单位成本是可变的。在这个特定例子里，使用率较低的消费者可能会受到比较严厉的惩罚。如果每月只

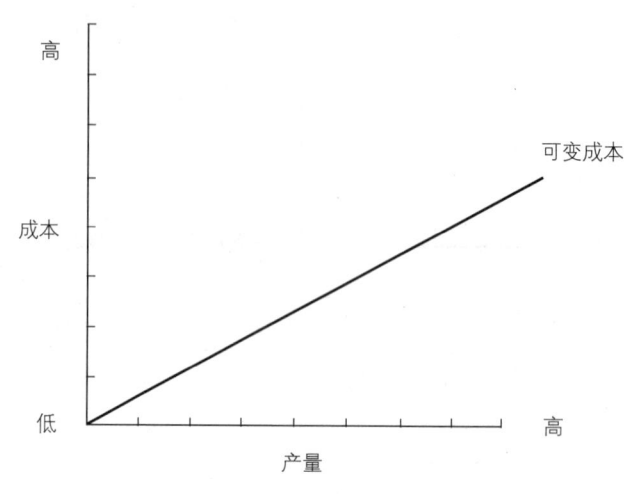

图 4-3　成本模型 2：可变成本随数量变化而产生的变化情况

打几通电话，那么每通电话的总成本 [（固定租金 + 每单位成本）÷ 拨打电话数量] 可能会相对较高。这种双重因素成本的例子还有复印机租金、电力和燃气等。

我们可以把这种半变动成本分成固定元素和可变元素。对多数小企业来说，这个过程很简单。然而，这么做的时候准确性却是很重要的，否则的话，就无法体现这种成本分析法的作用和好处。

盈亏平衡分析

把固定成本和可变成本放在一起，我们就可以建立一个成本核算模型，由此我们可以看出不同产量水平下成本的变化（见图4-4）。

任何市场份额较大的公司相对于其他市场份额小的竞争对手都有隐形的成本优势。公司可以用这种成本优势提高利润、降低价格、争取更大的市场份额或改善产品，从而比竞争对手抢先一步。从固定成本的稳定水平开始产生可变成本，我们就能得到总成本线。从总成本线上任意一点画横轴和纵轴就能得出特定产量下的总成本。这是成

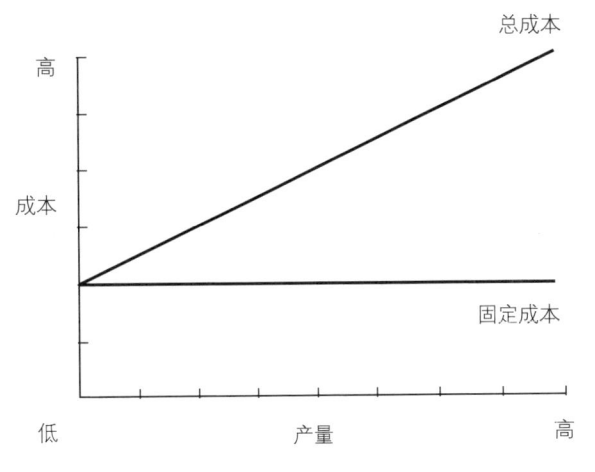

图 4-4 总成本和固定成本模型

本核算模型的本质特征，让我们能看出成本是如何随不同产量而变化的，也就是说，适应公司的动态本质。我们不希望仅生产东西和产生成本，而是要出售产品创造收入。因此，我们可以在模型中再加一条线来表示销售收入的产生。为了让模型更有生命力，也为了演示得更清楚，我们加入了一些数字（见图 4-5）。

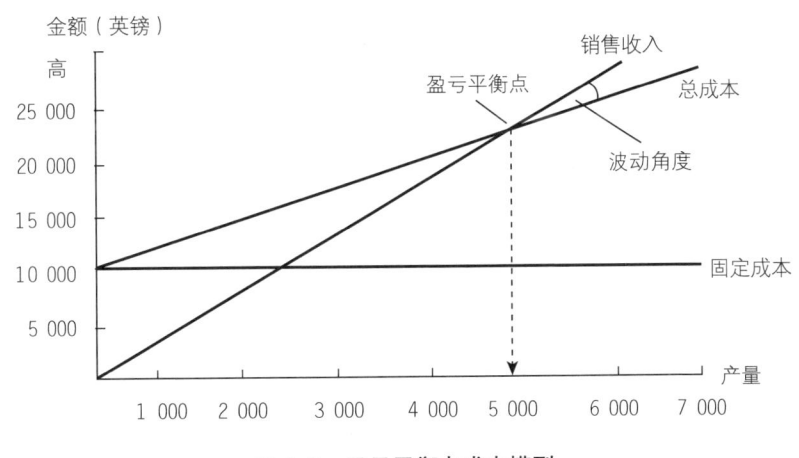

图 4-5 盈亏平衡点成本模型

图 4-5 也展示了盈亏平衡点。整个成本核算中最重要的一个计算就是找到真正开始赢利的点。销售收入线和总成本线的交叉点就是盈亏平衡点。只有到了那个点，公司才开始赢利。我们通过画线图或使用一个简单的公式就能算出来。使用线图或公式的优势就是可以通过迅速改变模型中几个元素的值来进行试验。

盈亏平衡点的计算公式是：

$$盈亏平衡点 = \frac{固定成本}{单位售价 - 每单位可变成本}$$

这是非常合乎逻辑的。在你获得利润之前你必须支付可变成本。计算盈亏平衡点就是要从单位售价中减去这些成本，剩下的部分（通常被称为"单位贡献"）用于支付固定成本。一旦售出的数量单位足够支付固定成本，这时就可以达到盈亏平衡点。我们接下来就根据图 4-5 中的信息来试着计算一下：

固定成本 = 10 000 英镑
售价 = 5 英镑 / 单位
可变成本 = 3 英镑 / 单位

所以盈亏平衡点 = 5 000 单位（即 $\frac{10\,000 \text{ 英镑}}{5 \text{ 英镑}/\text{单位} - 3 \text{ 英镑}/\text{单位}}$）

现在，我们能看出来在开始赢利之前必须以 5 英镑的单价卖出 5 000 单位的产品；同时，如果 7 000 单位是最大产量，我们只需 2 000 单位产品就能实现我们需要的利润目标。很明显，在达到盈亏平衡点之后，可用于出售的产品单位数量越多（例如达到实际可以出售的最大产量），对我们越好。总销量超过盈亏平衡点销量的差额被称为安全边际（margin of safety）。

安全边际

这个指标通常也用百分比来表示,即安全边际率,计算方法如表 4-2 所示。很明显,这个百分比越低,公司的盈利能力就越低。安全边际率低可能是提示我们需要重新思考固定成本、售价或公司最大产量的信号。用图 4-5 中销售收入线和总成本线之间的角度叫"波动角度",这个角度的大小表明达到盈亏平衡点之后的利润率。波动角度很大就意味着在达到盈亏平衡点后每单位售出产品的利润率很高。

表 4-2 计算安全边际(率)

科 目	金额(英镑)	算式
总销售额	35 000	(7 000 单位 × 5 英镑/单位)
减去盈亏平衡点	25 000	(5 000 单位 × 5 英镑/单位)
安全边际	10 000(7 000 单位)	
安全边际占销售额的百分比	29%	(10 000 ÷ 35 000)

实现利润目标

在有了最后一个因素——期望利润之后,我们就可以构建一个综合模型来进行成本核算和定价决策。假设在上述例子中,我们知道自己需要获得 10 000 英镑利润来实现令人满意的资金投入回报率。为此,我们可以修改一下盈亏平衡点公式:

$$盈亏平衡点 = \frac{固定成本 + 利润目标}{单位售价 - 单位可变成本}$$

把表 4-2 里的数字放进这个等式当中,把 10 000 英镑作为利润目标,我们就能看出来这里的原理了。可惜,不继续投资固定资产的话,这个例子里的最大产量就只有 7 000 单位,所以除非我们做出改变,否则就不可能达到利润目标。

$$盈亏平衡点 = \frac{10\,000 \text{ 英镑} + 10\,000 \text{ 英镑}}{5 \text{ 英镑}/\text{单位} - 3 \text{ 英镑}/\text{单位}}$$
$$= 10\,000 \text{ 单位}$$

这个模型的巨大优势在于,在实验基础上,我们可以轮流改变任意一个元素,从而得出满意的可实现的结果。再回到这个例子。在实验开始,我们可以看究竟应如何定价才能达到利润目标。在这个案例中,定价未知,但我们需要提前确定盈亏平衡点(如果未知元素超过一个,那就无法解出等式)。如果我们说已经准备好卖出全部产出来实现利润目标,这显然是不合理的。因此,这个等式可以按如下方式运用:

$$\frac{20\,000 \text{ 英镑}}{7\,000 \text{ 单位}} = 单位售价 - 3 \text{ 英镑}/\text{单位}$$

因此:

$$单位售价 = 2.86 \text{ 英镑}/\text{单位} + 3 \text{ 英镑}/\text{单位} = 5.86 \text{ 英镑}/\text{单位}$$

现在我们知道在最大产量为 7 000 单位且利润目标是 10 000 英镑的前提下,我们需要将每单位产品的售价定为 5.86 英镑。如果市场能够承受这个价格,那么这是个理想的结果;如果不能,我们就再用其他变量进行实验。我们必须要找到办法来减少固定成本或可变成本,增加工厂产量,并使其产量足够满足利润目标。

协商特价交易

一些管理人员经常会受到这样的诱惑：用"跳楼价"拿到特别大的订单。MBA 的作用就是：无论这个提议第一眼看上去多有吸引力，在安全可靠地接受订单之前要确保它满足一些条件。我们对上个例子稍做改变。你的公司最大产出是 10 000 单位，在固定资产上没有很大的投资。目前，在业务证明可行之前，你尚不准备投入更多的钱。其具体背景信息如表 4-3 所示。

表 4-3 背景信息

科　目	数量或金额
最大产出	10 000 单位
实现利润目标的产出	7 000 单位
单位产品售价	5.86 英镑
固定成本	10 000 英镑
单位可变成本	3 英镑
盈利目标	10 000 英镑

上述背景下的盈亏平衡图如图 4-6 所示。

你为其提出建议的经理非常自信地认为，他们能够以每单位 5.86 英镑的售价卖出 7 000 单位产品，但这样还会剩下 3 000 单位没售出——如果他们决定生产这 3 000 单位的话。虽然关于 3 000 单位产品的疑问是意料之外的，但我们也得到了一条很强烈的暗示——只有不低于 33% 的折扣才能达成这笔交易。你会推荐什么？利用目前为止收集到的成本核算信息，你可以得出当前的成本和售价明细（见表 4-4）。

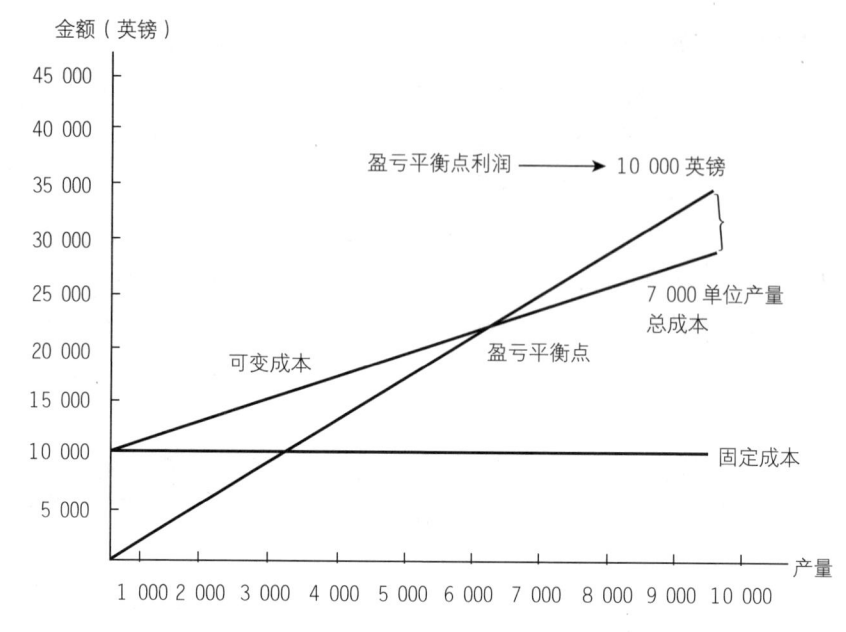

图 4-6　特殊交易的盈亏平衡图

表 4-4　成本及售价明细

科　目	金额及算式
单位成本明细	3 英镑
可变成本	1.43 英镑（10 000 英镑固定成本 ÷ 7 000 单位）
对固定成本的贡献	
对实现利润目标的贡献	1.43 英镑（10 000 英镑利润目标 ÷ 7 000 单位）
单位产品售价	5.86 英镑

鉴于售出 7 000 单位（或待售）就能支付所有的固定成本，剩下的产品就可以以能够满足可变成本和盈利贡献的价格出售，因此你可以在同一利润水平上进行协商谈判，降到 4.43 英镑，即比当前售价低 25%。然而，超出 3 英镑可变成本的任一售价都能产生额外利润，但是这些销

售都会以你的利润空间为代价。如果更低的利润空间能带来更高的已动用资本回报率，那这不一定是坏事，但你需要首先计算盈亏。以边际成本协商订单的危险更大，因为一旦你需要这些成本，你就不会达到盈亏平衡点，并因此而遭受损失。

处理多样化产品和服务

用来说明盈亏平衡点模型的例子一定要比较简单。很少有公司只卖一种产品或服务，因此更通用的等式可能更有助于处理这种现实情况。

对于这种企业，如果你要计算盈亏平衡点，首先必须要确定毛利率，也就是从客户支付的钱里减去付给供应商的钱。（关于这点，如果你想了解更多，参见第三章。）例如，如果你的目标是有40%的毛利率，用小数表示就是0.4，你的固定成本是10 000英镑，总利润目标就是4 000英镑，计算方法如下：

$$盈亏平衡点 = \frac{10\,000\,英镑 + 4\,000\,英镑}{0.4} = \frac{14\,000\,英镑}{0.4} = 35\,000\,英镑$$

因此，为了实现目标，你必须实现35 000英镑的营业额。（你可以自己检查一下：在上一个例子里，盈亏平衡点利润需要7 000单位产品，每单位产品售价为5英镑，两个数字相乘得出营业额为35 000英镑。那个例子中的毛利率就是2/5，也就是40%。）

寻求关于盈亏平衡的帮助

关于盈亏平衡的计算，如果你需要帮助，我提供几个选择。

首先，一位友善的会计可以教你。如果你对代数计算有些生疏，可以在英国广播公司（BBC）的 Bite Size 网站上快速复习一下（www.bbc.co.uk/bitesize > ks3 > Maths > Algebra > Equations）。

其次，大量的在线电子表格和在线教学课程可以帮你了解这个过程。圣智学习出版公司旗下的 bized 网站[①]（www.bized.co.uk > Virtual Worlds> Virtual Learning Arcade > Breakeven Analysis）模拟了这个过程，它们能让你在非常复杂的盈亏平衡计算中看到变量产生的影响。

此外，Knowledge Dynamics（http://www.knowledgedynamics.com/demos/BreakevenFlash）网站上有一个非常好的电子学习模拟工具。在你尝试了关于价格和成本的替代决策时，它还可以解释不同的制造和营销决策对盈亏平衡数量和时间的影响。

利润最大化与股东价值

运营管理人员会密切关注账本底线，他们实现利润最大化的能力通常会影响自己的奖金和晋升。但是，股东们的目标与之相关却又不同。股东通常包括董事会成员及其他一些 MBA 们应当培养的高级员工。作为公司的所有者，他们想要将企业价值最大化，企业价值的计算方法是用股票数量乘以股票市价。

一家公司的运营和成长当然需要钱，但是并不是所有钱都只来自那些期待能从股份价值上涨中获利的股东，也可以由银行提供。银行对于股份价值上涨的期待相对前者而言低得多——拿回本金及特定水平的利息就能让他们很满意。（这个话题，也就是资产负债比率或杠杆比率，会在第十章有更全面的介绍。）

影响股价的因素远不止一个简单的利润额。首先，创造利润的效率对股东们的想法影响很大，因此资本回报和利润空间也很重要。想想你

[①] 经查，该网站目前已停止运营，可跳转到圣智学习的网站 www.cengageasia.com。——编者注

更愿意投资哪家公司：用 1 亿英镑获得了 2 000 万英镑利润的，还是用 5 000 万英镑获得 1 900 万英镑利润的？现金增值也是价值中很重要的一个因素。利润是对企业价值的会计估量，它可能会受各种因素的负面影响。直到利润被转化成现金，股东们才会对他们投资的价值有把握。所以，除非是两个相同的企业，那家用最快时间产生最多利润的公司在股市中会被认为价值更高。其他促进因素，如苹果公司全球闻名的创新能力或麦当劳（McDonald's）和可口可乐（Coca Cola）等公司具有的全球影响力与吸引力，也会使企业的相对价值较高。

案例研究

奥凯多

2015 年春，奥凯多获得了 720 万英镑的税前利润（截至 2014 年 11 月 30 日）。这是该公司一年的盈利，相比前一年 1 250 万英镑的亏损已经是很大的进步。奥凯多公司创建于 2000 年，2001 年开始试运营，在不长的创建历史中，这家公司一直在亏损。

同样不会让人特别意外的是，自创建以来，另一家公司也从没赢利。位于美国伊利诺伊州的豆荚公司（PeaPod Inc）曾经尝试让类似的零售业务盈利，但直到 2001 年 8 月，这家创立了 12 年的公司一直都没能实现赢利。当时，美国驻步购物连锁店（Stop & Shop）和巨人食品（Giant Food）的运营商皇家阿霍德集团（Royal Ahold）收购了整个豆荚公司。

2002 年 1 月，奥凯多和维特罗斯（Waitrose）合作上线。发展至今，整个英国东南部、中部地区、西北部和南海岸的超过 1 350 万个家庭都在使用奥凯多的服务。2004 年 2 月，它为英国大型连锁超市莫里森（Morrisons）提供了在线分销服务。这是一个为期 25 年的交易，奥凯多得到 1 700 万英镑的预付款，帮助莫里森追赶上那些已经提供在线订购并送货到家服务的竞争对手。奥凯多在成立之时就有这一愿景：让忙碌的人们有另一种方法可以每周都去超市。通过从专用仓库完成订单，奥凯多的目标是在网店上呈现接近真实的库存，从而使消费者从有实际存货的各种日用品中进行选择。公司开发了独有的物流软件，以确保在正确的时间将正确的货物运送到正确的地点。奥凯多位于赫特福德郡（Hertfordshire）哈特菲尔德（Hatfield）的仓库存储了近 20 000 件货物，比维特罗斯的最大分店存储的还要多。这些货物在 10 英里长的传送带上循环运输，从而实现每周 80 000 次送货。奥凯多自称占有英国 20% 的在线百货销售额，紧随乐购和圣百利（Sainsbury's）位居第三。考虑到这点，奥凯多实际仅占英国全国在线百货销售额 1 300 亿英镑（2 080 亿美元或 1 530 亿欧元）的 2%。

奥凯多的创始人都有很丰富的投行工作经历，这对于提升企业价值和筹措资金无疑是一笔财富。公司 CEO 蒂姆·斯坦纳（Tim Steiner）在高盛集团（Goldman Sachs）做了 8 年的银行家，前 CFO、现在负责市场营销和对外传播的贾森·吉辛（Jason Gissing）也是如此。三大创始人之一的另一名成员尼尔·艾布拉姆斯（Neill Abrams）现在负责法务和商务工作，他和另外两人的唯一不同就是在高盛工作了 9 年。前独立电视台（ITV）主席迈克尔·格雷德（Michael Grade）2009 年被任命为奥凯多董事会主席。在此之前的 3 年，该公司的亏损额分别为 2 250 万英镑（3 600 万美元或 2 650 万欧元）、4 350 万英镑（6 960 万美元或 5 130 万欧元）和 4 550 万英镑（7 280 万美元或 5 370 万欧元）。尽管亏损上涨幅度不大，但仍呈现上升趋势。如果公司能够以类似 10 亿英镑（16 亿美元或 11.8 亿欧元）这样的没有实际意义的数字首次公开募股（IPO），这就清楚地表明投资者看到了其市场份额和营业额的价值，并且他们会耐心等待利润变现。

资本成本

企业需要随时了解自己为资金的使用付出了多少钱，因为这是实现企业增值前需要跨过的门槛，也是企业可能进行的任何投资的最低资本回报率。还需要注意的是，如果新筹集的资金的成本比企业已经在用的资金的成本高，那么只有相应地提高最低资本回报率才能真正实现盈利。

债务成本

这是很明确的。例如，如果公司以 8% 的固定利率从银行贷款，这就是税款减免前的债务成本。如果税款减免计作 40%，那么净债务成本就会下降至 4.8%。在公开发行债券或信用债券的情况下，企业需要支付的利率——想让投资者以此平价利率接受新贷款——就可以视作其借入资本的成本。

股本成本

简单来说，股本成本就是股东期望从公司获得的资金收益率。这通常没有科学的精确计算方法，而是人们预估的能够从未来股息和股票增值中获得的收益率。

股息价值模型

计算股本成本的方法之一就是在公司当前总股息收益率的基础上加上预期年增长率。

例如，某公司预测未来一年每一普通股的总等值股息是 10 美分，公司股票在股市上的报价和当前交易价为 2 美元，过去几年利润和股利的平均增长率为 15%。那么，该公司的股本成本计算如下：

$$股本成本 = \frac{当前股息（毛）\%}{当前市价} + 增长率\%$$

$$= \frac{(0.1\ 美元 \times 100)\%}{2\ 美元} + 15\% = 20\%$$

使用这个模型，我们就假设未来的股息会以固定的比率——通过平均过去几年的业绩——增长。

资本资产定价模型

在介绍下一个方法之前，我们需要阐明一下风险的类别。风险有两大类：特定风险和系统性风险。

- 特定风险（specific risk）适用于某一特定企业。这种风险包括失去首席执行官，其他企业推出类似或更好的产品或劳动力问题等。我们预期股东不会提出针对这类风险的补偿，因为他们的投资组合中大量的投资可能都会带来此类风险。
- 系统性风险（sysettematic risk）源自可能会在一定程度上破坏所有投资的全球性或宏观经济事件。因此，股东们会就此类风险给他们的财富带来的损失提出补偿要求。这种补偿是以要求更好的回报率的形式体现的。

稍微复杂一点的股本成本计算方法会把系统性风险因素考虑在内，这种方法被称为资本资产定价模型（capital asset pricing model，简写为CAPM）。简言之，CAPM规定，投资者要求的股票回报率由两部分组成：和没有风险的短期政府证券回报差不多的无风险的回报率，以及补偿与投资股票相关的系统性风险的额外溢价。公司股票的系统性风险通过贝塔风险系数（beta factor）的大小来衡量。该系数为 1.0 意味着公司股票的系统性风险和整个市场的平均水平一样；如果贝塔风险系数为 1.4，那么公司股票的系统性风险就比其市场平均水平高出了 40%。公司股票的贝塔风险系数适用于市场溢价，后者是超过无风险收益率的市场股票投资组合的收益率。使用 CAPM 计算股本成本的公式是：

$$Ke = Rf + B(Rm - Rf)$$

其中，Ke= 股本成本；Rf= 无风险收益率；Rm= 市场股票投资组合收益率；B= 贝塔风险系数。

举个例子，如果无风险收益率是 5.5%，市场股票投资组合收益率是 12%，公司普通股贝塔风险系数为 0.7，那么公司的股本成本就是：

$$Ke = Rf + B(Rm - Rf)$$
$$= 5.5\% + 0.7(12\% - 5.5\%)$$
$$= 10.05\%$$

在上述两种计算股本成本的方法中，CAPM 的方法更科学。在理想状态下，无风险收益率和市场股票投资组合收益率应该反映出未来的情况，而当前收益率可以作为替代值。贝塔风险系数衡量的是在几年的时间跨度中公司股价对市场变化的敏感度。

CAPM 方法的缺点是，它假设所有的投资者都是理性的、消息灵通的，市场是完美的，无风险资金是敞开供应的，但现实往往并非如此。还有更复杂的计算股本成本的模型，但都有各种各样的缺陷。

加权平均资本成本

了解了股本成本和债务成本（以及其他长期资金来源，如分期付款购买或抵押贷款等的成本），我们需要把它们合并成资本总成本。它主要用在项目评估中，用来证明资本产生的回报超过了资本的成本。

我们需要一个平均成本，因为通常我们不能确定每一个项目都有一个特定的资金来源。鉴于权益资本和债务资本的成本不同，我们可能会做出不合乎逻辑的决策，可能会接受一个受债务资本资助的项目，却拒绝了受权益资本资助的类似项目。一般情况下，公司都认为所有的项目资金都来自共同的现金池，除了少数针对特定项目融资的案例。计算中使用的加权数应当基于有价证券的市场价值，而不是基于证券簿记或资产负债表呈现的价值。

例如，假设你的公司想把借入资本和负债的杠杆比率保持在20:80。通过两种不同渠道融得的新资本的名义成本分别为10%和15%，公司所得税是30%。整体加权平均成本的计算如表4-5所示。

表4-5 加权平均资本成本

资本类型	比例（a）	税后成本（b）	加权成本（a×b）
10%贷款资本	0.20	7.0%	1.4%
股本	0.80	15.0%	12.0%
			13.4%

最后计算得出的加权平均成本是13.4%，这是公司应当接受的建议投资的最低比率。不能达到这个回报率的任何投资都不可行。使用CAPM方法时，计算贝塔风险系数时已经将风险考虑在内了。这和所有现有业务的风险都有关。如果公司接手一个风险差异特别大的项目，或者公司本身的不同部门面临的风险差异较大，那么整个公司只有单一的

股本成本就不合适。这种情况下，我们可以使用在同一领域作为分部运营的代理公司的平均贝塔风险系数。

未来投资决策

资本成本是很重要的数据，因为它从本质上而言是未来投资的门槛。使用上面的数据，也就是 13.4% 的加权平均资本成本，公司从事任何利润率低于这个比率的活动都会使自身的业绩下降，这显然不是一个 MBA 会做的事。

投资决策要考虑未来数年甚至数十年的成本和收益，因此可以分为以下几类：

- 补强型投资：这种投资会支持和增强现有的运营能力，例如，因为需要新设备来消除瓶颈而导致部分生产流程的进度减缓。
- 独立单一项目：这种投资只涉及单一的接受或拒绝决策。
- 竞争项目：这种投资需要选择究竟哪个决策能产生最好的结果，需要做选择要么是因为只能做一个项目，要么是因为资金有限。后一种情况被称为资本限额（capital rationing）。

以下是对一个投资决策进行的财务审查。在进行投资决策时，你可能还有其他的比财务更重要的战略原因。例如，要特别果断地拒绝竞争对手的一个特殊机会，或为了实现国家或全球战略的某部分需要而在某一或某几个领域进行不均衡的开支。然而，所有的投资决策都需要进行恰当的财务评估，因此在接受一笔回报率更低——相比正在使用的资本的成本——的投资时，我们至少要关注其成本。

还有很重要的一点需要注意，所有评估投资的方法都要求使用现金科目而不是利润科目,因为这样在解释评估投资的方法时就会变得很清楚了。利润没有被忽视,它只是在事件发生时才被使用。

回收期法

评估投资决策最常用的方法是回收期法。要计算回收期,你首先要计算需要多少年才能拿回你的现金投资。表4-6是两个投资项目。这两个项目分别需要20 000英镑和40 000英镑现金,以期在未来5年内实现一系列现金回报。

表4-6 回收期法 （单位：英镑）

科目	A投资	B投资
当前初始现金成本（0年）	20 000	40 000
净现金流		
第一年	1 000	10 000
第二年	4 000	10 000
第三年	8 000	16 000
第四年	7 000	4 000
第五年	5 000	28 000
期内总现金	25 000	68 000
现金盈余	5 000	28 000

尽管这两笔投资都需要不同数额的现金,但它们都能在第4年收回全部现金。因此我们可以说,这两笔投资的回收期都是4年。事实上,第二笔投资的现金盈余比第一笔多得多,在第二年就收回了一半初始现金。第一笔投资在同样时间内只收回了1/4。

回收期法可能很简单,但就时间选择或比较不同投资数量而言,它的用处不大。

贴现现金流

我们凭直觉就能知道，早点拿回现金肯定比晚点好。换句话说，现在获得的一美元就比一两年或多年后拿到的一美元价值更高，因为我们现在可以拿着这钱投资，或者说或我们需要为使用这笔钱支付成本（见上文"资本成本"一节）。为了做出比较好的投资决策，我们需要对未来的收益流赋值，得到所谓的现值（Present Value，简写为 PV）。如果我们知道自己投资的钱都能获得 20% 的收益率，我们就可以为一年后能有 1 美元最多支付约 80 美分。如果我们现在付出了 1 美元，一年后仍只能拿回这 1 美元，那我们实际上就是亏损了。

处理这个问题所使用的方法被称为贴现，这个过程叫作"贴现现金流"（discounted cash flow，简写为 DCF），剩余的贴现现金被称为净现值。表 4–7 的第一栏展示的是某笔投资的现金流意义：在投入项目 20 000 英镑五年后收到了 5 000 英镑的现金盈余。但如果我们接受了"未来现金价值比现有现金价值低"的观点，那么我们需要回答的唯一一个问题就是：到底低多少。如果我们把加权平均资本成本作为合理的利

表 4–7　使用贴现现金流　　　　　　　　　　　　　　　　　（单位：英镑）

	现金流 A	贴现因子 15% B	贴现现金流 A × B
当前初始现金成本（第 0 年）	20 000	1.00	20 000
净现金流			
第一年	1 000	0.869 5	870
第二年	4 000	0.756 1	3 024
第三年	8 000	0.657 5	5 260
第四年	7 000	0.571 7	4 002
第五年	5 000	0.497 2	2 486
总计	25 000		15 642
现金盈余	5 000	净现值	(4 358)

润标准，那么我们就选择 13.4% 作为合适的贴现未来现金流比率。为了计算简单且小幅度增加安全边际，假设我们选择的比率是 15%（这个数字意义不大，因为你会看内部收益率部分）。

用来计算 1 英镑在未来某天能获得的现值的公式就是：

$$现值（PV）= £P \times 1/(1+r)^n$$

P 是初始现金成本，r 是用小数表示的利率，n 是现金到位的年份。如果我们确定贴现率是 15%，第 2 年这 1 英镑的现值就是：

$$PV = £1 \times 1/(1+0.15)^1$$
$$= 0.87 \text{ 英镑（小数点后保留两位）}$$

因此我们可以看出来：1 000 英镑在第一年底的现值就是 870 英镑；第二年的 4 000 英镑在当年年底的现值就是 3 024 英镑；到第五年，5 000 英镑获得的现值减少到了不足原来数字的一半。实际上，这个项目远没有在第四年就收回投资并产生 5 000 英镑的现金盈余。相反地，该项目比我们期待的 15% 回报率的结果还少了 4 538 英镑。换句话说，这个项目没有满足我们使用贴现现金流的标准，但如果从回收期的标准看，我们还可以继续做这个项目。

内部收益率

虽然贴现现金流是一个很实用的财务分析的出发点，但它没给我们任何确定信息。例如，我们只知道上面这个项目没能实现 15% 的回报率。如果想知道这个项目的真正回报率，我们需要选择一个贴现率，它是净现值为零时的收益率，被称为"内部收益率"。它的计算过程比较复杂，但 Spreadsheet.com 网站上提供了一个很实用的模板（www.spreadsheetml.com/financialmodeling/free-investment-financial-calculator-tvm-npv-irr.shtml），可以用来计算回收期、贴现现金流、内部收益率以及和资本预算相关的很多其他指标。

阿斯沃斯·达摩达兰（Aswath Damodaran）在纽约大学斯特恩商学院教授 MBA 课程中的公司财务和股价课程。他提供了包含贴现现金流和内部收益率在内的金融领域各方面的免费电子表格（http://pages.stern.nyu.edu/~adamodar/New-Home-Page/spreadsh.htm）。使用他的表格，你会发现我们讨论的这个项目的内部收益率稍低于 7%，这比银行利息高不了多少，绝对不值得为此承担任何风险。

外 包

外包是指将公司非核心或中心业务元素承包出去。对公司来说，它是很重要的一个财务策略，可以帮助公司限制需要筹措和使用的现金数量，从而帮助公司获得更高的资金投资回报。外包的优势很明显：让最适合的人做他们最擅长的事。但如果我们不加以管理，这一方法也可能会失控。2008 年，IBM（国际商业机器）公司改造了他们的价值链，在公司百年历史上首次创立了集成供应链（ISC）——这种全球化的集中式方式可以决定什么事情公司可以自己做，什么需要买进及从哪里买进。有了它，IBM 的供应商数量从 66 000 家减半至 33 000 家；支持中心从 300 个减至班加罗尔（Bangalore）、布达佩斯（Budapest）和上海三大全球中心；制造基地从 15 个减至 9 个，所有这 9 个基地都是"全球可用"的——IBM 在每个制造基地都能生产公司的任意一种产品，且能将其卖至全球任何地方。这样，IBM 的年度运营成本节省了至少 40 亿美元（25.6 亿英镑或 47.4 亿欧元）。

[案例研究]

贺卡公司 Moonpig

2015年3月，尼克·詹金斯（Nick Jenkins）加入BBC旗下一直以来都很成功的商业节目《龙潭虎穴之创业投资》（*Dragons' Den*），成为新加入的三"龙"之一。詹金斯毕业于伯明翰大学（Birmingham University）俄语专业，之后在莫斯科从事食糖贸易，当时的雇主是本部位于瑞士的大宗商品交易商马克·里奇（Marc Rich）公司。1999年，他在完成了克兰菲尔德大学管理学院MBA的学习后开始创建贺卡公司Moonpig。

到1998年，在俄罗斯工作了8年之后，尼克决定回到英国。在某种程度上，这一决定是因为他发现了前客户贴在他公寓门上的死亡威胁。但他主要还是为了实现自己创业的梦想。在1999年，他的生意理念很简单：使用维多利亚时代就开始使用的普通贺卡，通过创建一个网站，让顾客在这个网站上定制个性化的幽默卡片。根据尼克的计算，如果顾客单买一张包含邮资在内的起价为2.99英镑的个性化卡片，他的生意就能盈利。在定制当天他就能把卡片直接寄送给接收人，也可以寄给定制者，再由他转送给其他人。基于对自己的初步努力收到的积极反馈的判断，尼克坚信自己的理念能够流行起来。因为他运营的是线上交易，这样还能收到预付款，从而让他拥有良好的现金流。

制作和打包卡片看上去花费最多，尼克在这两个领域都没有经验，而这两项也都不是他的商业提案的中心。尼克把他的想法告诉了Paperlink——一家从未从事过在线业务的贺卡印刷公司。如果Paperlink同意做自己公司——当初还没有Moonpig这一名字——的外包供应商，尼克答应给它一小部分公司股份。对方竟然同意了，而这点足够让尼克相信自己的想法值得继续下去，同时还可以减少很大一部分成本。

尼克把自己的 16 万英镑（来自马克·里奇公司管理层收购的股份）投了进去，从愿意投资 Moonpig 的朋友那融到了 125 000 英镑。在 1999 年 10 月注册之后，他紧接着聘请了一个网站设计机构帮他搭建和设计网站，目标是在圣诞节前上线。在公司运营第一年，公司共送出了约 40 000 张卡片，销售额 90 000 英镑，亏损约 100 万英镑。亏损主要来自杂项开支，如人员费用、打印设备、软件开发和市场营销。到 2002 年，互联网阴影下的经济开始缓慢崛起，但仍然前途黯淡。最初，尼克期望公司能在第 3 年实现盈亏平衡。但实际上，直到 5 年后，经历了另外 6 轮私人投资者的融资后，Moonpig 才获得盈利。

到 2004 年，看上去尼克所有的努力和付出终于得到了回报——销售额持续增长，亏损线和盈亏平衡线开始接近。自公司创建以来，销售额一直稳步增长，主要靠的就是口碑传播和推荐。因为其所有的产品都是独一无二的，且都印有 Moonpig.com 的网络名称，贺卡卖出去越多就会吸引越多的顾客。到 2005 年，公司开始盈利。

"小而精"是公司的主要口号。尼克甚至在他的办公室 e–空间也采用了外包理念。起初几年，公司产量在圣诞节和复活节等高峰季节出现了一些问题。例如，圣诞节前，公司通常每天能卖出 15 000 张卡片。而在其他时候却是另一番场景，每天只能卖出 1 500~2 000 张卡片。这就意味着考虑到办公空间时尼克需要做到灵活有创意。在公司最忙的时间，因为需要更多的人装信封，办公室几乎满员。这时很多正式员工会在家工作以腾出办公桌的空间。

在提供定制化卡片的同时，Moonpig 开始制作看上去像是恶搞 OK、Hello! 等杂志封面的卡片。2006 年，在扩大生产基地的同时，Moonpig 决定从澳大利亚开始拓展海外业务。尼克说这对于实现增长是很符合逻辑的一步，因为澳大利亚和英国卡片购买者在文化方面具有很强的相似性。

Moonpig在在线贺卡市场曾占有超过90%的份额，公司每年卖出超过1 000万张卡片。如果把这些卡片连起来，其长度可以从伦敦铺到莫斯科。2011年7月，公司被数码照片服务供应商照片盒（PhotoBox）以1 200万英镑的价格买下。

外包的利弊

外包对于新公司和知名公司来说有很多优点，但它也有其固有的风险。外包的优点包括以下几个方面。

- 获取专业知识。对于小公司来说，尤其是在初创阶段，拥有具备最新专业知识的团队几乎是不可能的，而大的知名公司招募最好的员工和买入最新的设备就比较简单。这也意味着作为新进入者，你如果外包部分业务给大公司，那么从一开始就能获得最先进的产品和服务。
- 更大的延展性。如果公司从一开始就获取生产资源来满足未来的需求，那么这种做法并不合算。通过外包给一家或多家供应商，实际上你就可以实现你想要的任意水平的产量了，而所有这些都依靠可变成本而不是固定成本来完成。
- 成本更具可预见性。外围供应商和制造商提供产品与服务的成本可能比你自己做的成本要低，但选择外包的主要财务原因是让成本更加具有可预见性，并可以建立更顺畅的现金流。
- 腾出的时间。把非核心功能外包出去，就能让你和你的团队自由地专注于公司战略发展和核心业务功能。
- 规模经济。外包供应商的生产能力比你或其他所有顾客都要高。这就意味着它们有更好的谈判筹码、更低的材料价格和更优的设备使用效率，它们的固定成本就会由不止一个客户来承担，因此你可以拿到更低的供货价格。

不过，外包也有如下3个方面的缺点值得关注。

- 数据保密。这是所有公司最基本的顾虑。如果相关外包业务需要一家公司将自己的重要信息告知其他公司，那么这个项目就不适合外包。如果你将那些涉及公司秘密的业务外包出去，你需要确认事先已经签订包括知识产权和保密协议在内的基本合同条款。
- 质量控制。这对于外包是个战略性问题。同时，随着"心系社会的顾客"（即那些在购买之前会仔细审视公司及其产品的人）的出现，质量也成了一个新的风险源。购买那些使用童工生产的便宜服装，对消费者来说是个大问题。因此，尽管外包在经营中有很重要的作用，但是我们仍需对其进行管理，以使其符合公司道德标准。
- 失控。尽管你可以更换外包供应商，但只要你需要购买外包服务，你就不能完全控制它。你还会发现，要培养能时刻掌握该领域动态的能力是很难的。

设置边界

外包的起点是你需要决定自己擅长做什么，然后考虑把除此之外的都外包出去。把公司的焦点放在自己的核心能力上，然后坚持本行。你可能不应该在一开始把对企业非常重要的事情外包出去。你需要时刻盯紧直到能够完全掌控它们，这其中包括现金流管理及维护与多数客户的关系。之后，你可能会考虑把从客户那回收现金的业务外包给发票折扣商或代收服务商，它们常常有更好的流程来处理你无法提供的大量发票。

有些任务一开始适合外包，之后需要将其收归企业内部。如果你想提供自己不擅长的产品或服务，那把核心功能外包出去也是合理的，至少在你有信心和专业能力之前这么做是合理的。

股票和市场

倍数的神奇能力

当你公司的利润成功超过100万英镑（160万美元或118万欧元）时，你就可以认真考虑上市了。（第七章有关于这一实用步骤的更多介绍。）这意味着将公司股份全面向公众出售，或者可以在适当的时间把公司出售给更大的公司。这其中的数学原理如下。你公司的利润若为100万英镑（160万美元或118万欧元），假设市盈率为4，误差为50万英镑，那么它的估值很可能为400万英镑（640万美元或472万欧元）。然而，一家同样的上市公司会以更高的市盈率——甚至有可能是其两倍——进行估值。其中的逻辑是：股票是流动的。也就是说，投资者每天都可以获知股票价值，随时可以把股票卖出并转向新的投资。此外，上市公司需要接受更严格的审查，因此投资者对自己的账户更有信心——尽管2008年10月的股市崩盘让大家对此一直心存疑虑。

一旦你的公司上市了，你还有更有效的增值方法。现在如果你要收购同领域的一家盈利为25万英镑的私人企业，而它十有八九会以4左右的市盈率出售，那你大概要支付100万英镑。现在这笔利润进入了上市公司，市盈率为8，那你的公司价值就多了200万英镑（8×25万）。所以实际上，你投资了100万英镑立即就增值了200万英镑。当然，25万英镑的利润流还应持续下去，可能还会有成本节约和规模经济产生的协同增效效应。这就是市场倍数的魔力。

股份回购和其他市场操纵手段

公司可以回购自己的股票，以减少流通在外的股份，同时给其他股东更多的公司所有权。这通常标志着公司的管理层认为公司估值偏低。其他回购股份的理由还包括利用闲置现金，提高每股收益，获得股本以便用于员工股票期权计划或退休金计划。

回购股份对公司不会有任何改变，也不会改变顾客、产品、员工、运营和策略：它只是耍了一点金融手腕来操控股价。但是，那些告诉股民某只股票未来价值如何的分析师真的会被这种赤裸裸的花招骗到吗？很明显他们会的。两位学者——詹姆斯·韦斯特法尔（James Westphal）和梅丽莎·格雷布纳（Melissa Graebner）2010年2月在《美国管理学会学报》（Academy of Management Journal）上发表了题为《表面问题：公司领导者是如何管理金融分析师的感觉的》（A matter of appearances: How corporate leaders manage the impressions of financial analysts）的论文，其中就提供了强有力的证据来支持上述观点。

这份针对1 300名分析师和公司老板的研究发现，当华尔街对公司给出负面的评价时，涉事公司的CEO更倾向于管理表面问题而不是做出实质性改变。除了向市场传递自己对股价有信心的股票回购，其他手段还包括任命更多独立董事等。理论上，这样做会改善公司管理，使董事会更有效地承担责任。实际上，尽管这种外部任命可能和公司没有明确的关系，但他们通常和老板有"友谊"关系。这份研究中有45%的案例都是这种情况。还有更明目张胆的做法，比如CEO为分析师们争取工作机会和俱乐部会员资格，以防止股价被人为降低。

很明显，这些策略收到了丰厚的回报。采取此类措施的公司看到了股票上涨的机会，因此公司的票面价值提高了36%。让人吃惊的是，上市公司通过那些取悦分析师的计划能够获得长时间的股价上涨，甚至是在这些计划都没有实施时就能获利——单单是一份声明就足以取悦市场了。

▶ 课程和讲座在线视频

1. 盈亏平衡分析公式图和在图上标记盈亏平衡点：优兔（YouTube）超娱乐频道（www.youtube.com/ watch?v=7MxlVMzRxa8）。

2. 如何计算内部收益率：Alanis 商学院（www.youtube.com/watch?v=hKyeS-bAf3I）。

3. 如何计算净现值：Alanis 商学院（www.youtube.com/watch?v=jylJ2r9bklE）。

4. 如何计算回收期：Alanis 商学院：（www.youtube.com/watch?v=ZmvbD0heOAA）。

5. 如何计算盈利指数：Alanis 商学院（www.youtube.com/watch?v=JaEUoMGbmJs）。

6. 如何进行盈亏平衡分析：Alanis 商学院（www.youtube.com/watch?v=tXI3Qdu-Qt8）。

7. 定价目标和策略：Alanis 商学院（www.youtube.com/watch?v=gPAGip9GOIU）。

8. 加权平均资本成本：开放教育（Education Unlocked）（www.youtube.com/watch?v=46oLXwClvkw）。

9. 什么是市盈率？瓦伦丁风险投资（Valentine Ventures）主办的财富学院（The Wealth Academy）（www.youtube.com/watch?v=TKk1xdTbOK0）。

▶ 案例研究在线视频

1. 保罗·克拉克（Paul Clarke），奥凯多公司技术部主任，谈论技术如何驱动公司发展，说明为什么为股东创造长期价值要优先于其他事情（www.youtube.com/ watch?v=GP4T6tMqWcI）。

2. 维特罗斯与奥凯多、配送和物流管理。伦敦商业金融学院（London School of Business and Finance）（http://freevideolectures.com/

Course/2749/Marketing-Management/2）。

3. 请观看这段 2014 年 2 月的视频片段，视频解释了为什么亏损的奥凯多仍然价值 30 亿英镑（www.telegraph.co.uk/finance/personal-finance/investing/10616950/Why-is-loss-making-Ocado-worth-3bn.html）。

第二部分

企业资本结构

这部分会探讨公司结构在金融业务中的作用。公司结构包括独资经营、合伙企业、有限合伙及公司（私人公司和上市公司）。在实操中，独资经营公司的资金来源仅限于借款（即债务融资），而其他结构的公司都可以使用股权来融资。

债务融资的形式包括银行提供的透支和定期贷款等。其他债务工具包括债券和可转债、联合贷款、商业票据、租赁融资、分期付款购买、售后租回、应收账款保理、发票贴现和汇票。

就股权融资而言，我们会探讨不同的股份结构——普通股、优先股和可转换股。股权融资的其他来源也会在这部分进行讨论，包括创业天使、种子融资、企业孵化器、风险资本（私人和政府资助的）、企业风险投资、股票市场及夹层融资和众筹等混合结构。

第五章　企业结构在融资业务中的作用

- 公司结构简史
- 独自工作
- 建立合伙
- 限制责任
- 合作社

在本章中，我们会看公司是如何依法组成的，这些不同的组成形式究竟是怎么回事以及它们对于公司财务选择的影响。后面几章会详细解释不同的财务选择。

至少有两个原因可以解释为什么一名MBA学生需要对那些里程碑事件有一些基本了解，这些事件引发了现在关于公司和组织如何组成及如何筹措资金的理论。多数人要对他们的国家、邻居、朋友和敌人有一定了解，MBA学生应该了解里程碑事件的第一个原因与此大体相同。这种学习给我们提供了关于我们如何才能走到今天的背景，激发我们对其进一步了解的兴趣。例如，只要稍微了解一些世界各地——从美洲到印度及非洲大陆的焦灼的商业和领土争端，我们就很容易理解法国人和英国人之间的敌意了。

第二个原因可能更重要。哈佛大学教授杰弗里·琼斯（Geoffrey Jones）曾和威斯康星大学麦迪逊分校的教授乔纳森·蔡特林（Jonathan Zeitlin）共同编辑了《牛津商业史手册》（*The Oxford Handbook of Business History*）（2008年，牛津商业与管理手册系列）。琼斯在哈佛大学使用的核心历史课中讲道："过去几十年中，商业史学家研究出了大量实证资料，这些资料中的有些案例与今天流行的理论和其他学科的假设相符合，有些案例则是与它们相矛盾的。"这种史料的缺失促进了一些非常有影响的理论的传播，而这些理论建立在对过去的片面了解的基础上。"例如，"琼斯说，"当前广为接受的建议是那些对外国直接投资持开放态度的国家会收获财富和增长。历史证据清楚地表明，这只是大家都相信的事，而不是由过去的历史所证明的。"

企业本身是法人实体。商业的复杂性意味着你早晚都会面临着官司，要么起诉别人，要么为自己辩护。无知并不是成功辩护的基础，因此每个MBA都需要有足够的法律知识，知道何时需要寻求法律建议。有些商学院非常重视法律，例如，西北大学凯洛格商学院和乔治华盛顿大学的MBA学生可以修读MBA和法律联合博士，这是律师的基本专业学位。位于马萨诸塞州韦尔斯利（Wellesley，Massachusetts）的巴布森学院（Babson）把法律作为其核心课程之一。但是，也有像宾夕法尼亚州立大学这样的，该校只是在第二年提供一门关于"创新与竞争商业法"的选修课程。

然而，在美国，律师们主导了大公司和国会众参两院。在英国，超过12%的议会议员都是律师，甚至是大律师，他们是下议院最大的专业团体。在英国，除非是大企业，一般企业都不会有执业律师或法律部门。此类服务通常是通过合同或在需要时进行购买的。法律是个不精确的领域。

企业结构

作为MBA，你很有可能会为一家传统企业工作——无论是其私人公司还是上市公司。公司可能有各种不同的形式，这取决于多种因素：商业需要、金融风险以及对外部资本的需求。

接下来，我们会简要解释一下主要适用于英国的各种公司形式，以及成立这些公司所需的流程。随着经营情况的改变，你可以在之后改变自己的所有权地位，因此，尽管确立公司形式是很重要的决策，但这一决策并不是始终不变的。

独资经营

超过80%的公司在创建之初都是独资公司。在美国和英国，60%的员工人数不超过50人的公司仍在使用这种法律架构。它的优点是形式相对自由，关于公司需要保持的记录也没有太多规定，对账目审计没有要求，也不需要提交公司的财务信息。

作为独资经营者，你和公司之间没有法律上的区分——公司与你的房子和车子一样，就是你的资产。因此，如果公司破产了，债权人不仅有权拥有公司的资产，而且仅仅依据《破产法》（Bankruptcy Acts），债权人也有权拥有你的个人资产。公司的营运资本必须由你本人提供或者来自贷款，而不能使用权益资本。

合伙企业

合伙企业就是独资经营的有效集合，合伙各方共同承担与个人负债相关的法律问题。对于公司和另外一人（或多人）建立合伙关系，合伙企业基本没有什么限制。此外，合伙企业还有其他一些比较明显的优势，例如通过贡献资源你就能获得更多资本，你还可以把一些业务技能带进自己的公司，合伙企业中如果一人有问题了公司还能继续经营下去。

当然，你需要认真考虑其两大劣势。第一，如果有一位合伙人犯错误，比如在没有知会其他人或未经其他人同意的情况下签订了造成严重后果的合同，合伙关系中的每个成员都必须承担不利后果。在这种情况下，你的个人资产可能会被拿去支付债务——即便犯错的不是你。

第二，如果合伙人个人破产了，无论出于什么原因，其合伙股份可以由债权人控制。作为独立的个人，你对合伙人的私人债务没有责任，但如果你在短时间内就需要买断其合伙部分，那可能会给你本人或公司带来财务危机。即便是当事人死亡都不能免除其合伙义务。有些情况下，甚至你的房产都要被拿去偿付债务。除非你在通知合伙人并依法结束合作关系后"公开"脱离合伙关系，否则在合伙期内你要无条件地承担相应的责任。

英国在该领域的法律规范是《1890年合伙法》（Partnership Act 1890）。实际上，该法令默认合格的商人都应当知道自己在做什么。该法令只是提供了适用于"没有其他约定下"的框架协议。依据该法令，很多合伙公司在未经任何法律程序下建立——甚至有时合伙各方都没有意识到他们已经形成了合伙关系。

合伙法令的主要条款规定有如下六条。

- 所有合伙人必须平等出资。
- 所有合伙人平等分享利润或承担亏损。
- 不得向合伙人支付其个人资本利息。
- 所有合伙人均不得领取薪水。
- 所有合伙人对公司管理享有平等话语权。
- 除非是某些特定行业（法律、会计等），合伙企业不能超过20名合伙人。

这些条款不一定都适合你，建议你还是在合伙之初就请律师起草书面"合伙协议"。

有限合伙

减少合伙企业所带来的不良后果的方法之一就是有限合伙，这样就能结合合伙形式和公司的最佳属性。

有限合伙的运作原理如下：首先要有一名或一名以上的普通合伙人，跟普通的合伙企业一样，他们承担相同的权利和义务（包括无限连带责任），此外还要有一些有限合伙人，他们通常是被动投资人。普通合伙人和有限合伙人之间很大的一个区别，是有限合伙人本人不必承担合伙债务。有限合伙人的最大损失，只是其已经支付或同意支付给合伙企业的资本数量，或其无力偿还后从合伙方收到的资本数量。

为保持有限责任，有限合伙人可能不参与公司管理，有少数例外。

那些积极参与公司管理的有限合伙人，可能会丧失个人责任豁免权，也可能与普通合伙人承担同样的法律风险。

有限合伙这种企业结构的优势在于它为企业主提供了一种方法，他们可以在不吸收那些试图插手业务的新合伙人或成立有限公司的情况下筹措资金（从有限合伙人那儿）。已经运营多年的普通合伙企业也可以为了扩大资金规模而变为有限合伙企业。

有限公司

有限公司是如何产生的

从最早的贸易时代到今天，最常见的法律结构就是独资，实际上就是人人为己。起初，如果商人们有钱投资的话，他们会拿自己的钱冒险；如果他们和多数商人一样需要长途差旅，那旅途中他们也是在拿生命冒险。美洲、小亚细亚、北非和中非的骆驼商队需要穿越介于遥远的城市和港口之间的沙漠。最大的商队有几千只骆驼，需要对其进行严格的管理。他们也鼓励大家团结起来进行合伙，整合安保成本和利润以分摊风险。这种合伙通常只持续某一段路程。之后，从之前冒险旅途中赚到钱的年长的商人可以通过提供资金加入商队，而他们自己则不需要辛苦跋涉。这可以视为早期的有限合伙形式。

随着贸易商队运营的成本更高、时间更长，1年、3年或5年的固定期限合伙结构变得普遍了，于是就有各种不同的合伙伙伴以不同形式的股份加入商队。更复杂的是，这些合伙人随时加入或离开，不一定非得是以死亡这么严重的理由。

如果股东万不得已不用为企业债务负责时，有限责任的概念就会改变公司和风险承担的整个性质。它打开了大门，鼓励新一代创业者进行更大规模的冒险，却又不需要承担所有的失败后果。正如其名称所示，在这种企业中，你的责任仅限于你贡献的股本数量，如果公司破产了，债权人的债权也仅限于公司的资产。股东个人通常不需为超出其股份支付价值的企业债务负责。

有限责任这个概念可以回溯到罗马帝国时期，是有权有势的人给予朋友的一种特殊权利，让其能够参与重大任务，尽管这不是很常见。1811年，这个理念又再次兴起，当时纽约州为制造业公司制定了一部有限责任法。美国其他很多州紧随其后进行了类似立法，最终英国也在1954年这么做了。今天，多数国家都建立了包含有限责任概念在内的法律架构。

当今的有限公司

大约1/3的企业都是以有限责任的形式进行运营的。正如其名称所示，在这种企业形式中，你的责任仅限于你声明自己要贡献的股本金额，尽管你实际上可能不一定会投入那笔钱。

一家有限公司有自己的法律身份，独立于拥有或管理它的人。这意味着，如果企业破产了，债权人的债权也仅限于公司的资产。这类企业的股东个人通常不需为那些超出其股份支付价值的企业债务负责——即便股东是在职董事。当然，如果公司一直在进行欺诈交易，那种情况就例外了。其他优势还包括可以通过出售股份自由筹资。

其劣势包括：成立这类公司的成本较大，在有些情况下法律会要求特许会计师或注册会计师审计公司账目。

股份有限公司

股份有限公司可以全面向公众出售股份，这可以通过获得认可的证券市场、媒体广告或中间人来进行。它需要满足一些最基本的条件，各个国家对此规定不同，但一般都包括如下几项。

- 在公司章程中必须声明这是一家股份有限公司。

- 必须有总额达 5 位数的法定股本。
- 在交易前，法定股本的 1/4 必须已经缴清。
- 每支配股的实缴资金不得低于其票面价值的 1/4。
- 至少有 2 名股东，2 名董事以及 1 名满足一定资质或经验标准的公司秘书。
- 必须向公司所在地的相关监管机构申报账目。
- 账目必须符合格式要求，账目编制需符合相关国家会计机构的规则。如果公司在主要发达国家公开发售股份，需遵守第二章所述规定。
- 除极少数例外情况，公司账目需经由核准的审计公司进行审计（见第九章）。

不同公司形式

有限公司有各种形式和规模，这取决于其运营地的治理规定。以美国为例，有 S 公司（S corps）和 C 公司（C corps）两类。它们有很多共同特征，但也有很多明显不同。C 公司对所有权没有限制，但 S 公司限定了股东人数不能超过 100，且必须是美国公民或居民。

担保有限公司

这种公司类型适用于非营利组织，它们要求将企业的法律地位作为保护参与者的一种方式。这种公司没有股东，但其成员要承诺在因为财务赤字停业进行清算时贡献名义上的一定数量的经费。这类公司不会把利润分配给成员，因此，若有必要，它有资格申请将组织性质转变为慈善机构。此类结构可能会被某些公司用来作为分离出部分业务活动的手段，如非营利业务的俱乐部或体育协会。

合作社

合作社是由在其中工作的员工所有或控制的公司。一旦有破产的风险，参加合作社的员工可以享受一定的补偿。现在，英国有 4 370 多家合作社，员工有 195 000 人，它们以每年 20% 的速度在增长。

社会企业

"社会企业"一词描述的是企业目的而不是法律形式。它被定义（如由英国政府）为"主要承担社会目标的企业，其盈余主要用于再次投入企业或社区里的社会事业，而不需要最大限度地为股东或所有者创造利润"。社会企业可以有独资、有限公司等各种形式。CIC（社区利益公司，Community Interest Companies）就是国家对该领域日益增长的国际利益做出回应的例子。2014 年成立于英国的 CIC，是专门为社会企业领域创造的一种公司形式。其公司章程中必须包含详细的社会目标，它对资产用途及确保社区从公司活动中持续受益的目标等方面也有所限制。

CIC 形式的社会企业日益流行。2015 年，仅在英国就注册了 5 500 多家。[英国商务、创新和技能部（Business Innovation and Skills）]（www.gov.uk/government/uploads/system/uploads/attachment-data/file/31677/11-1400-guide-legal-forms-for-social-enterprise.pdf）

▶ 课程和讲座在线视频

1. 金融帝国和企业法律形式：查尔斯·RB.斯托（Charles RB Stowe），兰德大学（www.youtube.com/watch?v=BTUbnZ2IISc）。
2. 选择一种所有权法律形式：阿肯色州技术开发中心（Arkansas SBTDC）的一个演示（www.youtube.com/watch?v=Bqr9-Vir09s）。
3. 在开始创业时建立战略伙伴关系：斯坦福商学院战略管理讲师、席拉创投公司（Sierra Ventures）创始人皮特·温德尔（Peter Wendell）在微软全国广播公司（MSNBC）"你的生意公开论坛"（Your Business OPEN Forum）的演讲，他就如何管理合伙关系给出了建议（www.youtube.com/watch?v=3leadhEk4tA）。

4. 如何找到你的心灵伴侣？车库科技创投公司（Garage Technology）的盖伊·川崎（Guy Kawasaki）在斯坦福大学电子角的演讲（http://ecorner.stanford.edu/authorMaterialInfo.html?mid=1184）。

5. 如何创建社会企业——格雷格·奥弗霍特（Greg Overholt）在多伦多的TED青年演讲（www.youtube.com/watch?v=7178mTndI6A）。

6. 关于自我创业和HMRC（英国税务海关总署），你需要知道的：一个解释自我创业时应当做什么的HMRC视频（www.youtube.com/ watch?v=Als7oyi5slg）。

7. 我的企业应当成为哪种法人实体？帕洛特会计师（Parrott CPA）谈独资经营、合伙、C公司、S公司和有限责任公司（www.youtube.com/watch?v=g9PBxdpkfR4）。

▶ 案例研究在线视频

1. Danger：Danger公司的三位创始人安迪·卢比奥（Andy Rubio）、乔·布里特（Joe Britt）和马特·赫森逊（Matt Hershenson）于20世纪80年代末90年代初到硅谷发展，他们都曾为很多公司工作过。之后他们相互认识，建立关系，并于2000年1月开始创立Danger公司（http://ecorner.stanford.edu/authorMaterialInfo.html?mid=1133）。

2. 奥拜罗咨询公司（Oberoi Consulting）：卡维塔·奥拜罗（Kavita Oberoi）为我们讲述她是如何决定成立有限公司的（http://startups.co.uk/kavita-oberoi-on-forming-a-limited-company-video/）。

3. 印度PROTSAHAN：前CEO索娜尔·卡布（Sonal Kapoor），一名微生物学家及MBA讲述她是如何建立自己的社会企业的（www.youtube.com/watch?v=n6jbr2aiytg）。

第六章　债务融资

- 借款选择
- 银行融资
- 政府扶持贷款
- 一般债券
- 专门债券
- 资产保证型贷款

债务融资及其规则不是什么新鲜事：它甚至比已知的最早营业的银行——1472年成立的意大利锡耶纳牧山银行（Banca Monte dei Paschi di Siena SpA）等形式的公司出现的还要早。早在公元前1795年，古巴比伦王国的汉谟拉比（Hammurabi）国王就已经通过立法确定了放款人和商人都需要遵守的行为规范。"若中介从商人那收了钱，但又产生了争端（拒绝收据），商人需在上帝面前发誓并证明自己已经将钱给了中介，且中介需赔付三倍借款"，这是几十条环环相扣的律法中关于罚款细节的一个例子。汉谟拉比的规定当然不是最早的。比之更早的立法已经消失了，但我们还能找到一些痕迹，而著名的《汉谟拉比法典》本身也证明了它们的存在——它只是声称承认一个历史悠久的法律体系而已。约公元前600年，古希腊人引入了铸币，使银行能够保存账簿、换钱、借钱，甚至可以让公民在相距几千里的城市附属银行之间换钱。

尽管圣殿骑士团（Knights Templar）一直因为他们在十字军东征中的军事实力而被世人记住，但同样令人印象深刻的是，他们在某种程度上成了世界上第一个大型的国际银行机构。他们的特别之处就是一直开放大道使朝圣者可以无忧地来到圣地（Holy Land）。这个目标也意味着骑士团必然拥有一些宏大的城堡。因为他们作为战士的声誉极高，他们的城堡就成了其存放金钱和其他贵重物品的理想场所。例如，某位法国骑士可以在骑士团经过巴黎时存入他的钱或抵押他的城堡。在去往耶路撒冷的途中收储些金币。如果他能活下来，在回来的路上还能继续收储。骑士团会收取一笔针对交易和在整个路途中换汇的费用。经年累月后，这个业务逐步发展壮大，最终，骑士团经营起了全方位服务的银行网，向从英格兰到耶路撒冷的整个欧洲及近东地区提供借款和辅助服务。在其力量最强大时，骑士团有约 7 000 名员工、870 座城堡和庄园，它们是为教皇和国王服务的主要银行。

银行贷款

融资风险较低的领域是向公司提供借款的各种机构。虽然它们都尽量降低风险甚至不愿担风险，但又都希望能获得跟业绩无关的回报。借贷机构都希望在借出钱的第一天就能收到利息，尽管有时它们也愿意将来再回收利息。尽管借贷机构希望进行有效的管理，但它们对确保能从公司或其经理所拥有的资产中收费更感兴趣。在借款到期日，它们希望能拿回所有的钱。一种更明智的观点是：可以把这些机构看作你的朋友，它们能帮你把房产、存货或尚未结款的订单等流动性较差的资产转变成现金等流动性更强的资产——当然这中间有时你需要支付一些佣金。

案例研究

宝孕高

当新妈妈朱莉·明钦（Julie Minchin）发现了婴儿腰凳时，她觉得这是很有用的产品。任何能整天带着婴儿走却又不会让人背痛的产品都是好东西。此后，她才意识到帮助生产这种产品的德国公司销售产品对她而言是很好的创业方式。起初，她只是作为这家德国公司在英国的分销商，之后，她想要对产品做大幅改进，也就是要找制造商专门为她生产产品。她想要找到一家公司能足够灵活地生产数量较少的产品并帮她保持终端产品的成本优势，中国是理想的生产地。

她使用少量的家庭贷款、透支贷款和政府资助资金作为自己公司宝孕高（Hippychick）的启动资金。现在是宝孕高成立的第 10 年，公司年营业额达到了 300 万英镑（480 万美元或 350 万欧元），出售针对婴儿市场的 14 种独特产品。宝孕高公司向博姿（Boots）、好妈妈（Mothercare）等连锁店以及其他的独立店供货，同时还通过产品目录、网站及其品牌产品的分销商网络进行销售。

对 90% 的未上市公司来说，银行都是主要的、通常还是唯一的资金来源。全世界的公司都依赖银行为它们提供资金。

银行及其他所有的债务资本提供者都希望资产足够安全，以便支持它们的贷款并希望近乎百分之百地拿回自己的钱。它们收取的利息则反映了当前的市场情况以及他们对项目风险情况的看法；利率通常在 0.25% 到 3% 或 4% 之间，高一些的利率是针对风险性较高或规模较小的公司。

在进行信用分析时，银行喜欢用"5 个 C"，即评估贷款请求时使用的 5 个元素。当企业向银行请求贷款时，它们要准备好解决以下几点。

- 品质（Character）：银行会把钱借给那些看上去很诚实且有很好的信用记录的借款者。因此在申请贷款前，你最好能取得你的信用报告副本，并设法清除报告上的污点。
- 能力（Capacity）：这是对借款者还款能力的预估。对于新业务，银行会看业务计划；对于现有业务，银行会考虑借款者的财务现状和行业趋势。
- 担保（Collateral）：银行通常会让借款者做出承诺，如果借款者缺少资金，它们可以出售某一资产来还贷。
- 资本（Capital）：银行会审查借款者的资本净值，也就是它们的资产超出债务的数量。

- 形势（Conditions）：银行是否放款会受到当前经济环境和贷款数量的影响。

银行资金的类型

银行通常提供透支、定期贷款和政府扶持贷款。

- 透支：也可以称为短期借款，因为这类资金在短期内就可以筹措出来。这部分会成为公司永久资本的一部分，尽管它会上下波动。
- 定期贷款：固定时间的贷款。
- 政府扶持贷款：只对某些特定类型的企业开放，通常是小企业或新企业。他们可能无法满足银行的正常贷款标准，但政府会予以鼓励。

透　支

银行短期借款的主要形式就是透支，它通过对公司资产收取一定费用做担保。1/4多一点的发放给小企业的银行资金都是透支。假设你拿了一个大合同开始从事清洁业务，一开始你可能需要足够多的资金购买拖把和水桶。如果合同签订3个月后需要付清这部分贷款，那就没必要申请5年期的银行贷款，因为一年之内，你在银行就会有现金存款，也没必要申请那种提前还贷要支付罚金的贷款！然而，如果你的银行账户在一年之内都没有盈利，你就需要重新检查一下自己的资金。公司如果一再使用投资来获取长期资产，而且没完没了地透支，这样最终只会限制企业的发展。

透支的吸引力在于它很容易达成协议，可以在很短的时间内完成。而这也是它固有的缺点。协议文件中的关键一条是"根据要求随时偿还"，这样银行就可以随意地制定和更改规定以符合它们自己的利益。（这一条会不断被评估，有些银行可能会将其从协议中删去。）至于其他形式的借款，只要你能遵守其条款和条件，你就可以在期限内一直贷款，而透支却不是这样。

定期贷款

定期贷款通常被称为长期银行借款，指银行提供的多年期的资金。超过 1/3 的定期贷款期限都会超过 10 年，1/4 的不超过 3 年。

贷款利率不固定，可能会随着一般利率变化，也可能在未来数年是固定不变的。在所有定期贷款中，定息贷款的比率已经从 1/3 提高到约 1/2。有些情况下，贷款可能会在固定利率和可变利率间变换，甚至还可能出现短期内利息的延期偿付，以便给企业一些喘息空间。企业只要能够满足偿还、利息和安全保障等方面的条件，它就可以在贷款期内获得资金。和透支不同，如果公司的情况（或本地管理者）发生变化，银行也不能撤销贷款。

政府扶持贷款

世界各地政府都愿意看到本国公司茁壮成长。它们的想法是利己的。成功的企业会雇用更多的员工，且直接通过利润税或营业税及间接通过员工缴税向国家财政做出更多贡献。但反过来，员工们会购买更多的产品和服务，将财富分摊到更大的经济领域。如果经济繁荣，多数公司都能独立成长。在经济衰退或出现不寻常的动荡期时，公司可能需要一些刺激或鼓励以继续成长，因而，政府相信通过让融资变得更简单就可以促进经济发展。一种方法是让高科技公司等特定类型的企业或位于相对贫困地区的企业能够获得资金支持；另一种方法是关注处于特定阶段的企业，如初创、早期成长或开始出口等阶段。政府甚至可以开创一个全新的商业领域，作为支持该领域发展的第一步。例如，英国政府于 2015 年 3 月 6 日推出了支持新型贸易实体的"分享英国经济"（Sharing

Economy UK）项目，这一项目旨在团结各分散企业。爱彼迎（Airbnb）、在这（Appear Here）、Bla Bla 拼车、比较分享（Compare and Share）、易车（EasyCar）、回声（Echo）、Hassle.com、搭车族（Liftshare）、爱家交换（Love Home Swap）、Nimber、住得好（One Fine Stay）、是共享（OuiShare）、跑腿兔（Task Rabbit）、热布卡（Zipcar）等公司唯一的共同点就是它们都是网络营销平台，它们可以帮助人们共享房子、资源、时间和技能。

来自政府的资金实际上是意外之财。软贷款就是其中一种，它指的是银行通常不会借出的资金和参股。这类资金的范围和类型会因时间和国家的不同而不同。

对于 MBA 来说，以下资源对于熟悉这个主题是很有用的。

- 澳大利亚：赠款和援助（www.business.gov.au/grants-and-assistance/Pages/default.aspx）。
- 加拿大：政府拨款和扶持资金（www.canadabusiness.ca/eng/page/2848/）。
- 发展中国家：世界银行（World Bank Group）的下属私人投资公司——国际金融公司（IFC）帮助向新兴市场的小企业借款，并支持可能有风险的项目，如冲突地区的项目、所有者为女性的企业以及可持续性能源项目等（www.ifc.org/>What we do>Client management）。
- 欧洲：融资渠道。为了获取欧盟的资金，点击你所在的国家，然后找到能提供欧盟扶持资金的银行或风险投资基金（http://europa.eu/youreurope/business/funding-grants/access-to-finance/index-en.htm）。
- 印度：财政支援?（http://business.gov.in/growing-business/financial-support.php）。
- 英国：为你的企业进行融资和提供支持（www.gov.uk/business-finance-

support-finder）。
- 美国：按州整理的小企业资金提供方目录（www.loc.gov/rr/business/busprov/organizations.html）。

地方融资计划

许多社区，尤其是需要改造的棚户区所在地的银行业会有一项促进机制：向那些能为当地带来就业的企业借款或投资。下面这个案例就是有关这方面的例子。这种资金用途广泛，可以用于创业、扩大产能、大量裁员、帮助企业转移到更好的商业环境，有时甚至可以通过提供金融援助来帮助企业预防经营失败。

> 案例研究

目的地伦敦

雷切尔·洛（Rachel Lowe）的2014年非常成功。她和英国大型零售商约翰·刘易斯（John Lewis）达成了一笔交易，向后者提供她的棋盘游戏品牌"目的地"（Destination）的10周年纪念版。她的游戏品牌有超过25个版本，包括哈利·波特版本（目的地霍格沃茨）、迪士尼皮克斯版本（目的地动画）、目的地伦敦2012奥林匹克及新的唐顿庄园系列。然而，一开始她并不顺利。

单身的雷切尔现年29岁，是两个孩子的母亲。当年她在朴次茅斯（Portsmouth）做兼职出租车司机时有了这个不错的商业想法。她发明了一个游戏，棋盘上有出租车的缩微模型，游戏者通过掷骰子决定出租车的移动，前往各著名景点需要收费，同时要想着在燃油耗尽之前返回出租车候客站。如果能在家创业，那就意味着雷切尔有更多的时间陪伴孩子，同时还能养家糊口。尽管已经写好了商业计划书，但她面临着当地的市场竞争。因此，在开始之前，她要克服一些重大的困难。幸运的是，她有了伦敦玩具商店哈姆雷斯（Hamley's）这个十拿九稳的订单，制造商和分销商也已到位，现在唯一缺乏的就是少量的用于市场营销和购买存货的额外资金了。

雷切尔把商业计划书抛给了BBC的《龙潭虎穴之创业投资》节目，却遭到了沉重的打击。说龙潭虎穴节目组对此没有热情已经算是很委婉的了，其实该节目组认为大富翁（Monopoly）会痛击她的这款游戏。雷切尔尽管低头认输了，但并没被打败，她随后转向了南海岸金钱线（South Coast Money Line），这是一家社区发展金融机构（Community Development Finance Institution），也是朴次茅斯地区改造信托集团（Portsmouth Area Regeneration Trust Group）的分支机构。雷切尔用它们提供的贷款把她的游戏——目的地伦敦做成了十大最热销游戏之一，甚至打败了大富翁！雷切尔一方面同百货公司德本汉姆（Debenhams）签约提供各地区版本的游戏，同时也签订了生产哈利·波特和迪士尼版游戏的合同，这使得她的公司价值达到了200万英镑（320万美元或236万欧元）——这还仅仅是保守估计。

债券、信用债券和抵押贷款

作为不同类型的借款，债券、信用债券和抵押贷款对协议各方的权利义务要求各不相同。公司抵押贷款和个人抵押贷款是一样的。这种贷款用于特别事项，比如购买工厂、办公室、库房等特定的不动产资产。贷款需要支付利息，借款方一般用不动产做安全担保，因此如果公司破产，其抵押物基本上都可以赎回。

如果是出于一般商业目的筹措资金，而不是用抵押贷款购买特定不动产，公司会发行信用债券或债券。这些债券会持续多年（通常是3年及以上）。整个贷款期间，持有者会收到利息，本金会在贷款期末返还。

信用债券与债券的主要区别在于其安全性和等级：信用债券没有安全保障，如果公司不能付息或偿付贷款，持有者可能回报很少甚至一无所获；债券有特定资产做保障，因此就回报而言，债券要高于信用债券。

银行贷款通常由发行银行持有，尽管打包出售的债务的证券化升级过程正在不断挑战这一假设。不同于银行贷款，债券和信用债券像股票一样公开发售，其利息取决于当前市场情况及购买者的经济实力。

债券类型

公司可以利用的债券有以下几种常见类型。

- 标准债券（Standard bond）：这种债券需要发行方向持有者支付利息，按票面利率计息，半年一付，按照本金数额——也被称为票面价值或面值支付，并在到期日支付本金。标准债券价值会受市场状况、到期时间长度和债券发行方违约的可能性等因素的影响而上下浮动。债券发行方不关心这些，它们只要能偿还利息就可以。债券持有者要承担风险，它们会在一段时间后才看到投资价值的变化。
- 零券息债券（Zero coupon bond）：虽然这种债券的发行方在持有期间不支付利息，但在到期日会支付一定金额的回报，其数额相当于一笔类似投资通常应当获得的利息。债券购买者获得债券市价逐渐上涨后的收益。对于所有投资在数年内都没有回报的公司来说，这是很有吸引力的融资策略。
- 垃圾债券（Junk bond）：相比其他常规债券，这种债券的持有者在困难时期获得偿付的等级较低。此类债券的发行方要承担更高的利息。

- 可赎回债券（callable bond）：这种债券的适用条件是：若一般利率在发行日后大幅下降，发行方往往就会买回债券。发行方通知持有者：在特定日期后不再支付利息，这使得持有者没有理由再继续持有债券。发行这种债券的公司随后可以以更低的利率发行新债券，从而降低资本的成本。这一过程也被称为再融资。

商业票据

银行以及通用电气（General Electric）、美国电话电报公司（AT&T）等大公司会定期通过向投资者发行票据来集资，这些票据通常6个月或更短时间到期。私人投资者，尤其是货币市场基金，会购买这种债券，因为除了非常安全，它比同类的美国国债和英国国债的利率要稍高一些。尽管商业票据在6个月内是可以偿付的，但实际上借款公司会通过发行更多票据——实际上就是借更多的现金来偿付投资者。相比于其他形式的贷款，对于借款人来说其好处就是只要能在9个月（270天）内到期支付，它就不需要在任何监管机构注册，实际上它就成了资产负债表外的债务，它反过来又降低了杠杆（关于杠杆和金融风险的更多知识见第八章）。该规定的例外，就是这种融资方式取得的收益是否用于除流动资产（存货、应收账款等）之外的其他事情，如用于新工厂等固定资产。这种情况需上报相关的监管机构。但在实践中，业务资金都是混在一块儿的，人们想要追踪某笔钱的来源或用途几乎是不可能的。

银团贷款

这是由多个出资者[辛迪加（syndicate）]提供的贷款。它们共同出资，通常（但也不是绝对）向单一借款人贷款。借款人可能是企业、大项目团队或政府机构。贷款金额通常都很巨大，如果发生违约，对任何出资者来说可能都是致命打击——因此出现了银团。需要精密设备或多种成套设备的借款人会发现，使用银团贷款的流程非常简短，因为只需要签订一个协议就可以涵盖所有的出资银行及各种设备，而不需要通过一系列独立的双边贷款协议。银团贷款协议可能包含固定期限或循环贷款，后者实际上是永久性的。它也可能包含两种或两种以上类型的组合（更复杂的银团贷款会有不同币种、不同期限及不同到期日的贷款。）银团贷款可能针对一个借款人或借款人集团，还可以在特定条件下不时地允许新的借款人加入。银团贷款需要如下4种重要的文件。

- 条款清单：列出了融资条款、相关各方、应承担的角色及贷款的关键特征，包括设备类型、数量、定价、期限以及契约（所有条件和限制）。
- 信息备忘录：包含对借款人业务的商务描述、管理、账目以及拟贷款设备的细节。该文档比一般公共领域的信息备忘录包含的信息多，因此需要潜在出资者签署保密承诺书。
- 银团贷款协议：贷款协议列明借款人可以获得设备的具体条款和条件。
- 费用函：借款人向银团中在贷款过程中付出较多或承担更多责任的银行支付费用，其中包括安排者、代理和担保受托方。费用的细节写在独立的单方面文件中以确保其保密性。这些费用是除了贷款利息和所有银行相关费用以外的额外支出。

【案例研究】

蛇王啤酒

截至2015年，蛇王啤酒（Cobra Beer）在98%的特许咖喱店中出售，在英国的印度餐厅中占绝对多数的市场份额。自创建以来，该公司就一直以平均40%的速度在增长。

1990年，毕业于剑桥大学刚刚成为会计师的卡兰·比利莫利亚

（Karan Bilimoria）开始进口和分销蛇王啤酒。他选择这个名字是因为它看上去在不同的语言中都会有不错的效果。最初，他将蛇王啤酒作为英国印度餐厅中食物的补充品。如今已获封勋爵的比利莫利亚当初是以 20 000 英镑（32 000 美元或 23 600 欧元）的债务从富勒姆（Fulham）的一间小公寓中开始创业的，当时他只有在雪铁龙的工作经历。到现在，从资产来看，他的业务已经实现了超过 1 亿英镑（1.6 亿美元或 1.18 亿欧元）的年销售额。

三个关键因素促成了他的成功。起初，蛇王啤酒是用 660 毫升的大瓶装进行销售的，这样用餐者就很有可能要分着喝。此外，因为蛇王啤酒比欧洲啤酒的泡沫少，喝过的人的腹胀感比较弱，因而进食就可能更多些。第三，比利莫利亚曾在一家成长型企业担任会计并负责资金来源管理，这样的训练使他收获了广博的知识。幸运的是，他碰到了一位老派的银行经理，这位银行经理如此相信蛇王啤酒以至于同意给蛇王 30 000 英镑（48 000 美元或 35 400 欧元）的贷款。此后，蛇王使用过各种可能的资金（见图 6-1），包括在 1995 年出售了公司 23% 的股份。

实物支付

实物支付（payment in kind，简写为 PIK）贷款在到期前通常不需要现金支付任何财产或利息。此类贷款通常会有超过 5 年的到期日做担保。实物支付带有分离式认股权证，意味着出资者有权在特定时期以特定价格购买特定数量的股票，或者是与此类似的机制。这就使得出资者可以分享借方业务未来的成功来弥补其自身所承担的风险。

实物支付是一种有争议的债务结构，每年都会蚕食大量利润，它最终能摧毁一个公司。拥有 Chez Gerard 餐厅和 Uno 咖啡厅的派拉蒙饭店（Paramount Restaurant）就是这种融资形式的严重受害者。2010 年 3 月，

图 6-1 蛇王啤酒融资策略

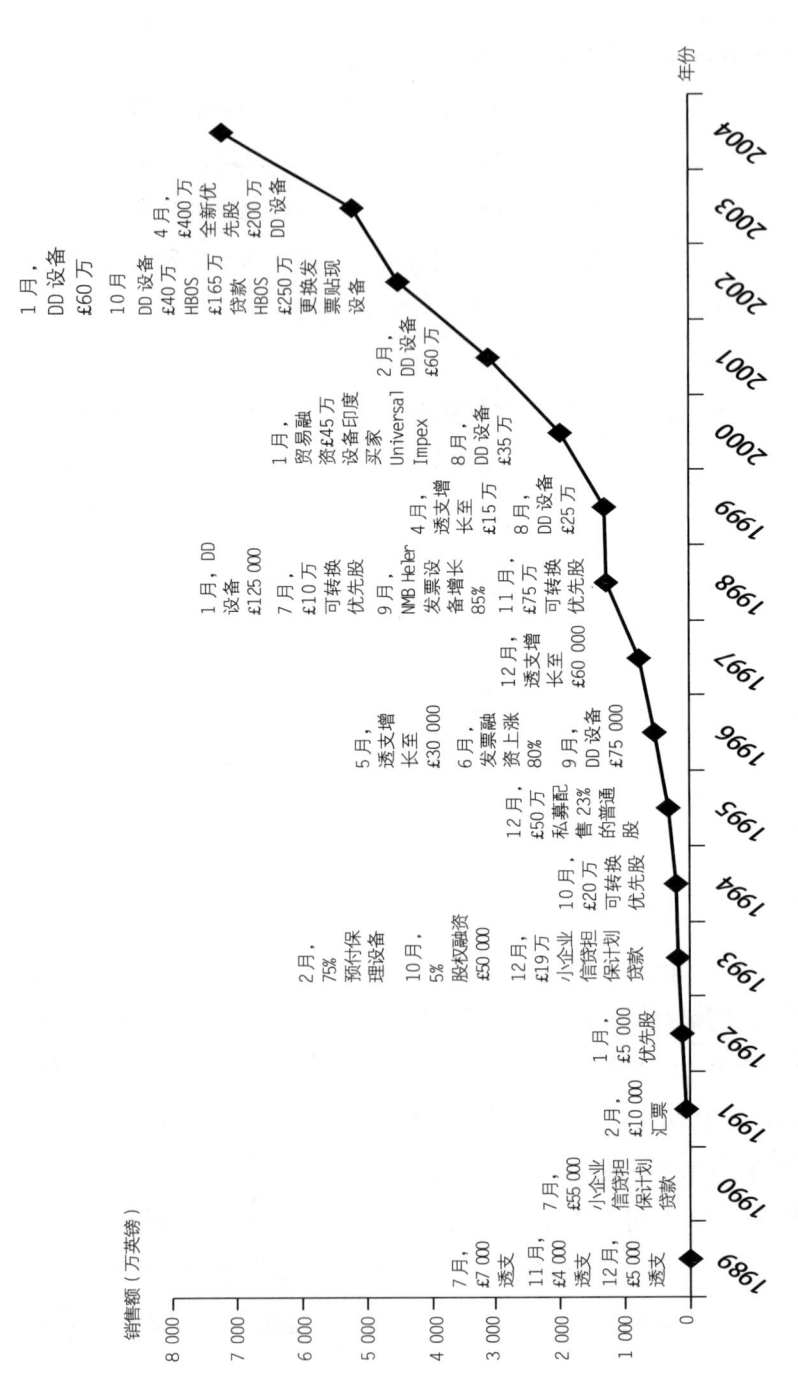

资料来源：www.thesmehub.com——免费注册，进入会员服务，点击"公司账目查看"，然后输入公司名字。

公司的实物支付票据超过了 7 800 万英镑（1.25 亿美元或 9 200 万欧元），而 3 年前其实物支付票据是 5 150 万英镑（8 240 万美元或 6 070 万欧元）。这笔债务由银色舰队（Silverfleet）资本公司提供，允许用 1.07 亿英镑（1.71 亿美元或 1.26 亿欧元）买断。实物支付每年累计利息为 15.5%，这对公司是很不利的。

为了挽救公司，派拉蒙的银行，包括苏格兰皇家银行（Royal Bank of Scotland）、汇丰银行（HSBC）和巴克莱银行（Barclays）要从银河舰队接手公司，为此它们买下了公司 60% 的股权。

资产融资

银行在寻求出借资金的安全保障方面更加谨慎，而其他的主要资金来源就没有这么慎重了。确实，这类融资者的整个招股说明书都是根据公司已经拥有或短期内会拥有的资产与他们准备的预付金之间的准确关系来进行预测。此类产品在融资业务中发挥着重要作用。

租赁公司

诸如小汽车、厢式货车、电脑、办公设备之类的有形资产可以通过租赁来进行融资，而房子或公寓可以租借。其实，有形资产还可以通过分期付款购买。这样在你的现金流中就有了其他的资金来购买非有形资产了。

通过租赁，你无须立刻支付全款就可以使用车辆、厂房和设备。如果你不需要在这些设备（如小汽车、复印机、自动售货机或厨房设备）的整个生命周期内都使用它们，那你可以使用经营租赁。出租方承担设备老旧的风险，并负责设备维修、保养和保险。作为承租方，你买这种服务会比融资租赁要贵。因为在融资租赁中，你几乎在设备的整个生命周期内租用它们，还要自己负责保养和保险。在后期，只需要使用很少量的钱，就可以延期租赁。

分期付款购买和租赁的不同在于你可以选择在一系列付款之后最终拥有这部分资产。你可以通过国际金融租赁协会（International Finance and Leasing Association: www.ifla.com）找到租赁公司，该协会拥有一系列全球领先的金融公司。该网站还提供有关贸易条款和行为准则的基本信息。

贴现和保理

客户把贷款全部付清需要一些时间。在这期间，你需要向为你工作的人以及没那么有耐心的供应商付款。因此，公司成长越快，需要的资金就越多。你可以把信用可靠的顾客的账单"保理"给某家金融机构，这样你在发出货物时就能收到部分资金，这样就能加速现金流动。

保理通常只适用于向客户开具产品或服务发票的企业，无论是在本国市场还是国际市场都可以。新业务也可以使用保理，尽管它的服务在早期成长阶段最具价值。通过安排保理，你可以比客户正常付款时间提前收到客户应该支付的最多 80% 的现金。保理公司实际上买的是你的商业债务，因此它们可以向你提供债务人的会计服务和管理服务。当然，你需要购买保理服务。在客户付款前拿到现金的成本会比正常的透支利率略高一点。保理服务费大约是营业额的 0.5%~3.5%，具体取决于公司的工作量、债务人数量、发票平均数额以及其他相关因素。你最多可以提前拿到发票额 80% 的款额，剩余部分你会在客户付清欠款后才拿到，这部分要减去上面提到的各种费用。

如果你的业务直接面向公众，出售精密、昂贵的资本设备或期望拿到长期项目的阶段性付款，那么保理就不适合你。如果你能比通过其他融资渠道扩张得更快，那保理是值得尝试的很有用的服务。

发票贴现是保理的一种变形。你自己负责从借方那收回钱，这种服务不适用新企业或小企业。国际保理协会网站（www.factoring.org/）上有全球保理公司的目录，其中以北美地区的居多。

信用证和汇票

直到 19 世纪，银行的分行制度还很受限，邮政服务相对较慢，从而催生了国与国之间以及国内各地之间的汇款体系。最初，在"汇票"这一大类下，这些金融票据实际上就是本票，非常像今天的支票，开票方要承诺在特定日期向对方支付确定的金额。汇票的各种变形日益成熟，信用证就成了最普遍的一种。国际货物的买卖双方一直在使用它们进行汇款，以方便跨国交易。这些票据可能不可撤销，就是说如果相关条件都满足，买方就必须付款。可撤销是指不需要提前通知就可以取消、修正或转让——相关票据及其钱款可以转至另一方，通常是"中间人"或代理。MBA 只需要稍微了解一下这些金融工具即可。你如果需要了解更多，可以在 LC 咨询服务（LC Consultancy Services）网站（www.letterofcredit.biz/index.html）上进行研读，它是由跟单信用证专家（Certified Documentary Credit Specialist）奥兹格·艾克（Ozgur Eker）创建的。该网站上有各种形式的信用证、合同样本、案例研究和示例等信息，还有其他贸易融资工具的信息。

出售和回租资产

2009 年 8 月，英国独立电视台（ITV）全年亏损 25.9 亿英镑（41.4 亿美元或 31 亿欧元），这是经济危机导致广告收入下跌的连带后果。当公告这些数字时，公司已经裁员 1 000 人，节约了 1.55 亿英镑（2.48 亿美元或 1.83 亿欧元）成本，它还想在 2010 年减少 2.15 亿英镑（3.44 亿美元或 2.54 亿欧元）企业日常管理费用。实际上，公司广告收入下降了 15%，比整个市场——下滑了 17%——略好一些。即将离任的董事会主席迈克尔·格雷德（Michael Grade）感到情况严重需要采取对策。他把故友重逢（Friends Reunited）网卖给了因漫画周刊《比诺》（*The Beano*）而闻名的苏格兰出版商 DC 汤普森（DC Thompson）。出售价格是 2 500 万英镑（4 000 万美元或 2 950 万欧元），比独立电视台 4 年前购买时的价格少了约 1.5 亿英镑（2.4 亿美元或 1.77 亿欧元）。格雷德售出的这部分业务被认为是非核心业务，因此可以亏本出售。如果想保有资产，但又需要现金，比如面临的压力还没有生死存亡那么紧迫，那可能会怎样呢？

出售和回租被认为比廉价出清资产要好一些。至少只用这种策略，公司可以继续生存和奋斗下去。这时你需要将部分或全部固定资产（如房产和车辆）出售给另一家公司，让自己成为原经营场所的承租人，也可能需要出租你之前的小汽车或货车。好处是能有一大笔现金帮你渡过难关，同时还可以减少继续运营的经营成本。此外，通过把租赁费用抵作经营费用，你还可以获得税收优惠。以 IBM 为例，2006 年，它出售并回租了在英国 5 家自有公司中的 4 家，这样 IBM 在英国就只拥有赫斯利（Hursley）软件实验室的所有权了。在节约成本的同时，IBM 也努力在账面上保留足够多的财产以满足业务需求，为此 IBM 进行了短期租赁。其他的出售和回租大户还包括乐购，它曾出售了价值 3.66 亿英镑（5.85 亿美元或 4.32 亿欧元）的房产，回租了 12 家商店和两个配送中心。

案例研究

奥克汉姆

在 2015 年之前的 10 年，英国酒吧业经历了非常困难的时期。酒吧从 58 200 家减少至 48 000 家，减少了将近 1/5。政府新推出了一条规定，打破了"啤酒限制"，让无论属于哪条啤酒链上的酒吧店主都可以在自由市场上买酒。然而，政府的这项规定看上去造成了更大的破坏。

为了应对这些变化，英国酒吧都在设法改变各自的商业计划。不同于原来全天只卖酒，它们现在也在上午10点钟出售咖啡和蛋糕，着重瞄准了中午的工作午餐，开始为顾客提供免费的无线网络以吸引自由职业者和出差的人，并在傍晚以供应鸡尾酒式饮品的方式吸引下班后来酒吧的人群。小型连锁酒吧奥克汉姆酒馆（Oakham Inns）很好地利用了这一策略。该酒吧由皮特·博格－尼尔创建，目前在白金汉郡（Buckinghamshire）、赫特福德郡（Hertfordshire）和牛津郡（Oxfordshire）有10家酒吧。它创建于2006年，到2015年，其营业额已超过1 400万英镑。

尽管酒吧是靠家人和朋友出资创建起来的，但真正实现增长是在2013年通过政府扶持企业投资计划（Government-backed Enterprise Investment Scheme）获得的550万英镑之后。该计划的设立是为了支持那些因为缺乏抵押品而被传统银行拒绝的企业。（见本章前面介绍的"5个C"。）2014年，奥克汉姆又继续从阿什里奇资本（Ashridge Capital）融资250万英镑，后者是由前冰岛考普森（Kaupthing）银行私人股本公司总裁戴维·谢拉特（David Sherratt）于2009年创建的。

位于小镇特灵（Tring）的核心团队为奥克汉姆酒馆提供支持。这支由15人组成的队伍被称为奥克汉姆大本营，他们为一线的酒吧员工提供支持，帮助其寻找新的适合开酒吧的地点和尽快适应业务。

▶ 课程和讲座在线视频

1. 银行及货币：可汗学院课程（http://freevideolectures.com/Course/2552/Banking-and-Money#）。
2. 银行：耶鲁大学教授席勒（Shiller）追踪银行起源（http://oyc.yale.edu/economics/econ-252-11/lecture-13#ch2）。

3. 如何不借债：沃伦·巴菲特（Warren Buffett）在内布拉斯加论坛（Nebraska Forum）上的讲话（www.youtube.com/watch?v=IvveZr0D-9Y）。

4. 金融市场入门：Alains 商学院（www.youtube.com/watch?v=tXURswGIbiE）。

5. 小企业管理贷款——和韦伯斯特银行斯巴贷款（Webster Bank-SBA Loans）业务部的约翰·盖伊小叙（www.youtube.com/watch?v=pDD0illFW-o）。

▶ 案例研究在线视频

1. 目的地伦敦：雷切尔·洛在《龙潭虎穴之创业投资》项目的展示。展示片段被《赫芬顿邮报》（*Huffington Post*）的文章引用（www.huffingtonpost.co.uk/2015/01/30/rachel-lowes-destination-boardgames-interview-n-2065006.html）。

2. 孟加拉格莱珉银行（Grameen Bank）：创始人穆罕默德·尤努斯（Muhammad Yunus），在斯坦福谈他的微贷款风险投资（http://ecorner.stanford.edu/authorMaterialInfo.html?mid=1989）。

3. Innocent 果汁：Innocent 酒业联合创始人理查德·里德（Richard Reed）谈他被银行等金融机构拒绝的经历（http://startups.co.uk/richard-reed-on-struggling-to-find-investment-video/）。

4. 网上商店（Netstore）：创始人保罗·巴里-沃尔什（Paul Barry-Walsh）谈在贷款时不拿自己的房子冒风险（http://startups.co.uk/netstore-founder-paul-barry-walsh-on-not-risking-his-house-video/）。

第七章 股 权

- 认识股权
- 风险投资的作用
- 利用天使投资人
- 公司风险投资
- 在股票市场上市

虽然企业可以利用的融资渠道有很多种，但不是所有融资渠道在任何时候都是同等合适的。不同的融资渠道包含不同的义务、责任和机会，了解这些差异能让MBA帮助管理层和董事们做出明智的选择。

多数公司在上市之前相当长的时间内往往都会将其财务策略限制在银行贷款上（长期或短期），或其他需要支付贷款利息的融资手段——就是第六章所讲的融资话题。采用这种策略通常是因为经理认为其他的融资手段要么太复杂，要么风险太高。很多情况下反之亦然。除了银行以外，几乎所有的资金供应者在跟资金接受者做生意时都会或多或少地承担一些风险。（第十章会介绍如何在不同融资渠道中实现恰当的风险平衡。）

有限公司或有限合伙公司有更多的机会筹集到相对无风险的资金。虽然公司没有风险，但是对于任何一个投资者来说都是有风险的，甚至有时风险极高。实质上，这种资本类型被统称为"股权"，它是由已发行股本和各种准备金构成的。它代表了股东通过购买股票直接投入公司的资金数额，以及属于股东的但用作公司额外资本的利润留存。跟债务一样，股权有各种不同的形式，相应的权益和特权也都有所差异。

多数公司发行的大多数股票都是普通股，普通股与公司的业务相关，承担一般性风险。扣除优先股股利后，所有业务利润，包括过去的利润留存都属于普通股东。普通股没有固定的股利率。在美国股票市场上市的公司中超过一半不支付或几乎不支付股利，其中就包括了诸如谷歌和微软等高成长型企业。它们认为，通过利润留存或将利润再投资，自己可以为股东创造比股利更高的价值。

公司并不需要集中在一次发行完所有股本。虽然一家公司有权发行的股票总量必须在其账目中有显示，但只有已发行股本会纳入其资产负债表中。尽管股票可以部分缴付，但这种情况很少见。

优先股因两个特点而得名。首先，它的股东能先于普通股东拿到固定比率的股利。第二，如遇公司清算，所有剩余资本都要在偿还普通股本之前，先行偿还优先股本。在强制清算中，股东会对此不满，因为对于任何类型的股东来说，都要偿还完所有的债权人之后才轮到偿还他们。

A类股和B类股的分类依据是股东的优惠待遇的多少。例如，A类股通常每股最多获得5票，而B类股只有一票，极端情况下，B类股股东甚至一票都没有。公司通常会掩盖更少投票权股票的缺点。最著名的例子就是萨沃伊酒店集团（Savoy Hotel Group）借此来抵御它们不希望发生的信托之家旅店（Trusthouse Forte）对它们的并购。尽管信托之家能在自由市场上购买萨沃伊70%的股份，但是它只能拥有42%的投票权，因为它只能购买萨沃伊的B类股票，而A类股票则掌握在萨沃伊家族和盟友手中。

作为一个在所有会计活动当中颇具有误导性的词汇，"准备金"指的是公司中留作额外资本的各种利润。同样重要的地方在于"准备金"这个词之外的意思。它不是指储备在银行或别处的实际货币。准备金来自公司多年的利润留存。跟其他的资本来源一样，它会再次投资于建筑、设备、库存或偿还公司债务，但很少以现金方式持有。准备金的主要类型有如下三种。

- 利润留存：从日常交易活动中累积的利润留存，体现在利润表中。
- 重估价准备金：不出售资产的情况下对资产重新评估至当前价格水平而产生的纸面利润。
- 股票溢价：以更高的价格发行新股时超出股票原始票面值的部分。

股权来源有两大类：私募股权是由个人或小团体为了潜在的更高收益而投入的资本，他们也承担更高风险；公共资本是通过在股票市场发行股票募集到的资本。

私募股权

私募股权的来源有很多种，包括天使投资人、风险投资公司、企业风险投资和新出现的众筹等。

天使投资人

股本或风险资本的首要来源，可能就是那些了解你的业务类型的个人提供的资金。为了获取所投入股份的回报，这些投资者会自己承担投资的风险。他们被称为"天使投资人"——这个词最初是用来形容那些出资支持百老汇或伦敦西区喜剧的富人的。

多数天使投资人不愿意只是签署支票，他们可能更希望在你的业务中发挥更大的作用。他们期待更大的回报——某位天使投资人在赛捷的第一轮25万英镑（50万美元或29.5万欧元）的融资中出资10 000英镑（16 000美元或12 000欧元），而这部分投资后来升值到了4 000万英镑（6 400万美元或4 700万欧元）。

这些天使投资人通过管理网络（通常在互联网上）进行运作。英国和美国有数百个网络，每个网络中都有成千上万的天使投资人愿意每年将几十亿的资金投入新企业或小企业中。

以下是值得人们了解的关于天使投资人的10件事。

- 40%的天使投资人的投资会部分亏损或全部亏损。
- 50%的天使投资人对于潜在投资不做任何调研。

- 55% 的天使投资人不用个人推荐，而有 6% 的风险投资人需要个人推荐。
- 90% 的天使投资人曾在小企业工作或曾自己创业。
- 天使投资人在投资之前平均会跟企业所有者会面 5 次，而风险投资人一般会要求 10 次会面。
- 只有 10% 的天使投资金额低于 10 000 美元（6 250 英镑或 8 475 欧元），而 45% 的会超过 50 000 美元（31 250 英镑或 42 370 欧元）。
- 多数天使投资人会投资离家较近的公司——通常最多距离 50 英里，200 英里就是极限了。
- 天使投资人很少在国外投资，只有 2% 的投资人进行过海外投资。
- 天使投资人通常会聚集在一起。在全部交易中，银团交易超过了 1/4，通常有两个或两个以上的天使投资人共同投资。
- 倾向投资初创企业和早期投资的天使投资人的数量，最多可以达到风险投资人的 5 倍。

寻找天使投资人

世界天使投资联盟（World Business Angels Association，www.wbaa.biz > Members）网站上有关于全球天使投资人和投资人联盟的链接。英国天使投资人联盟（UK Business Angels Association，www.ukbusinessangelsassociation.org.uk）网站上有英国天使投资人的目录。欧洲天使投资人网络（European Business Angels Network，www.eban.org > About EBAN > Members Directory）有欧洲和非欧洲地区的国家天使投资人联盟的目录，在上面你可以找到独立的天使投资人。

风险投资

风险投资人有时也会没那么恭维地被称为"秃鹫投资人"（vulture capitalist），他们是在用别人的钱来投资，这部分钱通常来自养老基金。

与天使投资人的投资计划不同，风险投资人对投更多的钱获得更多股权更感兴趣。一般来说，虽然风险投资人希望其投资能在7年内产生回报，但他们是坚定的现实主义者。他们的投资中有1/5完全无果而终，最多有3/5表现还可以。所以，他们10笔投资中若有1笔出彩的，那这笔投资的收益就要为其他不好的投资买单。风险投资人期望回报率能超过30%，这样才能覆盖他们的低命中率。

获取风险投资的成本并不便宜，交易安排也比较费时——6个月是很常见的，也可能超过一年。风险投资人有可能在其投资组合中6周就完成一笔交易，但这真是特别罕见。费用会达到成千上万英镑，好处是这笔费用可以从投资获得的回报里出。

安永会计师事务所（Ernst & Young）关于风险投资的最新报告称，在全球330亿英镑（480亿美元）的风险投资活动中，美国占到了68%，欧洲占15%，而中国只占7%——相比金融危机之前的11%下降了不少。尽管风险投资很重要，但我们必须正确地看待风险投资活动。美国每年完成的风险投资交易有3 400笔，欧洲是1 400笔，中国300笔，印度200笔。以色列在这个领域令人刮目相看，每年签署166笔交易——考虑到其相对较小的经济体量，这个业绩是相当不错的。（www.ey.com/Publication/vwLUAssets/Global_venture_capital_insights_and_trends_2014/$FILE/EY_Global_VC_insights_and_trends_report_2014.pdf）

寻找风险投资

英国私募股权和风险投资协会（British Private Equity and Venture Capital Association，www.bvca.co.uk）与欧洲私募股权和风险投资协会（European Private Equity and Venture Capital Association，www.evca.com）都提供了在线目录，里面有几百个风险投资人的具体信息。美国风险投资协会（National Venture Capital Association）也有其国内和国外的国际

风险投资协会目录（www.nvca.org>Resources）。

你可以在风投评论网站 The Funded（www.thefunded.com）上学习与风险投资人谈判和接受风险投资的人是如何评估企业的，包括提供的协议、企业能力及关系管理能力。该网站也有风险投资人的网站链接。TheFunded 目前有 20 572 个会员。

案例研究

亚马逊为何能让互联网书店黯然失色

英国企业家达里尔·马托克斯（Darryl Mattocks）是软件工程师和电脑爱好者。1994 年，他比亚马逊早一年进入图书市场，成立互联网书店（Internet Bookshop），但他的路径却是截然不同的：马托克斯走进了牛津的一家书店，拿到了几天前他预订的一本书，付款后，他走到不远处的邮局，把书寄给了几周前发邮件向他预订的顾客。最初，他只能使用信用卡筹集开展业务的资金。后来，有位朋友把他引荐给了伦敦某家书商的家族成员詹姆斯·布莱克韦尔（James Blackwell）。詹姆斯出资 50 000 英镑（80 000 美元或 59 000 欧元），占马托克斯公司一半的股份。

与此截然不同的是，前投资银行家杰夫·贝佐斯在创建亚马逊之前从硅谷的风险投资人那里拿到了 1 100 万美元（690 万英镑或 930 万欧元）。他把其中 800 万美元（500 万英镑或 680 万欧元）投在了市场营销上。马托克斯的互联网书店的库房中堆积了 16 000 本书，而亚马逊卖出的书价值将近 1 600 万美元（1 亿英镑或 1 350 万欧元）。1998 年，差不多是在购买水石（Waterstone's）的同一时间，史密斯连锁书店（WH Smith）以 940 万英镑（1 500 万美元或 1 100 万欧元）的价格并购了互联网书店的母公司 bookshop.co.uk。当时，亚马逊的估值已经高达 101 亿美元（63 亿英镑或 86 亿欧元）。

企业风险投资

　　风险投资公司通常会插手自己投资的企业的管理活动，而另一种类型的冒险者也是冒资本业务的风险，但这并不一定是它们的主线业务。它们被称为企业风险投资，它们想时刻了解自己感兴趣的领域的前沿信息。

　　辛克莱·比彻姆（Sinclair Beecham）和朱利安·梅特卡夫（Julian Metcalfe）用17 000英镑（27 000美元或20 000欧元）的贷款和一家已经关门的商店那借来的名字创建了Prêt a Manger连锁快餐店。他们不是那种只满足于做自己的事的企业家，而是怀有全球化的野心——只有从麦当劳这一快餐巨头中分一杯羹，他们才能看到走向世界的现实途径。2001年，他们以2 500万英镑（4 000万美元或2 950万欧元）的价格把公司33%的股份卖给了麦当劳集团的全资控股公司——麦当劳风险投资有限公司（McDonald's Ventures LLC），该公司负责麦当劳的风险投资活动。

　　辛克莱和朱利安也曾经考虑过思科（Cisco）、苹果电脑、IBM和微软，这些行业巨头都有自己的风险投资分部。其他的企业风险投资还包括德意志银行（Deutsche Bank），该银行设立了德意志银行风险投资（DB eVentures）部门，以期在"数字革命"中抓住一个机会；路透温室基金（Reuters Greenhouse Fund）在85家公司中都有股份，即便是破产也不令人惋惜的安然公司都有该基金的风险投资（总计1.1亿美元、1.76亿英镑或1.3亿欧元）。对于企业家来说，这种方式可以为他们提供"友好的客户"并帮他们打开大门。对"母公司"来说，这为它们提供了一个很好的位置来见证企业的成长，给了它们机会来决定该领域是否值得更多投资，或者至少让它们很好地了解了新技术或业务的流程。

　　据媒体出版和数据供应商全球企业风险投资（Global Corporate Venturing, www.globalcorporateventuring.com）的信息，美国最大的100家公司中有47家参与了风险投资。美国谷歌公司以价值50亿美元的121笔投资领先。其他比较活跃的地方包括中国和印度——这两个国家的企业风险投资价值分别为 100 亿美元和 30 亿美元。

> 案例研究

Innocent

　　1998 年夏天,理查德·里德、亚当·巴隆(Adam Balon)和乔恩·怀特(Jon Wright)开发出了他们的第一款奶昔食谱,但他们还在考虑是否要放弃各自的本职工作。他们买了 500 英镑(800 美元或 590 欧元)的水果,制作成了奶昔,在伦敦音乐节的摊位上出售。他们的宣传标志上写着"你们认为我们是否应该放弃工作来做这些奶昔?"在垃圾箱旁边放着"是"和"否",然后让人们投空瓶子来发表意见。一天结束后,"是"的投票箱塞满了瓶子,于是他们第二天又继续制作并出售奶昔。接下来,用他们的话说——这就是历史。他们的公司 Innocent 在 10 年的迅速增长之后几乎已经家喻户晓。2008 年他们的业务陷入了前所未有的困境,销售额倒退,他们在欧洲的扩张正迅速吞噬现金。

　　平均年龄 28 岁的三位创始人认为他们需要一些有分量的建议,因此他们找到了手机零售商卡冯 – 维尔豪斯(Carphone Warehouse)的创始人查尔斯·邓斯通(Charles Dunstone)和渣打银行(Standard Chartered)主席默文·戴维斯(Mervyn Davies)并向他们求教。这两位强烈建议他们三人去找一个财力雄厚的投资人,以及能够提升创始人热情的其他东西。雷曼兄弟申请破产那天,他们开始寻找投资人。2009 年 4 月,Innocent 团队接受可口可乐公司为他们的小投资人,对方支付 3 000 万英镑(4 800 万美元或 3 500 万欧元)占公司股份的 10%~20%。他们之所以选择可口可乐是因为除了提供资金外,可口可乐还可以帮助他们把产品带到更多的地方,带给更多的人。此外,可口可乐有 120 多年的历史,有很多可以让他们学习的成功经验。

董事会的家人、朋友和业务伙伴

那些跟公司很亲近的人、董事会成员的家人朋友、重点供应商和客户，通常都会被劝说借钱或投资给公司。这能让你避免恳求外人、耗时长久的额外文书工作以及官僚主义的延误。如果你的公司信誉有问题，使你很难或不能从商业资金渠道融资，那么来自朋友、亲戚和生意伙伴的帮助就显得尤为珍贵。

这类融资渠道会带来许多其他融资渠道没有的各种潜在好处、成本和风险。你需要决定是否接受这些，在评估时也要将是否继续走这条路考虑在内。

从熟悉的人那筹钱的好处是：条款可能更宽松些；你可以推迟还款，直到你的财务状况好一些时；如果公司陷入困境，你可能有更大的灵活性。但一旦达成贷款或投资条款的协议，你就要承担跟其他融资渠道一样的法律义务。

不过，从此类融资渠道筹款也有一个很大的缺点。如果公司运营不良，跟你亲近的这些人最终亏钱了，那就可能会破坏之前良好的人际关系。因此，在跟朋友、亲戚和业务伙伴做交易时，你要格外谨慎，不仅要明确交易条款，把它们落实在书面上，还要格外认真地向他们解释其中的风险。简而言之，你的工作就是确保如果你不能实现财务承诺，那些帮助你的朋友、亲戚、供应商或客户不会承受太大的损失——不要从不能承受风险的人那筹钱。

以下10件事是从家人、朋友和业务伙伴那筹钱时需要记住的。

- 一定要达成恰当的贷款或投资协议。
- 一定要把协议落实到书面。如果涉及股份交易和担保，一定要起草法律协议。
- 要格外认真地解释业务风险以及资金可能面临的风险。

- 如果从父母那里筹钱，要确保通过某种方式补偿兄弟姐妹，如通过遗嘱。
- 一定要确保你和其他董事在筹钱之前就想过用这种方式经营家族业务的利弊，因为家族投资者总希望能参与其中。
- 不要向拿固定收入的人借钱。
- 不要向不能承受亏损的人借钱。
- 不要给出可能比你给其他任何投资人的回报条款更具吸引力的回报承诺。
- 不要向给你钱的任何人提供企业内的工作，除非他们是这份工作的最佳人选。
- 在家人、朋友或业务伙伴投钱之后，不要改变你和他们相处的正常模式。

案例研究

众 筹

众筹是商业融资领域一种改变游戏规则的新概念。通过众筹，权力就转移到了寻求融资的企业家手里。它不再是一个大投资人把钱投到一家企业，而是大量小投资人——每人哪怕只贡献10美元——来完成融资。众筹魔方（Crowdcube）是英国的第一个众筹网站，它现在与Startups.co.uk进行合作，这样企业家们不仅可以获得融资信息，还能直接从网站获得创造性地解决问题的方法（www.crowdcube.com/partner/startups）。

众筹魔方是全世界第一个能够让公众投资英国公司并接手英国公司股份的网站，它目前有超过10 000名寻找投资机会的注册会员。通过它的主网站，该平台已经成功为小企业融得了300多万英镑。2001

年11月，众筹魔方主持完成了全球第一笔总金额为100万英镑的融资。大量企业已使用这种方式融资，未来还会有更多。通过众筹魔方，达灵顿足球俱乐部（Darlington Football Club）在14天内从722名投资人那融资291 450英镑，从而帮助这家已进入清算程序的老牌球队避免了破产。石油供应商环球燃料（Universal Fuels）通过众筹魔方融资了10万英镑，使得年轻企业家奥利弗·摩根（Oliver Morgan）顺利获得投资。

英国众筹协会（UKCFA）于2012年成立，截至2015年3月已经有40名会员，他们的目标主要有如下三点：

- 推动众筹成为英国企业、项目或投资企业融资的重要且可行的途径；
- 代表英国所有众筹业务（捐款、贷款和股本）向公众、媒体和决策者发声；
- 发布英国众筹行业守则，以保护众筹业务的参与者（www.ukcfa.org.uk/members）。

案例研究

芝兰哥——墨西哥卷饼债券是如何诞生的

网络电话Skype前雇员埃里克·帕特克（Eric Partaker）和丹·霍顿（Dan Houghton）创立芝兰哥（Chilango）餐厅时，他们想的是提供令人垂涎的墨西哥食物，7年前他们开张时菜品很少。作为土生土长的芝加哥人，埃里克喜欢吃墨西哥薄饼卷和卷饼等食物，然而来到伦敦工作后，他却发现当地基本没有墨西哥食物。他遇到了丹，恰巧丹也非常喜欢墨西哥食物。因此，两人决定创业，填补英国的这一市场空白。

埃里克·帕特克拥有美国和挪威双重国籍，毕业于伊利诺伊大

学厄巴纳 – 香槟分校（University of Illinois at Urbana-Champaign），拥有金融理学学士学位。他也曾在比利时天主教鲁汶大学（Katholieke Universiteit Leuven, Belgium）学习历史、哲学和文学。丹以第一名的成绩毕业于剑桥大学数学系。两人相识于 2005 年，当时，他们都是向 Skype 技术公司 CEO 汇报的新企业风险投资团队的成员。

截至 2014 年，他们已经在伦敦开了 7 家墨西哥餐厅，其中一家在高盛集团总部的对面。他们证明了自己的生意模式是受欢迎的。然而，每开一家新餐厅就需要大约 50 万英镑的资金，他们发现了自己面临着巨大的资金缺口——他们迫切需要现金来实现短期内在伦敦再开 6 家新芝兰哥餐厅的目标。

2014 年，他们上了头条，不是因为其烹饪的创新，而是因为他们在金融上的创新。他们打算通过众筹魔方网站在两个月内筹资 100 万英镑，利息率为 8%，四年内连本带息还清。他们把最低投资额设定在了 500 英镑，出资超过 10 000 英镑的人可以每周在餐厅内免费吃一顿午餐。从此，"墨西哥卷饼债券"这个名字诞生了。

债券公开发售的第二天，他们就收到了来自餐饮行业高管们的投资。根据招股说明书网站的信息，投资者包括连锁咖啡厅 Carluccio's 的 CEO 和 CFO、达美乐比萨英国区（Domino's Pizza UK）前 CEO 以及卡卡圈坊英国区（Krispy Kreme UK）的前 CEO。到 2014 年 7 月 3 日，根据众筹魔方网站上的信息，芝兰哥餐厅公司已经收到了来自 344 位投资人的共计 1 140 500 英镑的资金。

私人资本投资的准备工作

私人投资者把现金投入企业之前还要经历两个阶段。这两个阶段的重点会因为交易的复杂度、资金数量及相关资金的法律所有权的不同而有所变化。例如，相比使用养老金的风险投资基金而言，为自己投资的天使投资人更愿意承担较大的不确定性。

尽职调查

通常而言，私募股权投资公司在与某企业签署投资意向书且该企业接受之后，要对其管理层和整个公司进行尽职调查。在此期间，私募股权投资公司可以调查所有的财务及其他记录、设备和员工等，直到最后签署协议。需要检查的材料包括：所有的租约、合同和贷款协议副本，以及各类财务记录和报表。私募股权公司想看到所有的管理报告，如销售报告、库存记录、详细的资产列表、设备维护记录、多年的应收账款和应付账报告、员工组织结构表、工资单和福利记录、客户记录以及营销材料。私募股权投资公司还要了解所有的未决诉讼、税务审计或保险纠纷。根据企业的业务性质，它们可能也需要考虑获得环境审计和保险核查。尽职调查的尾声是当前企业所有人需要亲自担保他们所说的或提供的所有材料都是真实完整的。如果事实证明并非如此，那可太煞风景了，他们本人将为股份购买者所遭受的全部损失负责。

条款清单

条款清单是由资金提供者拟定的，它列出了投资数额以及新投资者希望企业主如何使用这笔钱的相关条款。

条款清单首页列示了投资金额及资金形式（债券、普通股、优先股、本票或各种形式的组合）。条款清单会使用一个价格（每1 000单位债务或每股的价格）来确定投资者从你的企业中"收获"的成本基准。这个起价对于后面决定并购、IPO及股份或债务转让时的资本收益和应缴税额非常重要。

条款清单的另一个关键组成部分是"结账后资本额"。这是在条款被接受后预估的风险投资的现金价值。例如，投资者拿出50万英镑，以每股

50 便士（100 万股）购买 A 类优先股，结账后最高限额为 200 万英镑。这就相当于投资人将持有公司 25% 的股权（用 50 万英镑除以 200 万英镑）。

条款清单的下一个部分通常是总结公司资本结构的表格。投资者通常从购买优先股开始，这样做是因为如果企业失败或进行资产清算，他们就可以在分配时获得优先地位。常见的处理方法是按投资者的意愿以 1:1 的比例把优先股转化成普通股，这样优先地位在本质上就成了普通地位，但在进行偿付时仍然要优先于创始人自己的普通股地位。

清单上的其他条款可能还包括房租、设备、债务股本比、股份转让的最短和最长期限、额外股份的股份兑现、后续投资选择期以及在未来多轮融资时有"优先购买权"。

公共资本

股票市场是大企业进行大笔融资的场所。融资金额可能从几百万到几百亿，同时期望上市所付出的成本和努力能够换来强劲的业绩增长。基本理念是所有者出卖公司股份，实际上就带来了大量的新"所有者"，他们反过来又可以分享公司的未来收益。这些新"所有者"想退出时会把股份卖给其他投资人。这样，股价就会上下浮动，也只有如此才能确保在任何时间都有相同数量的买家和卖家。

上市还可以给你和你的公司带来好声誉，能提升公司的地位和信誉，使你能在新股东的"担保"下借来更多资金——如果你想这么做的话。股份也是留住和激励核心员工的很有吸引力的方式。如果你给予他们或者允许他们获得折扣价的股票期权，他们就也能参与到你创造资本收益的过程中。上市后你就能加入并购和资产剥离的游戏。在股价较高、股市向好时，你就可以寻找更弱的公司来牟利——你只需要拿出更多自己的股份来换取他们的股份，你甚至不需要动用真金白银就能完成兼并。

当然，这是个双向游戏，你可能也正成为别人恶意并购的目标。

你会发现，当企业处于公众视野当中时，企业的经营方式不仅会受到束缚，还会分散管理层的精力。多数上市公司的 CEO 发现，在上市前数月和上市后第一年，他们多达 1/4 的时间都在用来向公众解释他们的经营策略。把如此多的管理时间用于回答会计师和股票经纪人的问题并不鲜见，因而管理人员进行日常经营的时间被迫减少了，由此造成的直接后果就是公司的利润下降。

股市这个"围城"也给自己制造了压力，它既要引诱公司上市，还要期望它们能够有超出合理预期的表现。迫于压力放弃上市的案例不胜枚举，不少公司在上市后改变主意退出股市，然后买断所有外部股东的股份。公司重回私人手中的合理之处在于，公司的所有者认为自己经营公司可能更好，还无须服从股东的决定，也不用顾及那些上市公司必须恪守的复杂规定。

案例研究

贺卡坊

贺卡坊（The Card Factory）是英国领先的贺卡制造和零售商。1997 年，它由恩安·霍伊尔（Dean Hoyle）和珍妮特·霍伊尔（Janet Hoyle）夫妇创建。当初贺卡坊只在约克郡的韦克菲尔德（Wakefield）有一家门店。今天，它在英国各地经营着约 700 家商店，主要业务是卖卡片和礼品。贺卡坊约有 6 000 名全职员工，还有约 6 000 名兼职员工来应对圣诞和母亲节等高峰期。这两个节日的卡片营业额分别为 1.644 亿英镑和 5 530 万英镑。在英国需求量巨大且竞争激烈的贺卡市场中，贺卡坊是领先的专业零售商。英国成年人平均每年送出 31 张贺卡，他们仅在贺卡上的花费就达到 13.7 亿英镑。英国有约 800 家贺卡印刷商，大多数都是员工少于 5 人的小公司。贺卡坊约 1/3 的销售额都来自礼品包装、小礼品和聚会物品，这个市场的规模约为 10 亿~20 亿英镑。

　　随着 16 年不间断的收入增长，贺卡坊的营业额到 2014 年 1 月 31 日为止，前一年的销售额达到了 3.27 亿英镑。贺卡坊准备趁此机会在伦敦证券交易所（London Stock Exchange）上市。2014 年 5 月 20 日，该公司成功上市，发行了价值 9 000 万英镑的股份，占公司总价值的 13%。贺卡坊是 2014 年上半年上市的第 23 个新公司之一，这些公司通过上市募集到了 16 亿英镑的资金。

IPO——上市的条件

　　虽然不同的股票市场有不同的规则，但以下内容是所有公司在证券交易所上市都应满足的条件。

　　任何公司在大的证券交易所上市都需要有可观的营业利润的持续记录，审查机构一般会要求在你准备"上市"的当年利润要达到 7 位数。公司上市还需要在一开始拿出很大比例的股份来对外发售，通常至少是 25%。此外，公司上市时应当已经有 100 名股东，还要能证明在上市之后董事会成员还能再增加 100 名。

　　在制订上市计划和时间表时，公司决策层应当记住以下 5 个方面的事项。

- 顾问。你需要一个顾问团队的支持，这其中包括保荐人、股票经纪人、申报会计师和律师各一名。他们应当来自声誉良好的公司、擅长上市工作并且熟悉公司业务类型。他们可能会对你和你的公司做出判断，因此要选择声誉良好的顾问，并确保大家能高效合作。一家小型会计师事务所，无论它是否符合要求，都不太可能承担这一项任务。
- 保荐人。你需要指定一家金融机构——通常是商业银行来承担这一重要角色。如果你想不到哪家商业银行合适，那么你的会计师可以给出一些指导意见。保荐人的工作就是协调和推进上市项目的进程。
- 时间表。上市前最后几个月制定并遵守时间表是很重要的。公司董事及高级员工会忙于提供信息和开会，他们的部分工作可能要委派给其他人去做，因此你要准备充足的人力支持，以确保业务不受影响（下文"上市时间表"是一个上市前需要落实的工作的例子）。
- 管理团队。潜在投资人希望看到公司高效的管理，无论是在董事会还是下面各层级。确保他们持续任职是很重要的——可以给重要的董事和经理提供工作协议和期权。从非常称职的非执行董事那儿借鉴一些经验是很明智的做法。
- 账目。你的目标是要有利润一直保持增长的记录。为了实现这一目标，你需要考虑董事们的酬劳和养老金，并消除那些私人公司可以接受而上市公司不能接受的支出——过度福利，如游艇、豪华汽车、大量报销和度假别墅。

公司账目需要按照适当的会计原则进行整理和审计，审计报告不能有大的限定性条件。审计师乐于看到公司有适当的库存记录及评估上市前数年库存情况的不间断材料。近3年的账目应公开披露，最后的记账日期应该是在股票发行前6个月内。

中小板市场

很多国家都曾尝试引入门槛没有主板市场那么高的股票市场。这些市场通常有更短的交易历史，但没有那么严格的规定，可以说其中最成功的就是另类投资市场（Alternative Investment Market，简写为AIM）。自1995年启用以来，全球超过3 000家公司已经在AIM上融资了几十亿美元。

与之对比的是尼日利亚另类证券市场（Nigeria's Alternative Securities Market，简写为ASeM），该市场上只有12家公司（www.nse.com.ng/

Listings-site/ listing-your-company/asem）。全球可供选择的中小板市场还有几十个，包括准入德国交易所集团初级标准板（Entry Standard Deutsche Boerse）、纽约—泛欧交易所的 Alternext 创业板（Alternext at Euronext NYSE）、纳斯达克旗下的 First North 板和华沙证券交易所的 New Connect 板。安永会计师事务所提供了关于"如何选择中小板市场"的指南（www.ey.com/UK/en/Services/Strategic-Growth-Markets/EY-ipo-leaders- insights-sebastian-lyczba）。

案例研究

Meraki：企业创投数百万美元交割日

Meraki（美瑞凯）是一个希腊词汇，意思是全身心地做某件事。它不久之后就可以代表如何能在10年不到的时间里赚10个亿。2006年，麻省理工学院的博士生桑吉特·比斯瓦斯（Sanjit Biswas）、约翰·比克特（John Bicket）和汉斯·罗伯逊（Hans Robertson）于2006年创建了Meraki。当时所有的工作都是他们在假期中完成的。

Meraki网站上如此写道："把云计算的好处带给边缘和分支网络，提供便于管理的无线网、交换系统和安全解决方案，使客户抓住新的商业机会并降低运营成本。无论是让员工在企业安全使用iPad，或是让整个校园覆盖无线网络，Meraki网络都能做到。"Meraki在全球有超过10 000个客户，既有英国公立学校威灵顿公学（Wellington College），也有快餐连锁品牌汉堡王（Burger King）。最初，给予Meraki支持的是两家早期的风险投资公司——加利福尼亚风险投资公司红杉资本（Sequoia Capital）和谷歌。斯坦福大学教授拉吉夫·莫特瓦尼（Rajeev Motwani）曾教过谷歌的联合创始人拉里·佩奇（Larry Page）和谢尔盖·布林（Sergey Brin），拉吉夫亲自为他们做了引荐。

2012年，思科从9月开始就在与Meraki进行独家磋商并购事宜，最后的协议并购价为 12 亿美元（7.54 亿英镑）。双方将交割日定在 2012 年 11 月 19 日。Meraki 创始人也曾考虑过上市，最初拒绝了思科的提案，分析人士认为思科出价过高。但巨大的市场份额和良好的现金资源使思科有信心使用自己的全球网络来扩展 Meraki 的技术。为了达成交易，思科同意让 Meraki 的创始人在思科留任。思科的一位经理苏亚·胡耶拉（Sujai Hujela）也曾说道："我们想要把 Meraki 的文化留住并在思科传播。"

全球股票市场

全球有多少个股票市场？你可能听说过伦敦证券交易所和纽约证券交易所，其他比较知名的还有法兰克福、东京以及巴黎的证券交易所。你猜 5 个、10 个甚至 20 个？其实离得还很远，答案是约 200 个。大的股票市场就市场份额与股票替代平台和经纪网络展开竞争，约有 1/3 的股票交易是在自由交易所发生的。芝加哥大学网站上有全球多数股票市场的信息（http://guides.lib.uchicago.edu/stock_exchanges），它们是按照大洲和国家分列的。世界交易所联盟（World Federation of Exchanges，网址：www.world-exchanges.org/）能提供关于这些市场的各种事实和数据。

上市时间表

尽管你自己没有做过公司上市的第一次发行，即 IPO，但是作为商务金融 MBA，你至少要看上去对这个流程了解得很透彻。哥本哈根商学院的教授路易斯·圭多·卡利（Luiss Guido Carli）开了一门课讲定价偏低的 IPO 的危险。哈佛商学院也有大量的关于 IPO 策略的文章。

过去，完成一次 IPO 大概要 6 个月，但现在只要一半的时间。不同交易所会有区别，但一般的时间表都如下所示。

第 1 周

第一周要选定承销商，由其全程帮助公司入市。在筛选过程中，你要听几十家银行来告诉你为什么它们做 IPO 是最好的。这样的工作差不多一天 3 次的频率可能会让人很疲倦，一直听差不多的报告也会让人压抑。这些银行都成功操作过 IPO，有的甚至做过十几个，所以你要找的应该是共鸣而不是技术能力。这一周之内，你需要选出一个主承销商，可能还有几个辅助的承销商和它一起向股民传播关于你的企业经营得很好的消息。

第 2 周

主承销商在这一周开始起草公司招股说明书。这需要尽可能多地向股东、管理团队和会计师获取背景信息。CFO 要全程参与这一过程，最好提供一些恰当的财务支持来应对公司的日常事务。

第 3 周

公司负责上市的团队和银行方在这一阶段要共同制作招股说明书。参与这一阶段工作的都是公司的初级员工。第一周的报告中碰到的大人物已经开始出售下一笔交易了。招股说明书制作出初稿后，来自你的法务、银行和会计代理公司的人会一行一行地审阅其条款。

这个过程需要微妙的平衡，既要概述风险，同时还要用能够吸引人的方式描述公司业务和投资前景。你可以参考伦敦证券交易所和美国证券交易委员会（Securities and Exchange Commission）网站上的备案来看其他公司是怎么做的。最后，这一阶段的尽职调查需要排除别人对你和公司的所有担忧。

第 4 周

主承销商向伦敦证券交易所、美国证券交易委员会或你所在国家的相应机构提交注册文件。

第5~8周

主承销银行和你的团队共同准备路演，等待伦敦证券交易所或美国证券交易委员会等主管机构审核你们提交的文件。

第9周

伦敦证券交易所或美国证券交易委员会的回复可能长达20页，其中不乏很挑剔的问题，如"'公司的在线响应次数'是什么意思？""你能否提供证据证明你的客户X是西班牙最大的酒水生产商？"……几周之后它们还会有第二轮问题，但到那时你已经知道该如何回复了。

在与官方主管机构沟通的整个过程中，诚实是很重要的。必须做到的就是透明，这是从事股票交易最理想的状态。2000年春季在阿姆斯特丹证券交易所（Amsterdam Exchange）上市的世界在线（World Online），就是关于信息披露的很有益的警示案例。该公司是当时欧洲最大的网络服务供应商。荷兰本国的私人投资者对它有很大的投资兴趣，他们在3月的IPO中以43欧元（36.4英镑或58.2美元）的发行价认购了15万股。在上市后6周的时间里，公司估价跌至14.80欧元（12.5英镑或20美元）。公司估价暴跌的原因，是在上市3个月前公司董事会主席尼娜·布林克（Nina Brink）把自己的部分股份以6.04欧元（5.11英镑或8.19美元）的价格卖给了美国私募股权基金Baystar资本。而在世界在线上市后的头几天，Baystar以超过30欧元（25.4英镑或40.7美元）的价格卖出了那部分股份。布林克被指控在要约期内做了涉嫌误导的声明，因此被迫辞职。愤怒的股东们立即就去找律师向世界在线要说法。

第10周

主承销商要筹划路演。你的团队要去银行，把公司推销给其机构销售团队。他们随后会劝说客户认购你的股票。从尽职调查到IPO后的约定时间内,你公司的每个人都必须遵守"静默期"的"规定"。公司在这期间要特别注意,不要炒作公司的股票,也不要做什么引起媒体对公司业绩产生怀疑的事情。

关于你能向媒体说什么及不能说什么也有规定。通常最好什么也别说。如果你的某个竞争对手在进行 IPO,在它们的静默期发动媒体攻击是很好的时间选择,或者可以在这时并购他们也想要买的公司——它们正处于悬而未决的状态,不能进行回击。

这时机构销售团队就能发挥他们的作用了。通过很常见的眨眼示意、轻推一下、被动词、反问和对比,他们就能把有关 IPO 的一切讲清楚。主承销银行的销售团队确实可能是很强大的力量。例如,高盛公司的 IPO 团队有几百名一线销售人员,这样他们就能把很有冲击力的信息传递给大量潜在投资者。

第 11、12 周

银行方面会为 IPO 制定一个让人疲倦的日程安排,也就是所谓的"路演"。这跟第 1 周是相反的,当时是各银行向你推销它们的服务,而现在,你的团队要把股票卖给这些机构的投资者。你可能会在 13 天内跨越 3 个大洲开 80 次会。路演期间可以说很多,但唯一能发出去的文件只能是获批的招股说明书。其他任何东西都会违反规定。

机构开始做出承诺。"只要价格低于 20 英镑,我会买 25 万股;如果价格是 25 英镑,我只买 10 万股。"银团的经理要了解因为 IPO 价格而产生的预期需求。

第 13 周

这一周迎来 IPO 日。假设股市还没有正式进入下行通道,银行做市商会计算卖出和买入的最高价,然后据此设定价格——通常会高于开市价及机构买入价格。如果股市下跌，你要撤回IPO，否则你就会沿着蛇形梯子一直往下滑直到最底端。你可能会在6个月后再次冲击上市，也可能永远不会再上市。一位企业家曾把IPO比作生孩子：痛并快乐着，但绝不会再来一次（参见下文Travelport的案例研究）。

公司上市后，银行收取收益的7%。如果你在入职谈判时把股票期权加入聘任条款中，那么你会与董事会成员及其他股东一样富有。现在，你的公司就有了回去扩展业务的资本和信誉。

如果做市商把股价定得太高导致股票很快下跌的话，那所有人都会觉得这一结果很苦涩。上市之前的股东在上市后数月内拿不回收益，账面收益也会减半，英国旅游网站"最后一分钟"（lastminute.com）就是这样的例子，而这样做是不会受员工欢迎的。相关机构也会亏损，即便它们已经足够成熟能忍受这种痛苦，但如果你回头再找它们融资，它们会很谨慎。最好的定价是能考虑到上市后数周和数月内公司股价的上涨。这样不仅对媒体报道有好处，而且无疑会影响公司的客户、供应商和潜在员工。

【案例研究】

Travelport 折戟 IPO

旅游服务供应商Travelport公司的总部位于美国兰利（Langley），它使用"TVPT"的标志在纽约证券交易所上市。2015年2月，该公司公布的销售额是21.48亿美元（14.45亿英镑），利润为9 100万美元（6 100万英镑）。Travelport公司有约3 400名全职员工，对外公告称在其"主要基于交易的定价模式"下，公司收入主要来自旅客数量而不是旅行花费，这样公司就创造了一种稳定的、良性循环的高收入业务模式。2010年2月11日，星期三，Travelport的首席执行官杰夫·克拉克（Jeff Clarke）要做一个艰难的决定，而这时保持稳定性对公司更有利的。下属于这家美国旅游服务集团的 Worldspan 和 Galileo 两家公司为旅游业提供了一个预订软件系统，格里菲旅行社（Gullivers Travel Associates）则提供住宿、地面交通和旅行服务，这使得整个集团一直都在赢利且保持着良好的发展势头。

过去几周，杰夫·克拉克一直穿梭于各机构投资者的董事会会议室，尝试获取投资董事们对 Travelport 计划当年晚些时候进行 IPO 的支持。私募股权集团百仕通（Blackstone）拥有 Travelport 70% 的所有权，它希望通过 Travelport 上市流通融资 19 亿美元，从而将其所持有的股份降至 30%，减少集团一半的债务，从而为其他投资机会提供必要的现金。然而，严重的市场波动及日益增加的股市不确定性，使得投资者对股票基本不感兴趣。即便有投资者感兴趣，其履约价只有 1.90 美元，这远远低于实现集团目标需要的 2.1~2.9 美元。批评者说杠杆和市盈率都太高，所以目前的 IPO 方案并不是很有吸引力，而好的方案对于在股市不确定时期成功实现 IPO 是很重要的。克拉克极不情愿地决定推迟上市，Travelport 集团的所有联合承销簿记人，包括瑞士信贷（Credit Suisse）、德意志银行、瑞银集团（UBS）、巴克莱银行和花旗集团（Citigroup）都不得不保持缄默。

在 2009—2010 年，Travelport 推动 IPO 但遭遇挫折的经历并不罕见。1996 年，仅在美国就有超过 600 家公司上市。然而，到 2009 年美国只有 41 家新公司上市，世界其他地方的情况也没有多好。中国是这一低迷状况的例外。2009 年，中国公司占到了在美国股票市场上市的所有公司的 1/4，在中国国内也有大量公司上市。

股票市场——发展简史

真正能将 MBA 和其他人区别开来的一件事，就是对重要业务的里程碑事件的了解。对此有所掌握并理智运用的 MBA 一定会令人印象深刻。股票市场的历史比多数商业人士猜测的更有趣、更长远。很多人会认为股票是现代社会才有的，他们可能会认为上世纪初期是股票市场的起点。然而，如果你也那么想，那就大错特错了。

对股票交易的需求起源于早期农产品和大宗商品的交易活动。中世纪时，商人们发现使用那种利用汇票和票据等支撑文件的信用方式会使交易更容易。最早的证券交易所——法国证券交易所始创于 12 世纪，当时的交易都以用商业汇票的方式完成的。为了管控处于萌芽期的市场，"公正王"腓力四世（Phillip the Fair，1268—1314）创造了交易传递者（couratier de change）这一职业，即法国股票经纪人的前身。大约同一时期，布鲁日（Bruges）的商人们聚集在范·德·布尔斯（Van Der Buerse）家族的房前进行交易。很快，这个家族的名字就成了交易的代名词，从 Buerse 演变来的 bourse 也开始被用来指证券交易场所。与此同时，证券交易所在欧洲其他主要交易中心也日益成熟，如荷兰阿姆斯特丹交易所（Amsterdam Bourse）和法兰克福德意志证券交易所（也就是以前的 Börse）。

1698 年，一个名叫约翰·卡斯坦（John Castaing）的人在伦敦城交易巷（Exchange Alley）的乔纳森咖啡屋（Jonathan's Coffeehouse）开始印刷股票和商品价格清单，并称之为"交易过程和其他事宜"，股票交易生意由此真正开始。1761 年，150 名股票经纪人和经销商在乔纳森咖啡屋组建了一支俱乐部，专门从事股票买卖。1773 年，这些经纪人在 Sweeting's Alley 建造了自己的房子：一层是交易室，二层是咖啡室。人们最初简称这座房子为"新乔纳森"（New Jonathan's），后来又换成了"证券交易所"。

直到 1791 年，美国才有了第一家交易所——当时是费城的商人们组织了这家证券交易所。第二年，21 名纽约商人一致同意在华尔街的一棵梧桐树下进行彼此间的交易。1794年，交易市场移到了室内。印度早期的证券交易所——孟买证券交易所（Bombay Stock Exchange），时间可以追溯到125年前。一开始，它是一个志愿的非营利协会。19世纪70年代，证券系统被引入日本，公共债券谈判随之开始出现。而这又产生了市场对公开交易机制的需求，之后日本在1878年5月制定了《证券交易条例》（Stock Exchange Ordinance）。在该条例的基础上，日本政府于1878年5月15日成立了东京证券交易有限公司（Tokyo Stock Exchange Co. Ltd），并从当年6月1日开始交易。

这些早期的证券交易所都是绅士俱乐部，只有少量的交易场所规定。交易通常从上午10:30才开始，到下午3:30就结束了。交易双方不需要提交记录；交易所没有规定如何去限制那些无法兑现承诺的交易者，也无法阻止人为操控价格。

投资者想要什么

确定企业法律结构——不同形式的合伙和有限公司（见第五章）——可以让企业能更容易、更安全地融资。但是投资者到底想要什么回报？毫不意外，他们也在使用第三章中推荐的可以用来评估商业机会的那些元素。投资者希望你的产品或服务能解决大问题，希望看到你的解决方案是可扩展的，也想看到防止其他人快速进入市场的明显障碍，此外他们还想要一些其他东西。

客户接受度证明

支持你的人无疑希望看到你的新产品或服务卖得很好，正在被客户使用，即便是试用或用于演示。Solicitec是一家专门向律师出售软件的公司，其软件能帮助律师们处理遗嘱等相对标准的文件。当该公司的房屋产权转让软件套装完成试用并被行业领先的建筑学会批准给其律师团使用后，Solicitec 的创始人轻松地获得了资金支持。如果你的产品现在仅处于原型阶段，然后还要评估成功运用一项技术的可能性，那么，为你融资的人难以立即判断出你的产品能否受市场欢迎。这种情况下，你不仅需要展示你们的创新能解决实质性"问题"，还要证明：在不远的未来，很多人迫切需要你们的产品并愿意为之付款。

确实有市场

一名来自英国皇家艺术学院（Royal College of Art）的艺术家想到了一个革命性的马桶系统设计方案，除了很轻薄之外，每次冲水可以节水 30%，比传统产品的活动部件少一半，价格却没有增加。尽管他只画出了草图，但基于英国家庭供水量有限的明显可能性以及英国每年会有 50 万件新产品的市场容量，我们基本可以肯定它会很受欢迎。除了客户接受之外，企业家们需要证明他们知道该如何出售自己的产品，向谁出售，而且有经济可行的手段。

图 7-1 展示的是不同融资渠道的出资喜好。风险投资、天使投资人及其他任何出资人都喜欢虽有高风险，却可能带来高回报的提案；银行和其他出资人却与之相反，他们喜欢稳健的低风险且至少能够保障其资本安全的提案。

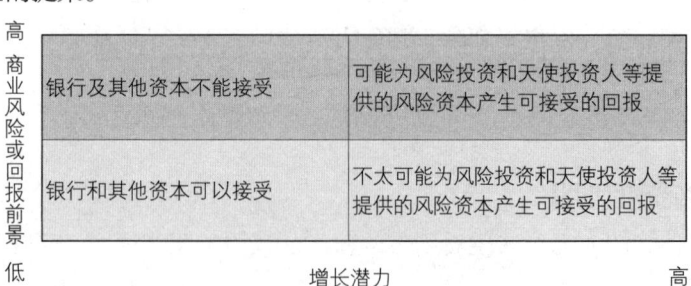

高 商业风险或回报前景 低	银行及其他资本不能接受	可能为风险投资和天使投资人等提供的风险资本产生可接受的回报
	银行和其他资本可以接受	不太可能为风险投资和天使投资人等提供的风险资本产生可接受的回报
	增长潜力	高

图 7-1　出资喜好

个人品质

最后,所有的投资资本都是投资给人的。所以,在投资者判断是否接受你的提案时,你本人、你的职业发展、你的知识、能力和经验都是至关重要的。例如,水石连锁书店的创始人蒂姆·沃特斯通(Tim Waterstone)就有一手的经营连锁书店的经验。

团队成员

投资人很少愿意支持只有一个人的团队。他们想要团队工作带来的安全感,即便这个团队只有两个人。他们也知道很少有人具备顺利拿到大额资本的全部能力。汤姆兄弟超市(见下文的案例研究)就是团队超越企业家个人能力的例子。投资人也知道如果企业要升值,那么团队合作是很重要的,而且越早让他们看到公司的这种品质越好。

> **案例研究**
>
> ### 汤姆兄弟
>
> 2015年2月,汤姆兄弟(TomTom)的首席执行官哈罗德·戈迪恩(Harold Goddijn)称公司正顺利使用基于交易的平台代替它们的地图制作系统,该平台在2015年下半年可以提供接近实时的地图。2014年,汤姆兄弟自称其产品占据欧洲便携式导航设备市场的52%,公司估计该市场一年约需要700万单位的产品。公司年收入接近10亿英镑。自1991年成立以来,汤姆兄弟公司就走上了彻底改变人们的驾驶方式的道路并取得了显著的成就。
>
> 二十多年前,哈罗德·戈迪恩和科琳娜·维格勒(Corinne Vigreux)结为夫妻,他们共同研制了决定行业未来走向的卫星导航设备。维格勒在巴黎的一所商学院学习后,在法国一家游戏公司开始了

自己的职业生涯。随后她去了英国的 Psion 公司，该公司当时因为其掌上电脑（PDA）而成为富时 100（FTSE 100）的技术公司。戈迪恩在阿姆斯特丹大学（Amsterdam University）学习经济学，后来他在为一家风险投资公司工作时无意中发现了 Psion 的掌上电脑和管理器，并对其印象深刻。他找到 Psion 公司，提议合作成立分销公司以便在荷兰出售其产品。维格勒被派往荷兰和戈迪恩洽谈，这是两人的第一次相遇。后来他们于 1991 年结婚，维格勒从 Psion 辞职移居阿姆斯特丹。

维格勒起初在荷兰一家乳品公司工作，时间虽然不长，但她对这份毫无技术含量的工作感到很痛苦。因此，她与软件奇才彼得－弗朗斯·波维尔斯（Peter-Frans Pauwels）和皮特·吉莱恩（Pieter Geelen）共同创建了 Palmtop 软件公司（掌上电脑软件公司），也就是后来的汤姆兄弟。该公司专门设计能够加载到掌中宝和掌上电脑的软件，如词典、会计程序包和膳食手册。1998 年底，戈迪恩和维格勒见到了用于电脑的导航系统，他们的商业构思逐步成型。4 个人用 3 年时间和 400 万欧元创建了汤姆兄弟，产品推出价为 799 欧元——比现存产品的价格便宜很多了，而且它的优越性在于有触摸屏，这在当时是行业首创。

产品推出后第二年公司上市了，他们卖出了 50% 的股份用于公司发展和业务并购。2008 年他们经历了动荡——信贷紧缩、市场饱和、债务高企、谷歌开始提供免费地图，他们这一年面临的问题比很多人一生碰到的问题都多。汤姆兄弟公司不得不进行重组，减少了债务，现在公司一半的收入来自销售地图许可证、为汽车行业打造内置系统以及远程信息处理。汤姆兄弟远程信息处理公司（TomTom Telematics）现已成为公认的业界领先的远程信息处理解决方案供应商，全球每年有 35 万份订购。2013 年，汤姆兄弟发布了自己的GPS（全球定位系统）运动手表。使用这款手表，跑步者、骑车者和游泳者可以一眼看到自己的身体机能信息，从而帮助他们逐步实现自己的健身目标。公司现拥有3 600名员工，已经成为全球认可的品牌。

混合融资

实际业务中有很多跨越债券和股票边界的融资方法。这些方法试图减轻因为债务融资渠道常常要求的高回报而承担的较高风险，但它们也会限制可能单纯通过股票带来的发展势头，毕竟股权融资从一开始就保持了价值增长。

可转换优先股和优先股的操作是一样的，其持有者在发行企业经营失利时比普通股持有者优先享受股利分配和资金回报。他们也有权在未来特定日期把股票转换成普通股，这样就能享受所有的股票升值。

夹层融资具备一种或多种这样的特征：如遇经营失利，夹层融资就只能仅仅优先于股东权益，却要排在其他所有债务形式的后面；比其他债务的利率高，而且通常高很多；最多可以持有10年；可以转化成普通股。风险资本经常用它来进行管理层收购。

免费资金——赠予

对于MBA来说，没有什么能比给企业带来零成本资金提供的帮助更大了。这绝非易事，会比你认为的"免费"耗时更长、耗力更多。但它是可以实现的，而且对于企业和为这些资金提供担保的MBA来说，其回报是极其巨大的。

无论是国家层面还是地方层面的政府机构，甚至是诸如欧盟这样的政府间主体都会提供资金赠予，意图用免费或几乎免费的资本来换取资金需求者的特定行为。它们可能是为了鼓励在某个领域的研究，刺激创新或就业，或者劝说公司在某一区域投资落户。赠予会不断被引入商业活动中或被撤回，但关于这方面没有自动通知的系统，因此你必须对此保持警觉。

GRANTfinder（www.grantfinder.co.uk）是英国的一个数据库，它包括了超过 8 000 个资助机会的详细信息。它还提供了关于如何申请赠予的在线课程，售价为 55 英镑（80 美元或 75 欧元）（详见 www.grantfinder.co.uk/index.php?t=1&p=onlinetraining）。

欧盟委员会也有详细介绍有关贷款和资金赠予等方面信息的网站（ww.eubusiness.com/funding）。

▶ 课程和讲座在线视频

1. 大公司的资本结构：来访者和教师在哥伦比亚大学商学院的讨论（www7.gsb.columbia.edu/video/v/node/1363?page=1）。

2. 公司金融概要：西班牙 IESE 商学院教授哈维尔·埃斯特拉达（Javier Estrada）每年提供这门课程，共包括 6 次课，不需要提前学习或准备，每次有 46~60 分钟的视频讲座以及一到两个推荐阅读（www.coursera.org/course/corpfinance）。

3. 掌握风投游戏：哈佛商学院创业学高级讲师、飞桥资本合伙公司（Flybridge Capital Partners）一般合伙人杰夫·巴斯冈（Jeff Bussgang）告诉你如何获得首轮融资（www.youtube.com/watch?v=aNfB4sBBwEc）。

▶ 案例研究在线视频

1. Fundit.ie 众筹案例研究（www.youtube.com/watch?v=phX1q9CHmkY&

feature=iv&src-vid=CejPet3MiMs&annotation_id=annotation_165899）。

2. 数据管理公司 Endeca（现在属于甲骨文）的联合创始人史蒂夫·帕帕（Steve Papa）和皮特·贝尔（Pete Bell）模拟了公司的创立和早期发展历程，回顾了关键条款和法律尽职调查，哈佛智能实验室策略（www.youtube.com/ watch?v=0QTProGpc1o）。

3. 企业移动应用平台供应商 Apperian 的融资策略：Apperian 首席营销官马克·洛伦（Mark Lorion）在哈佛智能实验室谈 Apperian 的融资策略（www.youtube.com/watch?v=5CtUNS5kERw）。

4. Meraki：联合创始人和 CEO 桑吉特·比斯瓦斯讲述公司历史，从在麻省理工学院的萌芽到与 2012 年 2 月被思科并购之前（www.youtube.com/watch?v=-btH98nZVE8）。

5. 播种——4 个案例研究：播种行动小组（Sowing SEEDS Action Group）为该项研究成功获得 160 万英镑的资金（www.youtube.com/watch?v=FVoqDJ7XJPI）。

第三部分

金融战略和特殊主题

MBA应当掌握一些远远超出了财务报表和融资渠道之类的更深入的金融管理知识。接近董事会办公室能让MBA有近水楼台的优势去学习并购与合资等。实际上，他们应参与业务规划和战略制定的方方面面，因为在这其中可能会出现职业提升的机会。

关于税务和外汇交易，MBA能直接经手的业务很少，因为这两大事项都有国库的庇佑。然而，他们必须就这些领域对经营风险和业绩的影响有基本了解。如果管理不当，税负可能会消耗掉公司辛苦获得的利润的1/5，汇率的无常变化也可能会进一步侵蚀公司的利润。

MBA除了需要知道公司可以从哪融资，还需要对各种渠道的风险有很好的了解，尤其是了解如何更好地平衡各融资渠道来降低风险。

这些就是本书第三部分的主题。

第八章　风险管理

- 设定可以接受的杠杆水平
- 应对违约客户
- 诉诸法律
- 管理外汇风险
- 保护投资者
- 寻找金融事实

MBA需要知道的一个很有用的事实，是关于多数商业冒险的失败谣言只是毫无根据的错误信息的不断重复。新泽西理工学院教授布鲁斯·A.基尔霍夫（Bruce A. Kirchoff）针对1978年在美国成立的全部814 000家企业的8年后走向做了详细研究。研究结果发现，只有18%的企业最终经营失败，也就是说这些企业家被其资助者、需求匮乏或竞争压力压垮了。确实，有大约28%的企业自愿关门。创始人做出这种决定的原因有所不同：要么他们想为自己工作，要么是因为这种业务类型不适合他们。

但在基尔霍夫这个数量庞大且有代表性的研究中，大多数企业都存活了下来，很多甚至还发展得很好。一个名为欧洲展望台（European Observatory）的组织也进行了一项研究，只不过时间比基尔霍夫的研究晚几年，企业样本数量也少了一些，不过，在企业存活率方面，该项研究也得出了基本相同的结论。然而，这项研究还有另外一个重要的发现。公司经营头几年的失败率比后面几年要高，在经营5年之后，公司失败曲线就保持水平了（见图8-1，来自上述研究的数据）。有意思的是，在欧洲展望台的研究中，被认为最弱的国家（克罗地亚、塞浦路斯、捷克共和国、匈牙利、爱尔兰、葡萄牙、罗马尼亚、斯洛文尼亚和西班牙）的业绩模型和较强的国家大致相同，尽管它们的业绩完全不同。然而，企业面临着真实而持续的风险和危险。经理们可以而且也应该了解这些风险，并采取措施消除潜在的危害。

图 8-1　关于失败的风险的一些真相

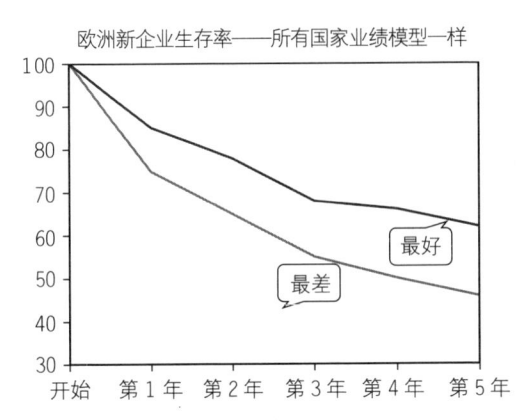

资料来源：包括布拉德利大学小企业发展中心（2015年2月），欧盟委员会《欧洲中小企业年度报告 2013—2014》，以及《企业家精神和动态资本主义》（基尔霍夫，1993）。

杠　杆

尽管不同资金有各种深奥的名字（如信用债券、可转换债券或优先股等），但是从本质上讲，企业能利用的资金只有两类。

第一类是股权，即所有者资本，包括留存收益，这部分钱对企业无风险。如果经营活动没有产生利润，那么企业所有者和其他股东只是不能分股利而已。他们可能不高兴，但通常不能控告，即便能控告，那么首先应控告的也是推荐他们购买股票的顾问。

第二类是债务资本，即企业从外部渠道借来的钱。它会给企业带来财务风险，并且对出资人也有风险。出资人希望企业无论业绩如何，每年都能向他们支付利息——以此作为回报。"高杠杆"是在企业外部资金对内部资金的比例过高时使用的词汇。对于想通过股东资本获得高回报的企业，高杠杆具有很强的吸引力；但对于经济体和消费者来说，高杠杆给企业带来的最常见的金融风险——考虑到变幻莫测的经济周期——是公司的借贷资金超过了公司能安全偿还的数额。

杠杆工作原理

表8-1的例子是假定某企业需要60 000英镑的资本来获得10 000英镑的营业利润，考虑了4种不同的资本结构——从一个极端的全部都是股份资本（即没有杠杆）到另一个极端的几乎全是贷款资本。贷款资本需要"偿还"，也就是要支付12%的利息。贷款本身相对是没有期限的，因为当一笔贷款到期后，你可以依照市场利率用另一笔贷款取代它。

表8-1 杠杆对股东收益的影响 （单位：英镑）

科　目	没有杠杆 N/A	平均杠杆 1:1	高杠杆 2:1	非常高的杠杆 3:1
资本结构				
股份资本	60 000	30 000	20 000	15 000
贷款资本（利率12%）	—	30 000	40 000	45 000
总资本	60 000	60 000	60 000	60 000
利润				
营业利润	10 000	10 000	10 000	10 000
减去贷款利息	0	3 600	4 800	5 400
净利润	10 000	6 400	5 200	4 600
股本回报	10 000	6 400	5 200	4 400
除以	60 000	30 000	15 000	15 000
回报率	16.6%	21.3%	26%	30.7%
利息保障倍数	N/A	10 000 / 3 600	10 000 / 4 800	10 000 / 5 400
	N/A	2.8倍	2.1倍	1.8倍

看完整个表格你就会发现由于杠杆的变化，股东资本的回报率（用

利润除以股东的投资再乘以 100%）从 16.6% 增加到了 30.7%。如果贷款利率更低，那么股东资本回报率会因为高杠杆而变得更高。利率越高，股东资本的回报率相对就越低。因此，在利率较低的时候，企业倾向于增加借款而不是筹集更多的股本。

　　第一眼看上去这就像是一个永恒的利润增长机器。当然，股东以及那些依靠股东收益获得奖金的公司管理者更喜欢其他人"借"钱给他们，而不是向股东要钱，尤其是如果这么做能增加返程投资的时候。如果公司不能产生如表 8–1 所示的 10 000 英镑的利润，那么公司就有问题了。销售额减少 20% 通常就意味着利润减半。在这个例子中，如果利润减半，公司就无法支付贷款利息。那样就会导致公司资不抵债，进而不能处于"良好的财务状况"；换句话说，企业经营的两大基本目标之一已经无法实现了。

什么是可接受的杠杆水平

　　银行通常认为 1:1 的杠杆应是企业最大杠杆水平，尽管实际可能会更高。除了看杠杆，出资者也会研究企业支付利息的能力，为此会使用另一个比率——利息保障倍数。计算方法是用营业利润除以贷款利息，结果就表明公司在现有经营状态下可以支付几倍的贷款利息，从而让出资者看到安全边际。表 8–1 最后给出的就是这个比率。业界对此并没有硬性规定，但通常低于 3 倍的利息保障倍数就不太可能让出资者有太大的信心（第三章全面讲解了各种比率的使用。）

　　杠杆水平的决定因素是跟企业风险水平相关的（见图 8–2）。企业有些风险项目本身就比其他风险项目的风险高。出售几乎不需要创新的主食产品的店铺通常不容易遇到财务困难。与之相比，互联网初创企业更容易出现财务困难，因为其技术存续期较短、尚未得到验证且市场本身具有不确定性。

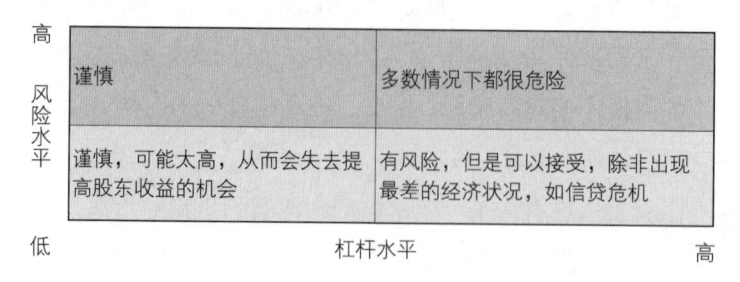

高风险水平	谨慎	多数情况下都很危险
低	谨慎，可能太高，从而会失去提高股东收益的机会	有风险，但是可以接受，除非出现最差的经济状况，如信贷危机

　　　　　　　　　　　杠杆水平　　　　　　　高

图 8-2　风险和杠杆

资产负债表表外活动

　　高杠杆会惹怒投资者，因为他们会认为自己的股息收入受到了威胁；高杠杆也会惹怒出资者，因为他们会担心企业无法偿还贷款。因此，毫无意外地，金融奇才们一直都在寻找一些掩饰的办法——不把负债体现在资产负债表中或至少能传达出对他们有利的信息。所有经营活动的关键日期都是会计年度期末。例如，如果年度截止日是 3 月 31 日，在 3 月 30 日把所有不利情况从报表中抹掉后，4 月 1 日开始企业外部的人就看不出这个问题了。只要审计师在账上签字了，即便他们后来又发现了，那也无济于事。

　　这是如何运作的？假设某一公司花 1 亿英镑买了一间办公室，其中 8 000 万英镑是商业抵押得到的。那么这 8 000 万英镑就是公司借款，这样就会抬高公司杠杆。如果 3 月 31 日是年度截止日，公司可以在 3 月 30 日把办公室以至少 1 亿英镑的价格"卖"给第三方，那么资产（办公室）和负债（8 000 万英镑抵押贷款）都不会体现在年终的资产负债表上。其净效应就是人为降低了公司杠杆，这样做会让投资者放心，也会让出资者更愿意出借更多的资金。4 月 1 日开始，资产和负债又再次出现，只不过它们在第二年又会被抹掉。现实中，公司从头到尾都要承担负债（和资产）。或许除了董事会、首席财务官和审计人员，没有其他人会知道这里边的事。

这个手段被称为交易中的回购105（Repo 105），雷曼兄弟公司使用了这一手段并被其审计方安永会计师事务所批准。在雷曼垂死挣扎时通过这一手段造成的"隐形"数字超过了500亿美元，足以将即便是杠杆最高的资产负债表粉饰得非常漂亮。尽管回购105以及类似手段符合国际会计标准，但它们产生的效果却是误导性的。安永会计师事务所从雷曼兄弟那收取3 100万美元的年费。如果常规的选择失败了，那么安永也还有其他的财务手段，那些手段也得花费这么多。

客户违约

完整的销售过程，正如某一位特别谨慎的销售主管所说的："客户付款，使用你的产品并没有因此而死。"尽管理论上有法规确保大公司应及时向小企业付款，但没有证据证明它们确实这么做了。表8–3显示的是过去几年的企业征信情况。很明显，很大比例的客户超出了付款条件。

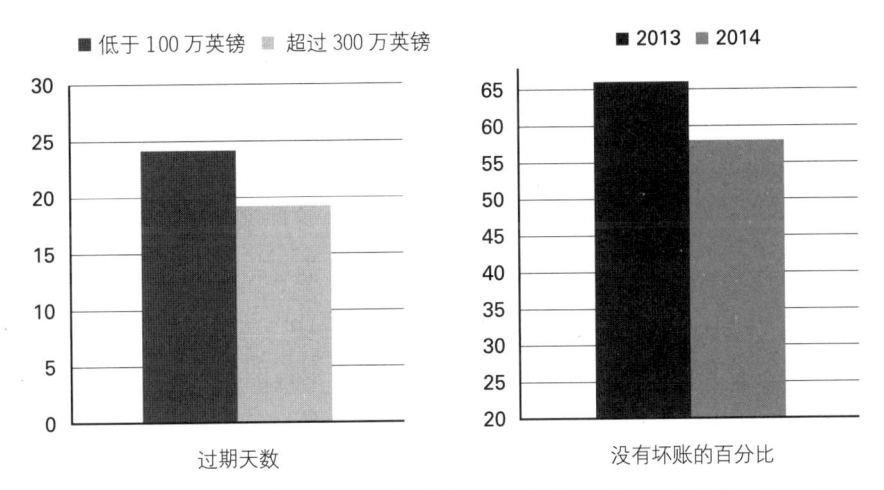

资料来源：希尔顿—贝尔德逾期付款调查，2014年1月（http://www.hiltonbaird.co.uk/cs/Downloads/pdf/Late_Payment_Survey_January–2004_Report.pdf）。

图8–3 信贷需求管理

你的企业规模越小，越晚拿到钱的可能性就越大。该表还显示出很多公司每年都会有一定比例的坏账，尽管情况已经有所改善。但毋庸置疑的是，这种改善是整体信贷收紧的连锁反应。

企业出现现金流问题或出现最坏的经营失败的三大原因之一是客户没有全额付款或及时付款。你可以采取措施来确保这种情况不会发生在你的企业里，比如设定严谨的贸易条款并在向客户出售产品前确认客户信誉良好。

设定你的交易条款

你需要确定销售的条款和条件并确保将其打印在订单认可资料上。交易条款内容应包含何时付款、如何付款及你接受订单取消或退款的条件。

检查信誉度

个人和各种类型的企业在信用状况方面都有大量可查询的信息，因此你没必要不明就里地与有信用风险的个人或企业进行交易。编制和出售企业信用记录的主要机构包括益百利集团（Experian, www.experian.co.uk/business-check/business-check-overview.html）和邓白氏公司（www.dnb.co.uk/solutions/risk-management-solutions）。这两家公司提供的服务包括全球企业及超过2.5亿个组织的风险和财务信息，其中也有即时在线的全面信用报告，具体包括对信贷限额和地方法院判决的建议。图8-4是一份长达16页的信用报告的一部分，这份报告的最后是一个特定分数，它的作用是给用户提供一些建议——获得还款的可能性及应该向公司提供多少贷款。

风险分数

当前: 59
之前: 27 截至（2008年6月28日）

历史趋势

分数区间	
0~35	谨慎，潜在风险高
36~50	谨慎，中等风险，慎重曝光
51~60	正常，潜在风险有限，正常条款
61~100	有信心，潜在风险低

信贷限额（英镑）

当前: 430 000
之前: 100 000 截至（2008年6月28日）

合同限额（英镑）: 6 000 000

56 截至（2008年6月28日）
54 截至（2008年6月28日）
42 截至（2008年6月28日）
43 截至（2008年6月28日）

截至2008年6月28日，销售额从49 359 000英镑显著增加至68 142 000英镑，总资产从23 342 000英镑增加至30 246 000英镑。
最新账目显示税前利润从3 175 000英镑增长至3 874 000英镑。
股东资金从1 247 000英镑增加至5 584 000英镑，高于行业平均值的3.3%。
每单位销售额的利润率为5.69%。
公司参与的商业投资的破产量比所有商业活动的平均水平都高。
公司已成立超过13年。
地方法院判决总结：完全不满意数量：0
很可能不满意的数量：0
可能不满意的数量：0

图8-4 信用报告一部分

获得信用保险

如果你的公司能找到代理收账公司或发票贴现公司来代替你本人与客户打交道，那么很多违约风险就由它们承担了。由于你会向它们支付一定的费用，所以它们甚至要承担收回欠款和追缴延期款的责任。最近，利兹大学商学院信用管理研究中心刚做了一项针对欧洲10个经济体的2 000家企业的独立研究。研究显示，没有信用保险的公司的平均坏账率是0.74%，而有信用保险的公司的坏账率仅为0.38%。尽管这个比例相差不是很大，但考虑到多数公司的利润率都不到10%，因为缺少保险而损失的0.36%（0.74%~0.38%）就是很大一部分——约是未来额外收入的3.6%。

信用保险机构的业务机会主要依赖于它们能掌握更多的信息——大的信用保险机构会跟踪记录全球超过4 000万家公司的业绩。此外，它们的信用决策不仅仅是基于短期风险——依据18个月内的利润表和资产负债表得出——及一个粗略的信用评分。这些机构会在全球主要城市设立地区风险办公室，负责直接和买家接触（它们客户的客户）并获取对方财务状况的最新信息。关于这个话题的更多内容，参见第六章贴现和保理部分。

自己做尽职调查

实际业务中可能出现这样的情况：即便是最有信誉的客户也可能拿不到信用保险。2008—2010年的次贷危机就是近来出现的一个很好的警示，1973—1974年的石油危机也很严重。所以公司时常需要自己判断是否应该冒险向客户供货。首先你要查看它们的账目。非常重要的衡量方法是关注那些会影响流动性（公司进行短期偿贷的能力）和偿付能力（跟所有者投资相比较的当前借款水平）的科目。

下面，你可以利用第三章的知识和公司账目信息（见表8-2和表8-3）来决定是否允许EAT公司赊账。

表8-2 EAT公司利润表 （单位：英镑）

科 目	2008年6月29日至 2009年6月27日	2007年7月1日至 2008年6月28日
营业额	75 544 025	68 141 924
销售成本	29 418 496	26 698 725
毛利润	46 125 529	41 443 199
分销及行政开销成本	43 425 803	37 682 701
营业利润	2 699 726	3 760 498
应收利息	36 968	113 209
税前日常活动利润	2 736 694	3 873 707
日常活动利润应税	（625 886）	463 273
该财政周期利润	2 110 808	4 336 980

表8-3 EAT公司资产负债表 （单位：英镑）

科 目	2009年6月27日	2008年6月28日
固定资产		
有形资产	19 430 664	19 243 215
流动资产		
股票	649 140	644 978
应收账款	5 149 512	4 932 339
银行和公司自持的现金	6 227 386	5 425 881
应付账款：一年内到期的金额	12 026 038 11 284 968	11 003 198 12 147 727
净流动资产或（债务）	741 070	(1 144 529)
总资产减去流动负债	20 171 734	18 098 686
应付账款：一年后到期	12 476 344 7 695 390	12 514 104 5 584 582
资本及准备金		
已催缴股本	4 400 368	4 400 368
股份溢价账	1 438 315	1 438 315
利润表	1 856 707	(254 101)
	7 695 390	5 584 582

第一个让人稍有担心的发现，是尽管公司营业额从 68 141 924 英镑增长到了 75 544 025 英镑，利润却从 4 336 980 英镑下降到了 2 110 808 英镑。但是，考虑到第二次世界大战后英国一直处在严重的经济衰退所带来的极为困难的交易环境中，这也不是很奇怪。

然而，还有三条积极的信息。第一，相比 2008 年的 5 425 881 英镑，2009 年公司的现金更多（6 227 385 英镑）。第二，公司能更快向债权人（如果我们愿意供货，也包括我们）付款，2009 年是 54.52 天（11 284 968/75 544 025 × 355），2008 年是 65.07 天（12 147 727/68 141 924 × 365）。第三，尽管杠杆很高——1.62:1（12 476 344/7 695 390），但比前一年的 2.24:1（12 514 104/5 584 582）还是低了很多。EAT 公司案例研究实际上是公司自己对财务状况的分析。

> 案例研究

EAT——内部信用风险评估研究

EAT 是由一位苏格兰保守党议员的儿子尼尔·麦克阿瑟（Niall MacArthur，时年 49 岁）和他来自加拿大的妻子费丝（Faith，时年 47 岁）共同创建的。他曾就读于城市大学商学院（City University Business School），并获得 MBA 学位。之后在信孚银行（Bankers Trust）的投资银行部工作了 13 年。1996 年，EAT 餐饮公司在伦敦查令十字车站（Charing Cross station）旁开业。如今，它已经开设 80 多家分公司，约 20 家在伦敦以外。

EAT 的战略是建立在麦克阿瑟将伦敦工人"午饭时间"缩短至不足之前一半的一手经验的基础上，他意识到离开办公室的午休是非常重要的："工作应当是开放、有趣、迷人且值得付出的。"他们对自己相比三明治连锁品牌 Prêt a Manger（每天现场做新鲜三明治）所具有的竞争优势感到十分骄傲：EAT 的全部食物——三明治、寿司、沙拉和汤都是在其位于温布利（Wembley）的 15 000 平方英尺（1 394 平方米）的厨房内制作完成的。这就意味着餐厅工作人员可以更快地把食物送到客人手中。

董事会有常务董事、创始人兼大股东尼尔·麦克阿瑟，他拥有公司 35% 的所有权，主要负责店面收购和资金链管理。他的妻子费丝是公司的品牌经理并负责 EAT 的店铺和菜单设计。董事会成员还有零售经理科林·休斯（Colin Hughes），他曾任 Prêt a Manger 和玛莎百货的零售经理；财务经理弗雷泽·霍尔（Fraser Hall），他曾在医药连锁店麦卡锡（McCarthy）和连锁酒店 Pizzaland 工作；还有非执行董事史蒂芬·林恩（Stephen Lynn），他是在 6 年前 3i 集团为 EAT 公司提供融资时加入的。2005 年 8 月，3i 集团在 EAT 再次融资时把股份卖给了私募股权公司 Penta Capital。

2008 年 6 月，受竞争对手 Prêt a Manger 以 3.45 亿英镑（5.52 亿美元或 4.07 亿欧元）的价格成功卖给桥点资本（Bridgepoint）的启发，麦克阿瑟宣布计划出售 EAT。为了加速出售，公司和股东指派普华永道（PWC）的顾问对公司进行了战略评估。当时还没有通过任何的出售方案，这件事看上去好像停滞了一样，也许要等经济环境有了明显改善才会向前推进。

对其过去 5 年账目的审计都显示公司是"干净的"，销售额以每年 21.5% 的复利率在增长，当前销售额约为 7 000 万英镑（1.12 亿美元或 8 260 万欧元）。公司过去一年的税收利润是 430 万英镑（690 万美元或 510 万欧元），前一年是 330 万英镑（530 万美元或 390 万欧元）。

EAT 的毛利率为 60%，没有债务——长期短期的都没有，净值约为 600 万英镑（960 万美元或 700 万欧元），银行现金约 540 万英镑（860 万美元或 640 万欧元）。尽管其流动资产和流动债务——良好流动性的关键测试指标——是不匹配的，但公司状况在迅速改善。过去 5 年，流动比率每年都有所提升——从 0.29 提高到了 0.82（高于 1 是最佳比率）。通常来说，向零售客户销售食品并提供 40 天现金结账期的企业有较高的流动性，但 EAT 把所有的现金都用于促进企业继续发展了。

从信用评级来看，公司状况一直在改善。2007 年公司被评为中度风险，之后变成正常风险。当前 59 分的评分比最低风险级别 61 分只差 2 分。公司总资产超过 3 000 万英镑（4 800 万美元或 3 500 万欧元），2006 年是 2 300 万英镑（3 700 万美元或 2 700 万欧元），其利润率远高于行业平均水平（EAT 的净利润率为 5.69%，行业平均水平为 3.3%）。

那为什么 EAT 还拿不到信用保险呢？看上去主要问题在于该领域的平均破产率比其他领域高，因此保险机构不愿涉险。EAT 一直在使用供应商的信用额度来促进公司的快速增长，实际上它们在使用这笔钱而不是提供更多股本或对外借款。这意味着供应商成了它们的银行和投资人，却没有得到一般银行期望的安全保障，也没有得到公司成功带给股东的好处。这反而会让信用保险机构比较谨慎，因为它们也在承担超出他们意愿的风险。

是否应向没有信用保险的 EAT 供货

问题在于 EAT 是否有能力在当前的经济环境下生存并繁荣发展。EAT 的优势在于其菜品价格相对较低，也就是说其产品是客户负担得起的——尽管在 EAT 门店附近就业的人较少且很多人自己带午饭。此外，公司利润很高。董事会很强大，其成员既有专业经验又有过往的外部融资经历，还有能力在需要时得到借款。如果 EAT 是仅有的少数能够在没有信用保险的情况下接受供货的客户，那么其上游客户在指标衡量的基础上认为值得冒这个险，EAT 就完全可以继续拥有稳定的货源。

> 附
>
> EAT 持续在繁荣发展，现有 110 家店，最新的一家于 2015 年 3 月开在伦敦的高霍尔本（High Holborn）大厦。

追踪长期债务人

管理的一个重要职责就是要跟踪了解那些因产品或服务而负债的人是否遵守其义务。表 8-4 表明 14% 的债务人未按期付款。除了了解整体情况，通过一个个账目了解个别情况能让管理层用恰当的精力去追债。并非所有的逾期付款者都是故意拖欠，有些情况下也要归咎于公司收付款系统的不灵活。例如，有的公司一个月才进行一次支票管理，如果刚好在管理日期后收到发票，要到 8 周后才能付款，那么要求 30 天内付款的债权人按照公司制度就会把这种情况记作违约。因此，我们应该对这个系统进行监督。

表 8-4 债权人发票的账龄分析

自发票日期起的持续时间	占债务人总数（%）	累计总数（%）	账户数量
0~14 天	28	28	264
15~28 天	25	53	205
29~42 天	19	72	147
43~56 天（到期日）	14	86	82（到期日）
57~70 天	7	93	38
71~84 天	4	97	16
85~98 天	2	99	20
超过 99 天	1	100	7

让债权人陷入财务困境的一些警示信号包括：

- 支票跳票；
- 分批付款；
- 推迟付款；
- 称付款在邮政系统丢失；
- 称需要签字的人或批准付款的人不在。

处理拖欠

通常由财务部门负责处理延期付款或未付款的账目问题。无论你的交易条款多严谨或信用检查多严格，你都会碰到逾期付款的——甚至最坏的情况还有拒不付款的。尽管处理此类问题的方法有很多，但经验显示，一旦出现问题，往往问题就会很严重。有一句投资谚语："最初的亏损是代价最低的亏损"，说的就是这个道理。

追 债

约束逾期付款者性价比最高且最成功的方法，就是让他们明白你知道他们逾期了。90%的小企业不会依常规发催缴单告知客户他们已经超过付款日期了。你要在到期日的后一天礼貌地提醒客户，提醒负责付款的人，如果对方是大机构，一般都是财务部的某个人。之后5天内再追加一个电话，一直要给他们施加压力直到他们付款为止。

如果你很礼貌且专业，不断向客户提醒双方的交易条款，那你们之间的关系就不会受到损坏。实际上，接收你的提醒信息的人可能不是你所追债务的直接负责人。

诉诸法律

除了聘请律师打官司外，还有一些利用法庭来追回欠款的方法，它们在成本上也很划算，比如借助小额索赔法庭或仲裁。

- 小额索赔法庭。这种方法适用于欠款数量相对较小且不值得雇用律师打官司追债的情况。但要注意，即便你在小额索赔法庭上胜诉了，但在执行判决，特别是让债务人付款时可能仍然有问题。很多国家都有小额索赔法律流程。在美国（www.usa.gov/topics/consumer/ complaint/legal/small-claims-court.shtml）、英国（www.gov.uk/ make-court-claim-for-money/overview）和欧洲（https:// e-justice.europa.eu/content_order_for_payment_procedures-41-en.do），你都可以发现很多资源能帮你追回数额相对较小的欠款。

- 仲裁。在仲裁过程中，一名独立人员会听取双方的辩论，然后做出常识性的决定。它相对而言更省钱、也更快速，是解决争端威胁性较小的方法。你要服从仲裁的结果。另外，仲裁跟其他"判决"一样，输的一方支付费用。但至少要确保"对方欠你的钱"这一点上没有争议。特许仲裁学会（the Chartered Institute of Arbitrators，www.ciarb.org）通过137个分支机构（www.ciarb.org/branches）向全球127个国家的超过13 000名非诉讼争议从业者提供支持。

在诉诸法律之前

在努力追债之前应当做好最后的预防措施，要确保你有合法权利拿到付款。最丢脸的就是债权人在长时间耗费巨大的精力试图强制对方付款之后，却发现客户藏着一张"豁免牌"。

购买产品的客户有权利得到"符合目的"的货物，这样才能满足他们的心愿，做自己想做的事。如果客户事先告知你他们有特殊需求，这样你交付的产品才能符合其用途。你的货物也需要"在品质上令人满意"，也就是说不能有影响性能或客户使用的缺陷。而对于服务供应商，你在操作中需要使用合理的技巧，给予适当的关注并在合理的时间内提供给客户。"合理"或"适当"这个词不是确定不变的，要根据服务的具体类型而定。例如，修鞋的合理期限可能要一周，而3个月就不合理了。

如果货物或服务不能满足上述条件，客户可以要求退款。如果客户超出了规定时间提出退款要求，或以其他任何方式表明已经"接受"了，那他们就无权要求退款，但在6年内还是可以要求退回部分钱款的。

在线交易和远程交易

目前增长最快也可能是最复杂的交易领域就是通过网络、电视、广播、电话、传真或产品目录订购的邮寄销售。进行此类远程交易，除了满足上述的货物和服务销售条件外，你还需要符合一些其他规定。总之，你必须提供书面信息、订单确认及取消合同的机会。在"冷却期"内，如果客户已经通过信函、传真或电子邮件通知你，那他们可以在7个工作日内无条件取消订单。

但是，也有很多订单是不能取消的，包括住宿、交通、食品、报纸、音视频记录以及为客户定制的货物。国际律师事务所品诚梅森（Pinsent Masons）的OutLaw网站有关于这部分的实用指导（www.out-law.com/page-424）。你可以选择"通过地区筛选"制表符选择全球不同地区的信息。在该网站你还会发现"电子商务规则"适用于"原产国"原则。简单地说，这就意味着只要在英国的交易符合英国法律，那它就可以"无视"其他欧盟成员国的法律。这条规则对其他需要遵守本国法律的市场主体同样适用，无论它们在哪国市场开展交易。原产国原则尽管适用于企业间的电子商务，但它不适用于消费者合同条款。也就是说，无论从哪国将商品卖给法国消费者，供货方都必须用法语提供条款和条件才能使合同有效。丹麦消费者可以获得14个工作日的冷却期，在此期间他们可以取消订购的产品，而英国消费者的冷却期只有 7 个工作日。

外汇交易

MBA 就职的公司几乎都无法避免与国外消费者或国外供应商打交道，这就意味着你需要处理至少两种货币：你本国的和对方国家的。绝大多数国家都有自己的货币，但不是所有货币都是同样稳健的。货币越不稳健，交易的成本和风险就越高。

外汇关键因素

外汇可以分为 4 种，每种都有不同的风险，需要据此进行处理。

- 不能完全自由兑换，意味着相关国家政府对汇率以及进出国境的本国货币施加政治和经济控制。印度就是众多此类国家中的代表。此类货币可能极不稳定，你需要获得许可才能把钱汇回国内。
- 固定汇率是最有利于实现货币稳定的方式。这就是说，本国货币"钉在"了某一主要可自由兑换的货币上，如欧元或美元。当本国货币对全球其他货币上涨或下跌时，对其"固定住"的货币是稳定的，或者至少会试图保持稳定。
- "美元化的"外汇，用词稍有不当，因为这个词用来形容那些放弃本国货币且只使用美元或欧元等其他主要外汇货币的国家。
- 可充分兑换货币是自力更生的，而且会随着国家或本国经济的盛衰而上下浮动。以俄罗斯为例，2006 年 7 月，俄罗斯取消了外汇管制，这是他们对本国经济自信的象征，从而使卢布成了可充分兑换的货币。

需要管理的外汇风险类型

关于企业应当实施哪种风险管理战略,你首先要认识两种不同类型的外汇交易风险。

交易风险

当企业使用非本地金融活动常用的货币发生成本或产生收入时,交易风险就有出现的可能。导致汇率风险的原因可能有两种:使用一种货币承担的销售成本(制造等)与使用另一种货币产生的实际销售收入不一致,使用一种货币定价的时间和消费者实际付款日期有时间差。鉴于汇率一定会有变化,这类交易风险是真实存在的,而且可能会产生严重后果。

转换风险

转换风险指的是在报告那些使用外币标价的资产和负债的不同时间内,汇率波动对资产负债表和利润表的影响。在实际商业活动中,任何使用不同于会计报表中的货币的外币标价资产或负债的公司,在制作合并账目时都需要把外币"转换"成公司报账货币。对于大的贸易公司,每年可能要做4次转换。交易国之间的任何汇率变化都会导致账目上的变化,而这种变化与公司基本业绩没有关系。

举个例子,一家位于英国的公司在英镑兑美元汇率为1:1.2时并购了一家美国公司。美国公司的简易资产负债表(见表8-5)表明:在购买时若按英镑计算,那么资产负债表中就产生了200英镑的转换成本。第二年,美元疲软导致美元兑英镑汇率变成了1.5:1。这体现在英镑的第二栏中,英镑总数为160。这是完全令人不满意的结果,因为这意味着股东资金减少了600万英镑——但是这个结果完全是因为货币转换造成的。如果美元此后升值了,那么这个结果可能又会倒过来。然而,如果产生的权益负债比率是可以接受的，那么公司可能会被迫设法摆脱汇率的影响。

表 8-5　数百万货币单位的外汇转换风险

资产	美元	英镑 1.20	英镑 1.50	负债	美元	英镑 1.20	英镑 1.50
现金	30	24	20	应付账款	190	158	126
投资	40	34	26	银行贷款	14	12	10
应收账款	130	108	88				
固定资产	40	34	26	股东资金	36	30	24
	240	200	160		240	200	160

管理外汇风险

以下这些机构可以帮助 MBA 在外汇方面规避风险。

- 根据路透外汇调查（Reuters Forex Poll）机构的排名，海汇金融公司（HiFX plc）是全球前三的最准确的外汇预测机构，它在这方面击败了很多世界领先的银行。除了承担外汇交易的所有职能，该公司的网站上还有几乎无处不在的货币转换器，也有其他一些对房产投资者很有用的信息。

- 奥安达（OANDA，www.oanda.com）是第一家在网上提供全面的换汇信息的公司，现在它授权酒店和航空公司在它们的网站上提供汇率信息。在奥安达的网站上，你能找到各种很有价值的工具，包括 Select 外汇汇率转换器（Select FXConverter），它可以使用多语言进行货币转换，其中含有全球 190 种货币的最新汇率。它还有一个很不错的日期功能，可以让你看到过去的汇率。例如，1985 年，1 英镑只能兑换 1.41 美元；2006 年可以换 1.89 美元，升值了 34%；

2015 年 3 月，1 英镑兑换的美元下降到 1.49 美元，又回到了跟 1985 年差不多的水平。

- 金融市场协会网站（Financial Markets Association，www.aciforex.com）有全球 60 个国家分会、13 000 个会员的网站链接，具体是按大洲分类的。各国协会网站上包括其会员目录。

课程和讲座在线视频

1. 信用风险：投资百科全书（Investopedia）（www.investopedia.com/video/play/credit-risk/）。

2. 债务股本比：投资百科全书（www.investopedia.com/video/play/debt-to-equity-ratio/）。

3. 金融风险管理：伦敦劳合社（Lloyd's of London）主席皮特·莱文（Peter Levene）在加州大学伯克利分校的讲话（www.youtube.com/watch?v=cM40cJNZ9A4）。

4. 远期合同：投资百科全书（www.investopedia.com/video/play/forward-contract/）。

5. 期货合约的工作原理是什么？投资百科全书（www.investopedia.com/video/play/futures-contract-explained/）。

6. 利率风险：投资百科全书（www.investopedia.com/video/play/interest-rate-risk/）。

7. 风险管理导论：Udemy 风险管理导论课程（www.youtube.com/watch?v=Cp-XEhexcDw）。

8. 管理国际贸易中的风险和现金流：加拿大出口发展署（Export Development Canada）（www.youtube.com/watch?v=XRNxSZ7Ry7Y）。

9. 进入国外市场的方法：Holt and Sons International（www.youtube.com/watch?v=GtPZZ-CzfkE）。

10. 风险和机遇：管理风险以求发展，基于世界银行的主题报告，世界银行2014年报告，风险和机遇（www.coursera.org/course/managerisk）。
11. 风险管理的普遍原则：风险的汇聚和对冲，罗伯特·J.希勒（Robert J. Shiller）——耶鲁大学（www.youtube.com/watch?v=WMkD8HKJQCM）。
12. 金融风险去了哪里？阿维纳什·佩尔绍德（Avinash Persaud）教授在格雷沙姆学院（Gresham College）的演讲（www.gresham.ac.uk/lectures-and-events/where-have-all-the-financial-risks-gone）。

案例研究在线视频

1. 英国石油公司：英国石油公司风险管理的失利，昆士兰保险集团欧洲有限公司（QBE Insurance Europe Ltd）：www.youtube.com/watch?v=mGq2kVPVuig。
2. 挑战者号（Challenger）——风险管理的案例研究：历史频道（www.youtube.com/watch?v=mG8BPB-oPlg）。
3. 英国石油公司的利润黑幕和欺诈及BBC石油泄漏纪录片：最佳纪录片（www.youtube.com/watch?v=8zGFvzMMO9w）。
4. 荷兰皇家壳牌公司（Royal Dutch Shell）——管理会计是如何管理风险的？——西蒙·亨利（Simon Henry），首席财务官（www.youtube.com/watch?v=rKNv2hVCfNU）。

第九章　营业税和利润报告程序

- 税务原理
- 审计师角色
- 提交公司报表
- 保护投资者
- 董事职责
- 道德标准和企业

企业制作账目和报表的原因之一就是让内部员工随时了解经营情况。这是很重要的原因，但不是唯一的原因，也不是最重要的。企业这么做是为了满足外部的利益相关方、股东，尤其是政府主管部门的特定期望和要求。此外，公司董事以及他们的顾问——会计人员、MBA和法务人员要确保公司一直走在正轨上。

有些商学院确实很重视税务和利润报表。加州州立大学北岭分校（CSUN）从2007年秋季学期开设了税务学理学硕士学位项目，该项目包括8门课程，旨在让学生深入学习税务学所有关键领域的知识。南缅因州大学（University of Southern Maine）的MBA项目则提供了包括高级企业税务在内的税务学专门课程，还为学生提供了税务方面的实习机会。

税务原理

各种税项最多可能占到企业营业收入的一半。税负是企业最大的单一应付账款，是最有可能导致企业倒闭的事项。在企业破产进行资产清算时，税负是其首要考虑因素。以下两位税务局局长的说法，激发了很多企业及其会计人员对税负采取了"创造性"的方法。

如果有人可以通过自己的设计使相应法案下的税费减少，那么每个人都有权利这么做。如果他成功实现了这一结果，那么，无论税务局局长或他的同行纳税人多么不认可他的巧妙设计，他也不能被强迫支付增加了的税款。[汤姆金公爵（Lord Tomkin）税务局局长与威斯特敏公爵（Duke of Westminste），1936年]

这个国家每个人都有责任、有道义安排自己与企业或财产的法律关系，以便把尽可能多的税款留在自己手中。[克莱德公爵（Lord Clyde），埃尔郡普尔曼汽车服务（Ayrshire Pullman Motor Services and Ritchie）与税务局局长，1929年）]

对商人来说，合理地使税负最小化是非常迫切的。没有哪项活动能如此明显地增加净利润。在税收上节约的每一英镑、每一美元或每一欧元都会直接计入公司净利润。

逃税、避税和减税

机会永远都有：有看上去比较谨慎的，玛莎百货曾因为在比利时、法国和德国的欧洲分公司的亏损而致力于获得税收减免；有的是赤裸裸的犯罪，用假发票冒充业务收入。

识别涉及税法的不同行为之间的区别是董事和经理们面临的一大挑战。

- 骗税：为了弱化其背后的贬义通常也被称为逃税，主要是指有预谋的行为或明知故犯的行为，如通过少报收入、夸大扣项或使用非法避税手段来减少税收负担。骗税属于犯罪行为。
- 减税：是指税法在财务上针对某一群体做出的很有吸引力的优惠性安排，纳税人对此可以充分加以利用，并如某位上议院司法委员所说，"真正享受到议会想让那些纳税人承担的经济后果"。例如，如果一家企业获准用某一资产成本抵销税收，那么只要它真正购买了这一资产，它就可以获得减税。

- 避税：介于减税和骗税之间的模糊地带，通常通过检验你的主要目的——或者唯一目的是不是减轻或消除纳税义务来界定。

税 种

企业需要支付各种税费及其他对当前政府的应缴款项。它们不仅要为自己和所有员工支付，同时还要作为义务税收员承担终端客户的支出。

针对不当行为，税法会规定相应的惩罚措施，因此你需要将公司账目保留6年。这样，无论税务部门何时有疑问，它们都有据可查，即便它们之前已经认可了你的数字。如果有欺诈嫌疑，税务部门审核账目的时间没有限制。

利润所得税的数目会因国家和时间而不同。根据世界银行发布的普华永道的报告——《2015年纳税：全球情况》，在截至2012年的9年时间里，全球平均总税率下降了9.1%。全球金融危机时期（2008—2010年）下降幅度最大，平均每年下降1.8%，到2011年则降幅变缓。这份研究报告同样详细解释了企业管理税收事务的工作量。"平均每家公司花264个小时来依法纳税，进行了25.9次支付，平均总税率40.9%"（见图9-1）。

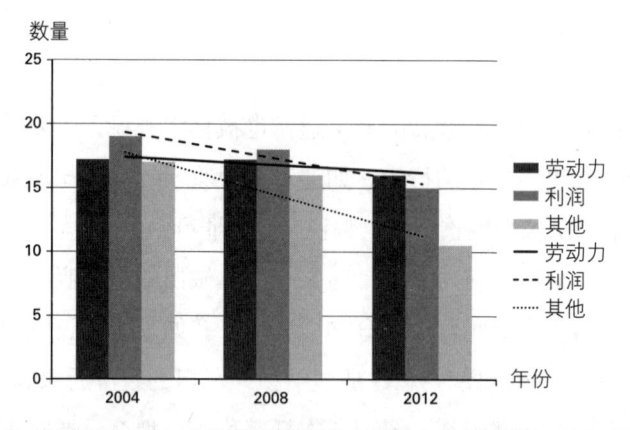

资料来源：http://www.doingbusiness.org/~/media/GIAWB/Doing%20Business/Documents/Special-Reports/Paying-Taxes-2015.pdf。

图9-1 全球税种及其变化趋势

公司税

公司税是针对公司在一个会计周期（通常是一年内）的利润征收的税款。特殊情况下这个时间可能更短，但不会比一年更长。公司要负责计算出自己的税负，按时缴税，并在会计周期结束 12 个月内提交纳税申报单。

资产免税额

购买诸如厂房、机器设备、建筑物及其他类似长期资产的资产项目都要以特定的方式纳税。在利润表中，这些成本通常显示为此类资产工作寿命期内的折旧。然而，出于税收目的，折旧不是准予列支的费用。代替这部分的是"资产减值税务津贴"——根据当前政府的政策倾斜情况而变化。

资本利得税

除了正常交易的货物之外，公司处理任何的资产（如果有利润）都需要缴纳资本利得税（CGT）。这种税很复杂，缴纳尺度要依据资产类型以及公司持有资产时间的长短。英国现在跟很多其他国家一样，采用单一的税率，英国的资本利得税税率是 18%。

资本亏损

很多时候，公司出售资产、旧车辆及电脑等时，都只亏不盈。资产在其寿命中的减值部分可享有一定的免税额，而由此带来的任何税收减免都需要抵扣，于是这类亏损都通过在特定时间段——通常是几年内出售其他资产抵销了。

工薪税

雇主负责从员工工资中扣除所得税，并将相关费用申报给税务机关，你需要计算出应缴税额。这方面比较复杂，鉴于不同情况下各种各样的税收抵免，任何两名员工的纳税环境都不可能完全一样。

分包商

通过使用分包商，公司经常可以规避工薪和劳工法的复杂性。在建筑行业尤其如此，但这方面有很严格精准的规定，分包商必须持有恰当的纳税证明。

增值税或营业税

增值税是通过企业征收的针对消费支出的税款。欧洲各地征收的增值税税率都不一样。从本质上来说，增值税是一个传递经济负担的游戏，注册企业互相收增值税、扣除已纳增值税。每个会计期末，从你收取的增值税中扣除已支付的增值税，余额缴纳给税务机关。

在美国，从阿拉斯加州的 0 到印第安纳州的 7%，每个州的营业税都不一样。更复杂的是，有些州针对不同项目的税率也不一样。营业税研究所（Sales Tax Institute）网站上有很实用的计算工具帮你计算出自己的具体税负（www.salestaxinstitute.com/resources/rates）。

这个方面最有用的资源可能是全球税务服务商 Avalara 提供的免费服务。它们一直都在致力于"打破 2004 年以来营业税管理方面'名目繁多'的现状"。它们涵盖了欧洲增值税、日本消费税以及印度的职业税等税种（www.vatlive.com > OTHER COUNTRIES）。

与国际税收相关的帮助和建议

以下三大信息源，尤其是前两个网站包含了一个 MBA 跟踪了解国际税收事务需要的几乎全部知识。

- Doing Business（www.doingbusiness.org）。从该网站左边竖着的菜单

栏选择"Paying Taxes"选项，你会找到大中型企业在一年内必须缴纳或扣除的税项，以及管理部门在纳税方面采取的措施。这部分的表格会显示公司已缴纳税款总数以及需要多长时间准备、申报并缴纳（扣除）相关税项、增值税及社会保险缴款（每年多少小时），其中不包括劳动税。想看具体某个国家的税务详细信息，你可以使用屏幕右上方的下拉框或点击页面上的相关国家链接。点击栏目标题你可以对相关数据进行排序，从而显示哪个国家的税收最高或最低，处理或包含其最多或最少单独纳税需要的时间上限和下限。

- Worldwide Tax（www.worldwide-tax.com）。从该网站主页的中心菜单选择"Tax Rates Around the World – Comparison"找到网站包含的所有国家的所得税、公司税和增值税水平的概要。在主页左侧的垂直菜单栏的"Shortcut to countries"部分中选择你感兴趣的国家。在你进入国家页面后，下拉到网页中部的国家税务菜单，然后选择菜单里提供的恰当税项。在菜单底部，选择"Tax News 20__"就能找到对应国家最新的税则变化。

- Taxsites.com（www.taxsites.com/Associations2.html）。该网站也提供了全世界多数会计机构和监管部门的网址链接，这些机构与部门负责设定和维护会计报告的标准。

审计师——守门人

无论规模如何，所有企业——在英国是营业额超过500万英镑的，美国是超过500万美元的——都需要审计账目，大多数由外部股东投资的公司也要如此。由董事们指定、股东批准通过的有资质的会计师每年都会对账目进行审计，他们核查反映公司财务状况的证据并给出自己的意见。会计师或审计师的主要任务包括以下4项。

- 评估公司会计体系与流程在设计和操作上的可靠性。
- 评估并测试公司用来制止和检测错误与欺诈的内部会计控制。
- 确定并严格检查公司的会计方法，以确保这些方法符合公司注册所在国认可的会计原则。
- 检查有关公司收入、费用、资产、债务以及所有者权益的文档和证据。其中包括进行库存实地检查（即便是检查样品）以及确认银行账户余额。

所有审计工作的目标都是要提供关于公司财务状况的令人信服的依据，并能够确认公司财务状况以及支撑财务状况的表格和日程安排是可靠的。审计师会把相应意见写进审计报告。

多数审计报告都会给出公司运营良好的证明，并且会说明公司账目是真实和公正的。如果出现了一些小问题，通常会在申报账目之前被抹掉。哪怕是一条负面意见，都足以让企业屈服于审计师并改变报告数字的会计方法。如果真的出现了否定的审计意见的话，通常表明公司财务报表是会令人产生误解的，这暗示着可能存在欺诈。伦敦证券交易所和美国证券交易委员会对财务审计报告中的负面意见是零容忍的——它们会因为审计师的负面意见而让公司的股票停盘。

除非自己也是会计师，MBA 们不会参与审计，但是他们应当知道审计中的各方身份。会计时代（Accountancy Age）网站（www.accountancyage.com>Top50+50）能帮你进行跟踪了解。

乐购的审计师来自普华永道，他们曾清楚地表示，在他们看来，这家公司的账目：

- 真实公正地反映了截至 2014 年 2 月 22 日的母公司状况；
- 是根据英国公认会计实务（United Kingdom Generally Accepted Accounting

Practice）编制的；
- 是根据英国《2006年公司法》（Companies Act 2006）编制的。

这一声明让投资人和其他所有对乐购公司的数据感兴趣的人都相信公司账目是合理编制的。

审计师可能会揭露什么

审计公司财务报表，并不能确保我们可以发现其中所有的欺诈、挪用、盗用和失信行为。审计要有成本效益；审计师不能逐一检查当年的每一笔交易。相反，审计师会根据样本仔细评估公司的内部控制，这就意味着他们可能难以发现一些潜在的问题。

审计师在检查公司会计记录时可能会发现以下的部分或全部问题。

- 交易记录中的错误。因为某些人员缺乏经验或没有注意细节，这类无心之过可能会不时出现。这种情况并不说明公司财务存在盗用或欺诈行为。管理层想要的，不过是改正错误并确保之后不会再发生。
- 盗用、挪用和欺诈。员工个人或与他人合伙利用薄弱的公司内部控制来转移现金、产品或其他资产。
- 做假账（也被称为财务舞弊或财务报表舞弊）。这指的是高层管理人员知道并同意使用有误导性的、不真实的会计方法，其目的是隐藏公司的财务问题或人为虚报利润。公司这么做通常是为了其背后的好处，例如，推高公司估价从而使股票期权更有价值。
- 管理舞弊。这种情况下，公司管理人员可能会接受来自客户或供应商的回扣或贿赂。

持续经营——或许不要了!

持续经营是公司有足够的资金和势头能在可预见的未来继续正常运营,且公司能够在不出现债务违约的情况下扭转不良事态。公司可能会有一定的财务压力,但整体还被断定是可以持续经营的。除非有证据证明公司不能持续经营,否则审计师会假设公司有这样的能力。

有些情况下审计师可能会看到一些确定无疑的迹象,公司或许难以获得债权人和出资者的信任,以便给它们时间去解决当前的财务困难。债权人和出资者可能会强制公司破产,或者公司可能会先发制人自愿申请破产。(关于如何处理公司经营失利风险的更多内容,参见第八章。)

申报账目

公司财务状况不受版权限制。公司必须向相关国家的税务机关申报账目。在公司财务年度结束10个月内必须完成账目申报。小公司可以申报只包括有限的资产负债表和利润表信息的简明财务报表,以及不需要审计的账目。延期申报账目可能会被罚款。

英国的公司向英国公司登记局(Companies House:www.gov.uk/government/organisations/companies-house)申报账目,美国公司的账目可以在美国证券交易委员会获取(www.sec.gov)。

年度报告和报表的典型内容

上市公司年度报告和报表的内容比私营公司的要全面,其中的要求会随着公司规模的缩小而降低。对于实体企业来说,资料公开的要求有3个来源。

- 《公司法》中的法律规定。

- 国际财务报表准则和标准会计实务公告（Statements of Standard Accounting Practice）规定的会计准则。
- 如果公司是上市公司，应遵循股市相关规定。

公司的年度报告和报表主要披露以下内容。

- 主席报告书：对公司进展、战略和管理变化的整体回顾，以及对未来前景的指导。大企业可能还会附加其 CEO 对每项业务业绩的评估。
- 经营和财务审核：详细评论财务结果及其影响因素。
- 董事名册：服务、职责和其他董事职位的详细信息。
- 董事会报告：特定要求项目的正式报告，如股利公告、主要业务、股本和大股东、政治和慈善捐款、董事持股、招聘政策、债权人付款政策、封闭公司状况（控制方不超过 5 个的公司）以及审计人员的任命。
- 薪酬委员会报告：关于制定包括执行董事和非执行董事在内的高管的整套薪酬福利条件的政策说明。
- 公司治理：符合《最佳行为准则》（Code of Best Practice）的关于董事会结构和董事薪酬的合规声明。
- 审计师报告：关于审计师职责的声明，以及他们关于财务报表是否真实反映公司财务状况的报告。
- 财务报表：包括综合利润表、资产负债表、现金流表、已确认总收益和总亏损表，以及单独的母公司资产负债表。
- 财务报表附注：对主财务报表中数据的额外拆解和分析。
- 财务业绩的历史记录：反映盈利率、红利和股东资本的主要财务数据与比率的近 10 年的总结。
- 会议通知：年度股东大会的时间、地点和要开展的业务的通知。

账目附注

我们可以回看表 3–7 的乐购公司已审定账目。为避免混淆,审计报告中的数字删除了一个关键要素。与表格中各类数字相对的是一个数字,它向读者解释了账目最后是对如何计算出这些数字的。账目共有 35 条附注,涵盖了 147 页账表中最重要的 80 页。附注 35 是最少的,其内容如下:

附注 35　报告周期后的事项

2014 年 3 月 21 日,乐购公司和塔塔集团(Tata Group)的子公司特伦特有限公司(Trent Limited)签署协议,双方各占股 50% 成立合资公司特伦特超市有限公司(Trent Hypermarket Limited),该公司在印度开展 Star Bazaar 零售业务。乐购公司出资 8 500 万英镑。

2014 年 4 月 2 日,乐购公司通过旗下的零售数据分析公司 dunnhumby Limited 以 1.24 亿英镑的价格并购了德国全球领先的数字广告解决方案供应商 Sociomantic Labs,该公司在全球 14 个国家开展业务,其客户涉及零售、金融服务和旅游服务等行业。

董事的职责和义务

任何名副其实的 MBA 都应当成为,或至少想成为所在公司的董事。但要注意的是:董事也要应对一些技术上的、更详细的要求,如向公司登记局提交公司账表,如有必要则需任命审计师,定期参加董事会议以及让股东了解公司的情况。比签字更繁重的任务是依照法律要求,董事还要理解资产负债表、利润表和现金流表的意义。

公司董事的义务、职责和潜在责任包括如下几个方面。

- 为了公司利益，必须保持诚信，其中包括勤勉诚信地履行职责。
- 开展公司业务时不存心欺骗债权人或有任何其他欺诈目的。
- 不能故意允许公司在破产状态下进行交易（不当交易），这样做的董事可能需要支付公司破产时所产生的债务。
- 不欺骗股东。
- 尊重全体员工的利益。
- 遵守政府的相关规定，如提供会计记录、指派审计师或申报账目。
- 任命合格的上市公司秘书。

斯坦福大学法学院教授伯纳德·S. 布莱克（Bernard S. Black）在《董事会董事的主要职责》一文中简要总结了这些责任（www.oecd.org/daf/ca/corporategovernance principles/1872746.pdf）。

英格兰及威尔士特许会计师协会（ICEAW）有一套详细的指导说明（www.icaew.com/en/ library/subject-gateways/law/company-law/directors-duties）。

德勤公司治理中心（Deloitte LLP Centre for Corporate Governance）通过提供与董事事务和治理趋势相关的资源而为董事会提供支持。它们的全球公司治理中心在美洲、亚洲、欧洲和非洲有40个分部（www2.deloitte.com/us/en/pages/risk/articles/global-site-selector.html）。该中心网站的一个小缺点是并非所有网页的信息都是英文的。

召开董事会议

定期召开董事会议，是为了使董事们能"有效履行责任"。上市公司董事会平均每年要召开八九次董事会，小公司一个季度召开一次。召开董事会议是为了做重大决策以及让所有董事了解影响公司业绩的事项。定期召开董事会议可以确保董事会成员充分考虑重要事项并记录其各种观点和成果。成功的董事会议可参考如下 4 点。

- 考虑到公司的规模，董事的数量越少越好。董事会的有效工作量和它的规模成反比。
- 定期召开会议，提前一年制订时间表，半年更新一次。如果公司有非执行董事，这点很重要。
- 确定会议议程并严格遵守。每项会议以前次会议的纪要开始，通过会议纪要推进会议议程，以其他事项结束会议，并确认下次会议的日期和地点。
- 记录会议纪要并传阅。
- 董事长负责保证董事会议正常进行。

非执行董事

尽管有这个前缀听上去很好，但是"非执行"董事也要承担全职董事的职责，只不过他们因为没有非常深入企业，所以不能准确知道真实的财务状况。大公司通常都有非执行董事，他们通常担任薪酬委员会的主席，该委员会往往决定着董事会薪金和津贴并为股东提供进一步的保障。对小公司而言，有重量级的局外非执行董事加盟可以提高其商业计划的可信度。

董事的不端行为

如果董事们不想成为大西洋两岸每年数千名被取消资格、遭到罚款或更少数量的被判入狱的董事之一，就必须避免 3 种行为。取消资格意味着你不仅不能涉足公司经营，而且如果你通过别人下达命令，让他们代你履行董事职责并因此而担责，你就会违反吊销资格令，这会遭到罚款，甚至入狱。此外，你个人要承担你所任职的公司的债务。

当公司负债超过资产时，不当交易就可能发生，此时公司的股东权益就将自动终止。当股东权益为负时，董事个人就有风险了，他们欠债权人——而不是股东一份关照责任。如果你发现自己面临这种局面，你需要破产执行人的有效建议。行为得体的董事不会受罚，还能继续任职。

最可能导致取消董事资格的两种情况是不当交易和欺诈交易。不当交易是指公司进入破产清算后，清算人认为董事（或承担董事工作的人）应当更早确定公司没有现实的生存机会了。在这种情况下，法院可以消除有限责任的庇护并让董事个人负担公司债务。欺诈交易比不当交易更严重，其前提是董事故意欺骗债权人。在这种情况下，公司完全可以剥夺其有限责任。

价值观和会计报表

价值观是约束我们履行责任和判断行为对错的观念。尽管很多职责都是法律规定范围内的——股东保护、工作中的歧视、误导性广告等，但其他灰色地带都要靠道德和社会责任来约束。对错本身就很难区分。问题通常源于"权利"的竞争，例如，给股东更好的回报和保护地球之间的冲突。

独立经营小公司的老板或大公司的董事都是道德标准的看管人，他们也负责确定公司交易行为的标准。从某些程度来说，他们身上的法律约束会让其更狭隘地看待自己的职责。他们被要求"真正为了公司利益"、"不欺骗股东并指定审计师审查会计记录"、"开展业务时不得有意欺骗债权人或怀有任何欺诈目的"以及"尊重所有员工的利益"。

董事和经理们同时有责任保护使用其产品或服务的客户及来访的客户，也应在管理公司的过程中遵守环保规定。但也只是在最近，公司才被要求将其职责观念扩展到其他"利益相关者"群体。开明的经理或特别精明的经理已经开始经常承担更大的责任，他们会赞助慈善事业、资助游乐场所之类的生活服务设施或提供廉价住房。这些行为通常还是为了个人利益，比如为了招募和留住员工或获得有利的公共关系。如果是提供廉价住房或提供生活服务设施，通常是为了要求获得房地产开发规划许可或获批商业地块等。所有这些行为都会记录在公司年度的报告和账表中。

案例研究

联合利华——嵌入企业道德

2015 年联合利华（Unilever）董事会主席在公布前一年公司账目时说道："我们的成长模式是基于更简洁、更灵活的联合利华。"在报告了公司营业额为 484 亿欧元、营业利润率提高了 0.4% 达到 14.5% 后，主席继续说道："我们的业务增长优于市场增长……过去 5 年平均 4.9% 的增长率更是突出了我们在交货方面的及时性和可靠性，使得我们成为业界最可靠的公司之一。"联合利华一直都在成长。

1887 年，已经非常成功的肥皂制造商威廉姆·赫斯基思·利弗（William Hesketh Lever）正在寻找新的厂址来扩大业务。为了方便输入原材料和运输成品，新厂需要靠近河流和铁路线。一块 56 英亩（约合 226 632 平方米）的荒芜的沼泽地完全满足了他的这一要求，这块地后来以他的肥皂命名为阳光港（Port Sunlight）。不久之后，利弗有了一个更大胆的想法。他说出了自己的目标，那就是创造一种环境，从而使得他的工人们"能在业务关系中更社交化、更有归属感，并能够回到美好的手工劳动时期那种亲密的家庭关系中"。用他自己的话说，他想把自己的责任延伸到不仅仅是为自己赚钱，同时还要把这种责任分享给为他工作的每一个人。1899—1914 年，利弗建了 800 座房子，并积极参与了房子的设计。当时公司所在社区的 3 500 人共享利润分配以及包括利弗夫人艺术馆（Lady Lever Art Gallery）、学校、音乐厅、室外游泳池、教堂和无酒旅馆等公共建筑。他在 1907 年建立的乡村诊所一直延续到 1948 年英国国民医疗保健体系（National Health Service）的建立。利弗还引入了员工福利、教育和娱乐方案，并鼓励能够推动艺术、文学、科学和音乐发展的娱乐项目与组织的发展。

公司现在已经改名为联合利华，但它仍传承着利弗的价值观和愿景（www.unilever.com/ourvalues）。公司参与所有事务都有一套清晰、明确、沟通顺畅的指南。"作为一家跨地区、跨国家的公司，我们致力于通过自己的努力，以及与当地、与其他国家和全球的利益相关各方的合作来解决全球的环境和其他社会问题"，这些都源于公司的核心价值观，由此，联合利华已经创建了一套指导公司工作的原则：

- 企业责任明确要求我们为了取得成功要"对合作的每个人、接触的所有社群及我们能影响的环境都以最高的企业行为标准待之"。
- 永远保持诚信。诚信经营、真诚地尊重与企业接触的人、机构和环境一直都是我们企业责任的核心。
- 要有正面的影响力。我们致力于在很多方面产生正面的影响力：通过我们的品牌、商业经营和商业关系、自愿性贡献以及参与社会的各种方式。
- 持续的责任。我们一直致力于管理我们的经营活动对环境的影响，改善其管理方式并一直努力实现公司可持续经营的长期目标。
- 确定我们的愿景。企业责任确定了我们的企业愿景。它是基于我们的商业准则，这些准则规定了联合利华的所有人，无论是在世界哪个地方都要遵守的运营标准。这些准则也为我们实现企业治理和承担企业责任提供了支持。

- 与他人协作。我们愿与那些和我们持有相同价值观及工作标准的供应商合作。与我们的经营准则一致的业务伙伴准则包括 10 条原则，涵盖有关员工、消费者和环境的商业诚信与责任。

2015 年，大众汽车（Volkswagen）的"造假门"丑闻敲响了企业社会责任的警钟。在那之前不久，声誉研究所（The Reputation Institute）将其评为世界最佳社会责任工作企业的第 11 名。2014 年，大众荣获非营利组织世界环境中心（World Environment Center）的可持续发展金奖（Gold Medal Award for Sustainable Development），公司可持续报告的篇幅也长达 156 页。广为流传的观点是说大众的企业社会责任部只是为其提供了保险政策，从而使得公司用自己的内部标准来冒险。

▶ 课程和讲座在线视频

1. 公司治理：洛克菲勒家族（Rockefeller Family）前高级顾问威廉·庞兹（William Pounds）在卡内基梅隆大学泰珀商学院（Tepper School of Business）给学生做的演讲（www.youtube.com/watch?v=PC_acEzfL9Q）。

2. 审计委员会的角色：ICS 咨询合作伙伴管理合伙人约翰·帕尔默（John Palmer）对当今所有审计委员会成功履职的技能和要求的回顾（www.youtube.com/watch?v=zJJfFOLcCXU）。

3. 税务系列讲座：毕马威公司在纽约大学法学院开设的讲座课程（www.youtube.com/watch?v=_iMvHYMhA5g）。

4. 审计委员会的观点：圣塔克拉拉大学（Santa Clara University）董事会主席罗伯特·费诺齐（Robert Finocchio）和马库拉应用伦理学中心（Markkula Center for Applied Ethics）高管导师詹姆斯·巴

拉松（James Balassone）为你讲解风险监督和评估（www.youtube.com/watch?v=cGc0DtmOU7A）。

▶ 案例研究在线视频

1. 伯尼·麦道夫（Bernie Madoff）：美国骗局——500亿美元的庞氏骗局（www.youtube.com/watch?v=S2nX3FdRyR0）。
2. 安然公司是如何赚钱、隐藏财务状况、败露和被抓住的？该公司的财务报表揭示了真相（www.youtube.com/watch?v=Bo1tSrXMHGQ）。
3. 乐购公司利润在会计混乱中下跌了92%：天空新闻（*Sky News*）对此曾有报道（http://news.sky.com/story/1358594/tesco-profits-plunge-92-percent-in-accounting-chaos）。

第十章 并 购

- 为何多数并购都失败了——而有些却没有？
- 规划并购策略
- 对企业估值
- 限制风险

案例研究

壳牌并购英国天然气集团

2015年4月9日，壳牌公司宣布以470亿英镑的价格并购总部位于英国雷丁（Reading）的跨国油气公司——英国天然气集团（British Gas）。这代表着并购溢价达到了前一天英国天然气集团收盘股价的50%。当天壳牌股价收跌超过4%，而英国天然气集团的股价收涨38%。壳牌宣称，并购英国天然气集团会让自己集中于更少、更安全的投资赌注，并在整合天然气和深水作业的同时，退出北极项目之类高风险的初期项目，以便充分利用并购双方的资产。

对于上任仅两个月的英国天然气集团老板海格·伦德（Helge Lund）来说，这笔交易为他带来了高达3 200万英镑的红利。《经济学人》(the Economist)杂志称，"这次并购将为壳牌增加25%的能源储备，使其成为全球第三大液化天然气生产商"。

伦德因此前掌管挪威国家石油公司（Norway's Statoil）而声名大振，他把该公司从一个小的本土供应商变成了一家跨国公司。伦德是欧洲工商管理学院的MBA，他在离开挪威国家石油公司时有很多选择，但他决定加入处于困境的英国天然气集团。2014年上半年，英国天然气集团的营业利润是40亿美元，但它的现金资本支出却达到了48亿美元。当时普遍的观点是英国天然气集团不具备实现如此令人注目的投资组合的经营能力或财务规模。简而言之，它是理想的被并购目标。

在壳牌的这个案例中，你看到了强强联合的所有因素。一方拥有广阔的发展前景，但现金有限；而另一方是现金巨头，却需要降低风险并从资产中获利。这桩联姻实现了合并的协同效应。再加上关键人物自我的提升以及个人财富的创造，并购也就是水到渠成的事了。不是所有的并购都能达到这个规模，但是这种融合从本质上来讲是一样的。

并购几乎是 MBA 在职业生涯初期一定会遇到的情况。有些 MBA 项目会在特定选修课里设置特殊内容，如伦敦商学院开设了"并购及其他复杂企业重组的财务分析"的选修课，卡斯商学院也有"处理金融犯罪"等相关的课程。

尽管并购对 CEO 来说司空见惯，但是研究文献充其量只能提供一些非结论性的证据支持这样一种假设：并购通常能为并购公司的所有者创造更多的股东价值。自从约翰·基钦（John Kitching）开创性地发表了《为何并购会失败》[Why do mergers miscarry？载于《哈佛商业评论》（Harvard Business Preview），11-12 月，pp.84–101]之后，对于并购和股东价值间的关系的话题就一直存在极大的争议。波特（Porter）[见《从竞争优势到企业战略》（From Competitive advantage to Corporate Strategy），载于《哈佛商业评论》，65（3），pp.43–59，1987]曾断言："如果考虑到超过一半的企业业务会被剥离，那么并购在很大程度上是失败的。"最近 50 年发表的大多数学术研究成果都站在怀疑者的一方。

你可能会问，那么为什么并购会如此吸引高管层的关注？多数公司并购几乎都是由相对缺乏经验的人独自完成的，这也佐证了自大傲慢在这一过程中起到了很大作用。《华尔街日报》曾评论道："这是少数有野心的人为了自己的利益利用自己占有股份的上市公司打的一场战役。"这一说法准确描绘了并购过程中主导者的自我和自大心理。来自哥伦比亚大学的两位学者做了一份轻松但是基于海量数据的研究。他们发现的方法肯定了众所周知的事实：老板们所支付的高价和他们膨胀的自尊心是有关系的。他们衡量了诸如和同行对比的老板薪酬以及媒体的赞扬评价等因素，并证明老板的自尊心越强，在并购时其支付的价钱越高，相应地，他们为股东创造额外价值的可能性就降低了。

另外一个吸引高层管理者进行并购的因素是立刻就能看到的明显回报。多数企业战略都很少能在短时间内提供产生赢家或输家的机会。但是在并购战略中，成功中标的公司就被员工、中层管理人员、竞争对手、业界以及整个金融领域视为"赢家"，这一切都是几周之内的事。即使竞标失利，商界也会把参与竞购的管理层视为强势的竞争者。失利的后果会在数年甚至数十年才会显现。时代华纳（Time Warner）并购美国在线（AOL）以及易贝并购 Skype 就是这样的两个例子。在并购刚完成的几周内，媒体进行了大量正面报道，但并购方却没有真正获得太大的价值。

当然了，拥护并购的人都毫无例外地会受到他们的专业顾问的鼓舞，无论最后结果如何，这些顾问都坚持并购会产生良好的利润。然而，研究显示，并购成功的因素有很多种。

规模很重要

规模相当的企业家之间交易成功的可能性更高。反之亦然。被并购的公司规模越小，其成功的概率就越低。

经验很重要

以思科为例，并购被视为该公司的战略基石。思科高管层在这方面做了很多研究，并请全球各地的管理咨询师提供建议。跟欧洲公司相比，美国企业对于这类并购有更丰富的经验，它们更精明，并购的实际价格不太可能过高。在美国，对上市公司的平均控制权溢价在过去 10 年一直在稳步下降，从 58% 下降到了只有 26%。而在欧洲，平均溢价从 31%

上升到了 37%。

现金为王

中型企业上市被广为吹嘘的一大原因是通过发行股票能获得并购资金的机会。但很多学术研究表明：竞标者和目标公司在股市融资的交易中都遭受了损失，与之截然相反的是现金融资。原因主要有以下 3 点。

- 现金交易比股票交易速度更快，成本更低。
- 股票并购向更广的群体（也就是所有公司，无论有没有现金）开放了竞标机会。这反过来加剧了竞争，对竞标者来说这也可能是一个劣势。
- 资本市场可能会消极地看待发行新股，从而使竞标者的股价下跌。这反过来使得并购公司要支付更昂贵的价格。

要避开那些管理层对公司所有权占据特别大的话语权的企业。这种假设看上去很合理：管理层通过期权等方式获得的所有权越多，就越会鼓励他们去实现股东价值的最大化，而不仅仅是让自己的权力得到扩张。赋予管理者所有权就是要求他们承担更多的不良决策的成本。与此同时，赋予更多所有权的同时也给了公司管理者更大的控制权，他们可以用这种权力来反对并购。管理者经常会反对并购，即便并购可能会创造更大的股东价值。相关研究都坚定地支持这一观点。

跨国交易效果很好

当公司将业务扩展到一个新地域的市场时，并购公司股东的财富很有可能会大幅增加，但如果它们在同一市场内重复这一流程，那可能就不会获利太多。一份很有意思的研究［约翰·杜卡斯（John Doukas）

和尼古劳斯·G. 特拉夫罗斯（Nickolaos G. Travlos），1998，"企业国际化对股东财富的影响——从跨国并购案中收集的证据"，载于《金融杂志》（Journal of Finance），43，pp.1161-75］发现，首次出国竞标的美国公司的异常收益巨大，而如果它们在已经开展业务的海外国家进行并购，那么其效果就没有这么好。它们第二次以及之后的并购的收益要么是零，要么微不足道。

进行并购

并购战略通常很混乱，而且在恶意竞标中可能会出现血雨腥风。但正是因为最后可能会很乱——在企业战争中这种情况几乎是不可避免的，所以并购双方没必要一开始就那么敌对。获得上市公司的信息相对是比较容易的，证券交易所会要求它们提供全面的、最近的——通常是季度的业绩信息。如果发生重大事件，如严重的盈利预警、法律纠纷或能够对当前盈利预测产生实质影响的其他任何事，需要立即公布。搜寻私营公司的信息可能需要做更大量的挖掘工作。

你可以建议公司思考以下几个步骤来提高并购或合资的成功概率。

知道你为什么要并购

理想情况下，并购一家企业的理由应该是实际可行的且应纳入企业的核心战略。并购的合理理由包括：

- 为了增加市场份额并消除麻烦的竞争对手；
- 扩大其产品范围或进入新市场；
- 多样化经营，获得必要的管理、营销或技术等方面的技能，从而能较快地占领合理的市场份额；

- 进入另一个国家或地区；
- 保护重要的供应渠道不受竞争对手的威胁；
- 获得更多员工、厂址、仓库或分销渠道，或是比自己独立运作更快地获取更多大客户。

在开始寻找要并购的公司之前，公司管理层需要出具书面声明来解释为什么要并购。否则，你最后可能仅仅因为价钱低而追求便宜的公司，而这跟你之前确定的商业目标没有任何关系。需要记住的是，能以跳楼价买到的公司很有可能需要动大手术。因此，除非你想当这个公司的医生，否则就远离它。

确定你想买什么

平均来说，找到并成功买入一家企业可能要花费一个人一年的工作时间，你越能够准确地描述购买要求，寻找心仪的目标就越简单、迅速，价格也越便宜。就想象一下你想买房却不知道自己想住哪里，想花多少钱，需要几个房间，想买新房还是二手房，想不想要花园。要是这样的话，你找起房子来可能无从下手，要花的时间自然会很长，而且可能谁都不满意最后的结果。买公司也会碰上同样的问题。你在确定自己想并购的公司时应当考虑以下几个方面。

- 公司的业务领域、产品或服务。
- 公司的位置。
- 定价区间和你手头上的现金。
- 你想要的管理深度和管理风格。
- 你可以接受的已用资本的最低利润率和回报率——需要记住，如果你要买的公司的利润率只有1%，你的利润率为5%，而你们的公司规模相同，那并购后的利润率是 3%：(5%+1%)/2。
- 你的公司和并购目标公司的形象之间的兼容度。
- 融合范围和成本节约。
- 税务状况。例如，对于一家亏损严重的企业，如果你公司的利润可以抵销这些亏损，那就值得一看，这样可以减少应纳税款。

除了上述这些方面外，你可能还有一些需要考虑的重要因素，如果它们不能待到满足的话，那么并购也会成为很糟的一次竞标。例如，如果你想消除大的现金流或培育产能周期，那么并购跟自己公司类似的企业就没什么意义，因为这只会让峰值和谷值更明显。

调查和接近目标

如果你有了并购目标名单，那就需要全面地了解它们。要获得它们的宣传资料、样品、广告宣传单、媒体评价，当然还有公司账目。然后你应该实地查看它们的经营场所，并尽可能多地看它们的运营情况。这种调查不仅可以帮你缩小范围，还可以帮你按优先度进行排序。现在你要准备好使用这种方法。尽管从严格意义上说你在买东西，但从心理上你要把并购公司看作推销工作。同样地，你也承受不起早早被拒绝或被拒绝时茫然无措的后果。

关于一开始该如何接近目标，你有三种选择，每一种都有自己的优点。你可以打电话，宽泛地说一下你接近它们的理由，比如可以说一下你们共同感兴趣的领域。你可以给它们写信，具体说一下你的目的，之后打电话去安排会面或者共进午餐。最后，你可以借助第三方，如会计师、咨询师（出于保密目的，这种方法更可取）或企业金融公司；如果执行的时间很短，那可能没有其他的实用方法了。

第一次会面很重要，你要实现两个目标：首先，你们彼此间要建立相互尊重、信任和融洽的关系。没有这些，之后的一切也没有意义。其次，原则上你需要确定双方都真的感兴趣。时间跨度、价格和融合方式等都可以留到后面，除非这些都是非常宽泛的概念。

评估并购目标

有两种特殊的情况可以让最初的评估相对简单一些，至少理论上是这样。

股　价

首先，如果你的目标公司是上市公司，那么其价值可以通过每天的股票买卖来衡量，这种情况动荡时期会更频繁。

例如，2008年金融危机时期，苏格兰哈利法克斯银行（HBOS）的股价每天的波动幅度高达40%。经历如此剧烈动荡的公司不止它们一家。有些股票市场，最明显的是俄罗斯的主板市场，实际上已经关闭了，因为其抛售量和价差太大，以致股市管理者都无法理解这样的情形，更别提管理了。然而，市场决定了在证券交易所进行每笔交易的所有公司的价值。而市价不一定是所有者拿到的股票价格，但正常情况下它们是非常接近的。

资产价值

正在经营的企业都是通过衡量其未来的预期利润来估值的。实际上，公司账目甚至不重视资产。固定资产——除了自有财产外都被记作采购当日的成本，再减去概念上的折旧，唯一目的就是将成本分配到资产的整个使用寿命周期内。资产本身可能完全没有价值，二手办公家具就是例子。但在资产负债表中并不能体现这一点，因为资产负债表的目的只是显示钱从哪儿来，用途是什么。这条规定的例外一点就是当公司不再继续经营（比如没有买家了）时，交易双方需要对其全部资产估值并零星出售。

市盈率规则

对企业进行估值最简便的常见方法就是使用市盈率（price/earnings ratio，简称 P/E ratio）公式。市盈率是用每股利润额除以股价来计算的。例如，假设公司的利润是 100 000 英镑，有 1 000 股，每股利润就是 100 英镑。若公司的股价是 10 英镑，那么其市盈率就是 10（100 英镑/10 英镑）。从科学角度来看是这样的，而从技巧的角度来看，市盈率会随着业务领域和当前的市场环境而变化。例如，高技术领域的市盈率可能达到 30 甚至更多——谷歌的市盈率一度达到了 100，也就是说，公司每盈利 1 美元，股东就要准备好支付 100 美元。然而，巴克莱银行（Barclays Bank）每盈利 1 英镑只需要支付 10 英镑，但是在 2008 年的市场动荡中，其银行部门的市盈率跌落到了远低于这个数字，整个市场是以 10~20 的市盈率在进行交易。

贴现未来收益

创投界很流行的一种股价技术是贴现未来收益。我们凭直觉就知道，早得到现金比晚得到要好。换句话说，考虑到我们可以用这笔钱做事，或者我们为了使用这笔钱而付出，现在收到的 1 美元比一两年后收到的 1 美元的价值更高。所以，任何人如果要收购你的企业都需要给未来收益流赋值，从而得到现值。如果我们确信自己投资的任何一笔钱都能有 20% 的收益，那么我们就能得出：为了一年后收益 1 英镑，我们就需要支付 80 便士。如果我们现在花了 1 英镑，一年后仍只收回 1 英镑，那实际上我们就赔钱了。

处理这个流程的过程被称为贴现,相应地,这个方法被称为"贴现现金流"。剩余的贴现现金被称为"净现值"。表10-1的第一栏显示的是投资方案中简单的现金流影响:投入到项目20 000英镑,5年后盈余5 000英镑。但如果我们接受"同样金额的现金在未来的价值比当前的价值低"的这一说法,那么我们需要知道到底低多少。如果我们假设投资者想实现最低15%的投资回报率,那这就是我们选择的贴现率(这个意义不大,因为你会看到企业内部回报率)。

表10-1 贴现未来收益流 (单位:英镑)

科 目	现金流 A	贴现因子 15% B	贴现现金流 A × B
最初现金成本 当前(0年)	20 000	1.00	20 000
净现金流			
第1年	1 000	0.869 5	870
第2年	4 000	0.756 1	3 024
第3年	8 000	0.657 5	5 260
第4年	7 000	0.571 7	4 002
第5年	5 000	0.497 2	2 486
总值	25 000		15 642
现金盈余	5 000	净现值	(4 358)

计算未来1美元的现值的公式:

$$现值 = \$P \times 1/(1+r)^n$$

这个公式中,P是最初的现金成本,r是用小数表示的利率,n是收到现金的年数。因此,如果我们将贴现率定为15%,那么1年后我们收到的 1 美元的现值就是：

$$现值 = \$1 \times 1/(1 + 0.15)^1$$
$$= 0.87（小数点后保留两位）$$

由此我们可以看到，1 000 美元在一年后的现值是 870 美元；4 000 美元在两年后的现值是 3 024 美元，到了第五年，当前现金流的现值就减少到了不到最初数字的一半。实际上，这个项目根本不可能在第四年就有真正的回报，也不可能实现 5 000 英镑的现金盈余的目标，如果我们需要实现 15% 的回报率，它实际上比我们想实现的盈余少了 4 358 英镑。收购这个企业的投资没能满足我们使用贴现现金流法的标准。

Spreadsheet.com 网站上有一个很实用的模板（www.spreadsheetml.com/financial modeling/free-investment-financial-calculator-tvm-npv-irr.shtml）。

阿斯沃思·达莫达兰（Aswath Damodaran）在纽约大学斯特恩商学院的 MBA 项目教授公司财务与评估。他在网站上提供了各种金融方面的免费表格，包括贴现现金流法和内部回报率（http://pages.stern.nyu.edu/~adamodar/New-Home-Page/spreadsh.htm）。

拇指法则

有些业务领域有自己的企业估值标准。例如，电脑维修和邮购业务通常使用销售额；移动电话运营商会使用客户数量；房地产中介、饭店和连锁酒吧会使用分店数量；对百货店估价，有人使用营业额，也有人使用它们持有的库存的价值。免费数据网站 BizStats（www.bizstats.com/reports/valuation-rule-thumb.php）上的表格列出了这些规则。

案例研究

城市航空快运

克兰菲尔德大学 MBA 罗伯特·赖特（Robert Wright）在完成学业后立即将自己之前创办的企业 Connectair 卖给了哈里·古德曼（Harry Goodman），售价为 700 万英镑（1 100 万美元或 830 万欧元），古德曼后来因为国际休闲集团（International Leisure Group）而为人所熟知。这对于成立不足 5 年的 Connectair 公司来说这已经是很不错的了。然而，罗伯特和古德曼的磋商持续了近一年，公开售价只是上述价格的 1/7。最终交易是按照各种飞机降落空位进行估值的，因为古德曼计划将这些降落空位用于更多的大飞机，以便创造更大的价值。但事情并没像他计划的那样进展顺利，国际休闲集团破产了。罗伯特象征性地以 1 英镑从托管人那里买回了企业，然后利用私募股权投资公司 3i 集团的风险投资重建企业，这次他给企业改名为城市航空快运（City Flyer Exress）。10 年后，他又以 7 500 万英镑（1.2 亿美元或 8 850 万欧元）把公司卖给了英国航空公司（British Airways）。

后续消息

罗伯特曾担任维兹（Wizzair）航空公司的创始人股东和前非执行董事（2011 年 4 月—2019 年 5 月），维兹航空是总部位于布达佩斯的匈牙利廉价航空公司。

倍数模型

有些估价手段——尤其是那些帮助出售私营企业的中间商会使用的——会对基本的市盈率方法进行各种调整。其中一种方法是基于以下公式：

反向收益率 × 行业市盈率 + 资产和负债的调整

反向收益率要通过计算在并购公司手中可能实现的利润而得出。如果公司报告的销售利润是 50 万英镑，可以说 5 万英镑的利息费用应当加到公司利润中去，因为新的所有者会用不同的方式给公司融资，并且可以以可支配利润的形式获得这些资金。这个论断同样适用于两个给自己开高达 30 万英镑年薪的董事，但实际上，并购方只需支付包括业绩奖金在内的 10 万英镑给部门经理就能经营这家公司。这样就能给公司额外增加 20 万英镑的利润。如果并购公司认为在完成并购后公司不能保留收入流，那么它就会有利润减少的情况，如某一业主工作所产生的专家咨询收入或出租部分办公场所实现的租赁收入。把这个例子继续推进，我们假设扣减数量是 10 万英镑，那么公司的持续利润就是：50 万英镑 + 5 万英镑 + 20 万英镑 − 10 万英镑 = 65 万英镑。这个数字就是我们应用市盈率倍数的基础。如果市盈率是 5，价值就是 325 万英镑，而不是我们假设的 250 万英镑。

这种估值方法需要进行的另一个调整是：通过计算净资产（资产比负债多余的值）来调整资产和负债。这么做是因为这代表了所有者所持企业股份的当前价值。市盈率方法给出的是未来收益的价值，所以两者加起来得出的是"真正的"价值。在现实当中，所有的估值方法都是协商的起点。

对少数股权进行估值

如果你没有收购整个企业而是只买了其少数的股份——可能是为之后的竞标做标记或是作为战略联合的一部分，那会有专门的估值规则。你的股份价值不会因为你的股份更少而变得更小，但是少数股权通常既不能强制，也不能阻止企业的出售。因为股份缺乏适销性，绝大多数股份的计算都会打折扣。

未计利息、税项、折旧及摊销前的利润的调整

在第三章中，我们仔细讨论了未计利息、税项、折旧及摊销前的利润的构成。即便已经剔除了成本因素（利息、税项、折旧和摊销），企业在转手时还有一些其他成本会终止。这些成本一旦加回来，就会造成利润及企业潜在价值的增加。部分此类成本可能是房产——企业继续运营不再需要——租金。如果部分功能整合到母公司，可能也会出现这种情况。

被收购公司的董事的收入高于市场水平也是有可能的，如果企业创始人还在企业的话，那这种情况就会很普遍。有一些董事虽然扮演着名义上的角色，但是他们拿到手的却远不是名义上的支票。

限制风险

并购公司一直都是有风险的。如果你做好了工作，而且价格也合适，那么，幸运的话你面临的风险会低一些。你可以做如下一些事情来降低并购风险。

- 设置条件条款：例如，你可以将部分并购金额的条件设置成拿到一定水平的利润。
- 限制重要员工：如果你并购的资产多数都是员工，那就在签署协议前把服务合同或咨询安排处理到位。
- 非竞争性条款：确保无论卖家还是重要员工跟你都不是竞争关系，他们都心存善意。
- 完税：你当然想确认自己并购的企业的税收流失情况，或是并购价中的税务影响都已得到批准。

- 担保和补偿：如果在完成并购之后，你发现被并购企业的供应商条款中还有强制购买订单，还有公司新产品的专利是无效的，那你的愤怒是很正常的。担保和补偿规定了卖方赔偿买方经济损失的条件，因此你要把所有看上去令人担忧的事项都涵盖进去。卖方自然会对此加以反对，但你需要在关键点上坚定立场。

管理收购

无论并购交易的谈判进展得多好，实际上因为人为因素，多数后来失败的企业也可以做到顺畅协商，尤其是在公布交易后的前几周，以下列出的是需要遵循的重要规则。制订两家公司合并的框架计划，而且要保证其灵活性。（很有趣的是，只有 1/5 的买家有关于如何管理被并购公司的详细计划，但 67% 的卖方相信买方都有这种计划，了解这种心理是很重要的。）

- 让企业照常运行几周，在此期间你可以了解企业的内部运作情况。之后你就可以对谁走谁留做出明智的判断。90% 的成功并购都会遵循这一原则。
- 在第一天召开管理层和员工会议，尽可能地消除所有误解。这个工作应该由 CEO 来做。
- 不要在星期五宣布接管企业，否则员工们整个周末都在散布谣言。星期三是最好的：这样你就有足够的时间消除误解，之后的周末就是员工消化这一变故的时间。
- 一次性搞定裁员。最好深入地裁员，然后继续运营企业。零零星星地辞退员工有违道德，而且最好的员工在轮到他们之前就会离开。
- 设置职能和报告关系的权限，把所有的银行业务都放在自己的会计部门手里，越快越好。

案例研究

"至死不渝"

当埃马德·陶菲利斯（Emad Tawfilis）成为罗伯特·达尔（Robert Dahl）的达尔酒庄（Dahl Vineyards）的一名投资人时，他绝没有想到过自己会被人追杀，最后被生意伙伴用22毫米口径的半自动手枪打死。达尔酒庄是2014年仲夏时节在纳帕谷酿酒厂（Chateau Napa Winery）的旧址上改建的。纳帕谷酿酒厂创立于20世纪80年代末，但是过去10年它几乎一直是空着的。酒厂的表面状况很糟，但是有了新的产权、新的业主、新的资金，看上去公司未来可期。达尔不是红酒专家——他曾在明尼苏达（Minnesota）拥有一家化学制造企业。负责研究和维护纳帕红酒项目的戴维·汤普森（David Thompson）曾在2015年3月15日表示："罗伯特喜欢红酒很多年了——他父亲的一位客户曾是卖红酒的，在家庭晚餐上喝这位客户的红酒培养了罗伯特的红酒品味。后来他成了大学里参加聚会时唯一带红酒的人，而他的朋友都带啤酒。"

为了找到一种更快乐地度过冬天的方式，达尔买了这家酿酒厂，尽管酿酒厂当时的建筑很破旧，他还是迅速和酒商以及几个名牌红酒厂家的自有品牌签订了合同。他投资了从事手工精酿啤酒业务的纳帕点酿酒公司（Napa Point Brewing Company）。

2015年3月15日，达尔觉得是时候结束和陶菲利斯的合作关系了。但分手时两人有了分歧，他们就120万美元的投资互相提起了诉讼：达尔称陶菲利斯收的贷款利息高得不合法；陶菲利斯意见则完全相反，称达尔骗他投资了已经倒闭的公司，并且滥用投资的钱。达尔的律师寇沙·贝罗金（Kousha Berokim）当天说两人正在会面，此次会面"是和平友好的，而且双方试图制定一个解决争议的框架。绝对没有暴力迹象"。上午11:30，达尔的律师建议稍事休息，双方此前的协商看上去颇有成效。然而，不到30分钟后，陶菲利斯就拨打了911，说他被追赶并遭受枪击，警察到现场后他已经死亡。警察驾驶汽车和直升机追踪到达尔时，他也已经开枪自尽。

案例研究

宜 家

2015年1月，宜家（IKEA）公布了其2014财年的年度总结，总结显示，公司净收入33亿欧元，比上年增加了6%。宜家的商店有7.16亿来访人次，其网站访问量也超过了15亿次。宜家集团有14.7万名员工，有涉及27个市场领域的315家店，在全球超过40个国家运营。宜家的网站上有13个市场的在线销售。曾在瑞典中部的林雪平大学（Linköping University）攻读商业的彼得·阿格尼夫杰沃（Peter Agnefjall）是公司70年历史上的第五任CEO。他的任命延续了宜家首席执行官都曾是创始人助理的传统。

宜家是由来自瑞典南部斯马兰省的企业家英格瓦·坎普拉德（Ingvar Kamprad）创建的，当时他只有17岁。他在5岁时就通过向附近邻居出售火柴初步了解了经商之道，之后又卖过花种、贺卡、圣诞装饰物，最后才开始卖家具。宜家把年轻白领作为自己的主要客户群体，通过全球30多个国家的235家店进行出售。它提供的家居产品功能设计良好，价位也是年轻人可以承受的。宜家通过使用不影响产品功能的成本节约方案实现这一目标。身家160亿英镑的坎普拉德是全球第七大富豪，但是他唯一购买的奢侈品就是其他公司。这位瑞典家具巨头在1991—2008年并购了11家公司，在4家公司中占有股份，剥离了6家公司。坎普拉德自己生活非常节俭——住平房，乘坐廉价航空，驾驶已有 15 年车龄的沃尔沃。他曾在出席一次晚宴领奖时被保安拒绝入内，因为保安看到他是从公交车上下来的。别人经常看到他和妻子玛格丽塔（Margaretha）在便宜的小饭馆吃饭。他会在下午买食物，因为那时候价钱更低，他甚至还会跟人讨价还价。

明确监管机构

在签署并购协议前，你可能还要面临另一个障碍。如果并购看上去会产生垄断（第二章已经讲过），你可能需要获得监管部门的批准。哪些情况会造成垄断并不总是那么明显。欧洲和微软就后者对操作系统市场的主导地位展开的持久战，谷歌对搜索引擎的束缚，这些对于监管机构来说都是看似很合理的市场行为。但是，英国的垄断监管机构——竞争和市场局（Competition and Markets Authority）在 2015 年 4 月 9 日宣布"一英镑店有限公司（Poundland plc）需要就其有意收购 99p 商店有限公司（99p Stores Limited）一事接受深入的调查"，至于背后的原因，人们并不是很清楚。监管机构称这两家公司都经营着独特的市场——以"单一价格点"面向对价格敏感的特殊客户群出售商品。

一英镑店的这笔交易金额不大，只有 5 500 万英镑（8 000 万美元或 7 500 万欧元），这在价值几十亿的零售市场几乎激不起什么波澜。一英镑店有限公司的 CEO 吉姆·麦卡锡（Jim McCarthy）告诉《每日电讯报》（*Daily Telegraph*）："很失望，竞争和市场局的这一考虑主要是基于零售商的主要竞争对手是 99p 商店有限公司，其他的竞争对手有 B&M、Home Bargains、威尔科（Wilko）和 Poundstretcher。"另一方面，他相信一英镑店和很多零售商都存在竞争关系——包括大的连锁超市。

负责监管"公平竞争"的机构主要有：美国的联邦贸易委员会（Federal Trade Commission，www.ftc.gov），英国的竞争和市场局（www.

gov.uk/government/organisations/ competition-and-markets-authority）以及欧洲的欧盟委员会（http://ec.europa.eu/competition）。这些机构的网站信息包括了它们认为并购公司存在的一些潜在问题。

● 课程和讲座在线视频

1. Alainis 商学院有一个短视频可以让你了解内部回报率流程 (www.youtube.com/watch?v=hKyeS-bAf3I)。
2. 制定成功的并购战略：定位企业成长。乔治城大学校友就业服务，约翰·迪林（John Dearing）（1996 届 MBA），顶石战略公司（Capstone Strategic）总经理：www.youtube.com/ watch?v=NtbwR48FmjM。
3. 企业价值：可汗学院（www.khanacademy.org/ economics-finance-domain/ core-finance/stock-and-bonds/valuation-and-investing/v/enterprise-value）。
4. 市盈率：可汗学院（www.khanacademy.org/ economics-finance-domain/core-finance/stock-and-bonds/valuation-and-investing/v/introduction-to-the-price-to-earnings-ratio）。
5. 企业价值综述及其与未计利息、税项、折旧及摊销前的利润的比较：可汗学院 (www.khanacademy.org/economics-finance-domain/core-finance/stock-and-bonds/valuation-and-investing/v/ebitd)。

● 案例研究在线视频

1. 苹果的并购策略：美国全国广播公司财经频道乔希·利普顿（Josh Lipton）和《今日美国》（*USA Today*）旧金山分社社长乔恩·斯沃茨（Jon Swartz）在探讨苹果公司收购计划时对其硬件业务的看法（http://video.cnbc.com/ gallery/?video=3000296348）。

2. 脸书的并购战略是成功的吗？投资网站 T3live.com 首席战略官斯科特·雷德勒（Scott Redler）讲述科技巨头脸书是如何通过并购打入市场的（http://video.cnbc.com/ gallery/?video=3000259684）。

3. 沃伦·巴菲特谈如何买一家公司：私营公司还是股市、投资？美国全国广播公司财经频道（www.youtube.com/watch?v=UsCHutekxuQ）。

4. 阿里巴巴并购策略的背后是什么？纪源资本（GGV Capital）管理合伙人格伦·所罗门（Glenn Solomon）讨论阿里巴巴的并购策略以及可能与苹果在彭博社金融电视新闻节目 Bloomberg West 上的合作关系。(www.bloomberg.com/news/videos/2014-11-04/whats-behind-alibabas-acquisition-strategy)。

第十一章 商业计划和预算

- 预测销售
- 监测经济周期
- 编制商业计划
- 设置预算
- 检查业绩
- 考核绩效

所有管理决策都要以确保它们能得到成功执行的形式做出。对整个业务或企业来说，这种形式就是商业计划应具体规定未来3~5年企业各部分的职责。商业计划需要这么长一段时间是因为识别机会、开发能利用这一机会的产品或服务以及将其引入市场都需要时间，而且这个计划必须包含有价值的所有阶段。此处的矛盾点在于，尽管企业战略显现成果需要时间，但企业实施计划的环境一直在变。某位军事战略家曾简明扼要地说：没有任何作战计划在与敌人遭遇后还有用。因此，这份3~5年的商业计划需要每年都进行彻底的评审，至少每季度监测进度。

编制商业计划的各方面、支持性预测、预算以及经济概述等，都是MBA将来要亲自操作或为部门经理提供支持的事务。这需要对公司关键业务——现金流、利润边界、融资事务、市场和营销以及人力资源事务——的全面了解，公司中很少有人能做到。对于MBA来说，借此机会可以加深和拓宽与领导核心及董事会的关系。虽然编制商业计划通常比较枯燥和费时，但MBA应当乐于把它当成职业发展的一次机会。

预　　测

销售量推动公司的各项活动，它会决定公司的现金流、库存水平、产能以及公司最终盈利或亏损多少。这样看来，花费很大精力去预测未来的销量就不足为怪了。销量预测和销售目标不是一回事。销售目标是你想实现什么目标并为此制定什么策略，而销量预测则是基于过去的情况以及业务态势得出的最可能出现的未来结果。

所有预测都由三部分组成。为了实现准确预测，你需要分解历史数据，从而更好地理解各组成部分对最终结果的影响：

- 潜在趋势：是一段比较长的时期内的大致方向——上升、不变或下降，它显示的是变化率。
- 周期性因素：通常是叠加在趋势上的短期影响。例如，泳衣、冰激凌和防晒霜之类的商品在夏天的销量应该比冬天高，滑雪装备则与之相反。
- 随意变化：由不正常、不明原因造成的不规则或随意的波动。

使用平均值

最简单的预测方法就是假设未来和近期是差不多的。使用这种方法最常见的两种手段是移动平均法和加权移动平均法。

移动平均法（moving average）使用过去的一系列数据，比如，用过去 6 个月的和除以月数，并把这个数字当作第 7 个月最可能出现的数字。这种方法在静态稳定的市场中是很好用的，即使有变化，也很缓慢。

加权移动平均法（weighted moving average）认为最近的数据比之前的数据更重要，因为它更能代表公司当前的业务状况。因此预测者在把这一系列数字加起来之前，会给每个数字乘以一个因子，越靠近当前，数据的加权因子越高。

指数平滑法和现金的预测技术

指数平滑法（exponential smoothing）是一种复杂的平均技术，它会随着数据离现在的时间长度而指数级地降低其权重，相反地，越是近期的数据,在预测时的权重就越高。二次和三次指数平滑法可以用来预测不同的趋势。更复杂的方法还有霍尔特和布朗(Holt & Bravn)的一次指数平滑法,以及用两位统计学家的名字命名的博克思-詹金斯(Box-Jonkins)法,这种方法能运用自回归滑动平均模型来找到最佳时间序列。

　　幸运的是,一名MBA需要知道的所有内容都是现有的各种数据预测方法。究竟如何选择最好的方法通常需要反复试验。各种软件程序会把每种技术运用到历史数据中来计算最佳预测,只有看看实际上发生了什么并使用预测技术才能最接近实际结果。巴尔的摩大学的侯赛因·阿尚(Hossein Arsham)提供了一个实用的工具(http://home.ubalt.edu/ntsbarsh/Business-stat/stat-data/forecast.htm),可以让你输入数据后看到不同的预测方法是如何运作的。杜克大学福库商学院在各方面都是排名美国前10的商学院,它提供了一个非常有用的关于该校预测的全部课程材料的链接(www.duke.edu/~rnau/411home.htm)。

因果关系

　　在考察数据时,你会发现特定因素之间存在很明显的关系。图11–1显示了烧烤的月销量以及过去8个月中前一个月的平均气温。

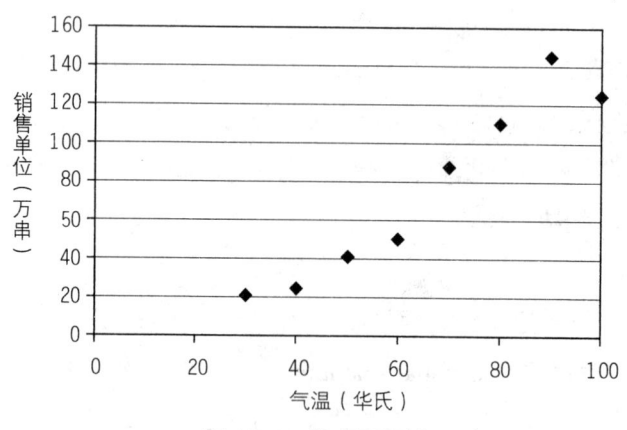

图11–1　散布图示例

由此，你很容易看出来，气温和销售量之间好像存在关联——同我们期待的一样。通过画出能代表倾斜度的最准确的线，也就是最适合线，我们就可以得到一个很有用的工具——可以根据当月气温来预测下个月的销量可能是多少（见图11-2）。

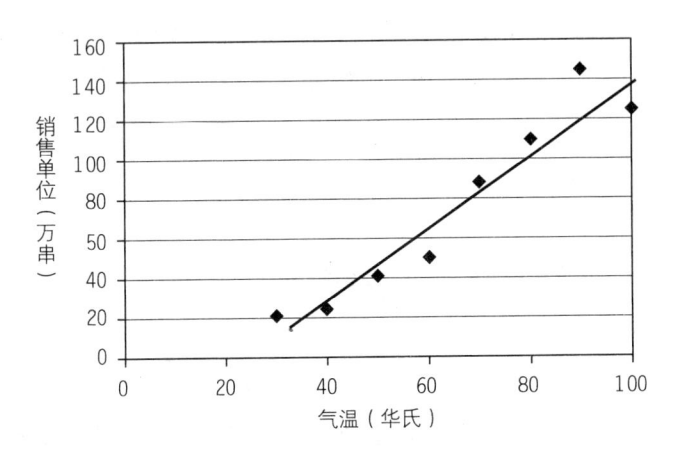

图11-2 散布图——最适合线

这个例子很简单，而且气温和销量两者之间的关系是明显而恒定的。在现实生活中，数据很有可能更多，而你要看出"自变量"——这个例子里是气温和销量之间是否存在关系——也会更难，好在有一个"线性回归"的代数公式可以帮你计算最适合线。

这样，你就需要进行一些计算来测验这种关系是否恒定（可能是强正相关，即便是强负相关对于预测也很有用）以及是否有意义。这些测验被称为相关系数测验（R-Squared test）和学生氏t测验（Students t test）。一名MBA不仅需要了解这种关系是否确实存在，而且要找到软件并在电脑上进行计算。另外，你也可以使用Web-Enabled Scientific Services & Applications（www.wessa.net/slr.wasp）软件，它涵盖了几乎所有类型的统计计算。该软件是可以在线免费使用的，是由鲁汶大学协会

（KU Leuven Association）的联合研究项目提供的，该协会是欧洲西部弗兰德斯（Flanders）地区13个高等教育机构的合作网。

为了充分理解这些统计手段，你可以阅读塔夫茨大学（Tufts）杰勒德·E.达拉勒（Gerard E Dallal）的书《统计实务手册》(*Little Handbook of Statistical Practice*)，其可以在线免费阅读（www.jerrydallal.com/LHSP/LHSP.htm）。在普林斯顿大学网站（http:// dss.princeton.edu/online-help/analysis/interpreting-regression.htm）上，你能找到关于国际商务硕士学生课程和讲座的讲稿。

经济周期

公司在进行业绩预测时所处的经济周期对于最终决策会有很大影响。尽管很少有MBA期望全面具体地掌握经济学知识，但他们仍有必要多少了解一些这方面的知识。经济形势是周期性循环的，在需求强烈时，经济繁荣，之后会有下跌——用经济学家的词来说就是衰退期。经常有政客声称这种周期已经结束了，因为他们相信自己能更好地管理需求，但是这种"这次情况不同"的思维一再被证明是错误的。

经济周期本身是由几十亿人口的集体行为造成的，而这就是企业和家庭高深莫测的"动物精神"（animal spirits）。约翰·梅纳德·凯恩斯（John Maynard Keynes）这样解释这种动物精神：

> 我们决定做一些正面的事情，而这些决定的结果要在很多年后才能全面显现，这些决定是动物精神的结果——这是一种想要付诸行动的自发的冲动，而不是用数量收益乘以量化概率得出的平均数进行衡量的结果。

除了这种跃跃欲试的冲动外，羊群行为（herd-like behaviour）也是不可避免的，这种行为会导致人们过度的乐观和悲观。查尔斯·麦凯（Charles Mackay）的《大行其道的错觉和群体的疯狂》（*Extraordinary Popular Delusions and the Madness of Crowds*）、约瑟夫·德拉维加（Joseph De La Vega）的《困惑之惑》（*Confusión de Confusiones*），以及罗伯特·J.席勒（Robert J. Shiller）最近的《非理性繁荣》（第二版）（*Irrational Exuberance*, 2nd ed）都全面解读了集体过度反应的影响。从17世纪中叶荷兰的郁金香狂热及之后的南海泡沫（1711—1720年），到1999年的互联网泡沫及2008年次贷危机导致的美国楼市崩盘，每次经济泡沫背后的原因都是惊人的相似。市场对于某一商品（金、铜、石油等）、货币、房地产或股票的强大需求让公众相信这种趋势不会结束。过度乐观使得公众一窝蜂地拼命获取热销商品，而供货方则争先恐后地煽动这股热潮。最后，要么公众的钱花光了，要么投资人变得很谨慎。出于担心，大家又开始恐慌性地抛售，从而产生了可能要数年才能恢复的恶性循环。

经济周期类型

迄今为止，我们可以把经济学看作一门科学。我们可以大概地认识它，却不能准确地预测它。尽管我们很难精准地预测各种经济周期——即使是你现在所处的周期阶段，但是经济周期还是有可以识别的模式及一些显著的特征。

图11-3中的曲线显示的是教科书中常见的理论上的经济周期。每个周期都有4个典型阶段：

- U1，需求增加，尚未越过长期趋势线；
- U2，需求超过长期趋势线；

- D1，需求下降，越过长期趋势线；
- D2，需求跌至长期趋势线以下。

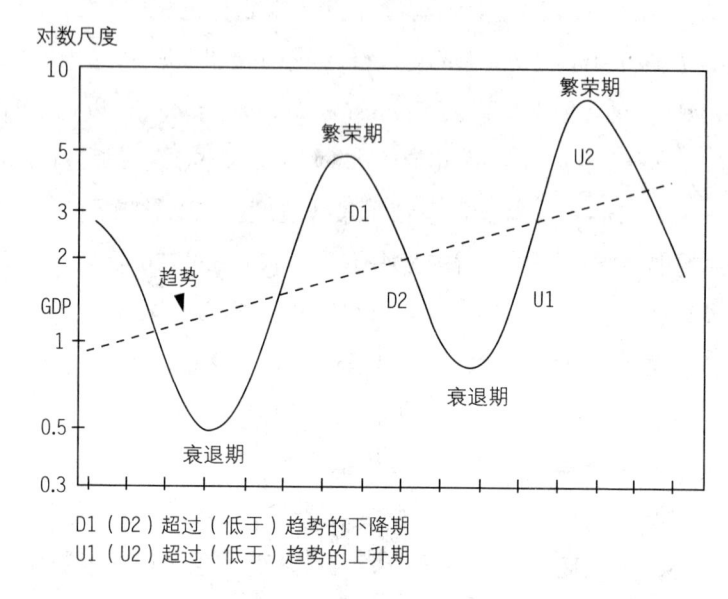

```
对数尺度
10
                            繁荣期
                                              繁荣期
5                            D1                 U2
3
2           趋势
                                    D2       U1
GDP         ▼
1
                                      衰退期
0.5
           衰退期
0.3
```

D1（D2）超过（低于）趋势的下降期
U1（U2）超过（低于）趋势的上升期

图 11-3　教科书版的经济周期

更复杂的是，周期不是一个而是 4 个，每个周期阶段都有不同的特征，且彼此相互影响。

康德拉季耶夫长波

康德拉季耶夫（Kondratieff）（www.kwaves.com/kond-overview.htm）是苏联经济学家，因政治立场而死于狱中。他提出了这样一个理论：资本主义发展中存在一个持续约 50 年的长波经济周期。在世界经济大萧条（1929—1933 年）期间，他的理论获得推崇。1980—1981 年，在英国工厂倒闭、失业率上升及通货膨胀严重时，他的理论再次获得共鸣。从第一台印刷机到互联网，主要技术在被取代之前充分产生价值都花费了约

50 年的时间，这一事实是长波理论的证据。

库兹涅茨周期

诺贝尔奖得主（1971 年）、美国经济学家西蒙·库兹涅茨（Simon Kuznet）曾在宾夕法尼亚大学工作，他一生致力于研究经济周期。他提出了一个 15~25 年的周期，这个时间段包括获得土地、拿到必要许可、建设房地产以及将其出售。这个周期也被称为"建设周期"，其可靠性在于很多经济生活都受房地产和与其相关的家具采购以及相关专业人员（比如律师、建筑师及测量员）收费的影响。

朱格拉周期

法国经济学家克莱门特·朱格拉（Clement Juglar）研究了 20 世纪 60 年代利率和价格的变化。他观察到，9~11 年的繁荣和萧条波在每个周期会经历 4 个阶段：繁荣期，此时投资者会兴奋地挤入新企业；危机期，此时公司亏损开始出现；清算期，投资者会退出市场；衰退期，整个经济形势都在承受企业失败带来的后果，主要表现为社会失业率的上升和消费水平的下降。

基钦周期

1923 年，约瑟夫·基钦在哈佛大学出版社发表了题为《经济统计评论》（Review of Economic Statistics）的文章，他在文中概述了自己通过研究 1890—1922 年美国和英国的统计数据所发现的 40 个月的经济周期。他观察了自然的循环路径，从而认为这个周期是由库存的变化造成的。当需求看上去比实际要大时，公司就会储备过多库存，让人们高估未来可能的增长。如果不能实现高增长，人们就会减少库存，通常是大幅度地减少，从而对经济造成"繁荣——萧条"的压力。

监测周期

周期研究基金会（Foundation for the Study of Cycles，http://foundation-forthestudyofcycles.org）是哈佛大学的经济学家爱德华·R.杜威（Edward R. Dewey）于1941年创建的一家国际研究和教育机构，该基金会详细解释了不同的经济周期。曼彻斯特大学社会科学学院（www.socialsciences.manchester.ac.uk/cgbcr）成长与商业周期研究中心（Centre for Growth and Business Cycle Research）则提供了关于经济周期各方面的当前研究、出版物及可下载讨论的文件。

商业计划

商业计划从本质上讲是关于企业始于何处、走向何方以及如何实现目的的路线图，它包括关键人物的角色和职责，以及需要的钱、人和材料等资源。尽管关于商业计划应包括哪些内容及应如何制订有很多争议，但它是一个确保人们成功执行深思熟虑的策略的非常重要的工具。

案例研究

博 登

约翰尼·博登（Johnnie Boden）的第一本产品目录是由他的朋友手绘的，上面只有8件物品。当时是1991年，从那时开始，他的业务就从自己家的卧室走向了公司董事办公室，不过其发展过程始终面临着资金匮乏。博登邮购公司现在和盖璞（Gap）、玛莎百货及约翰·刘易斯在英国主流时尚市场共分一杯羹。2015年，博登的销售额为3亿英镑，税前利润为2 440万英镑，有1 200名员工每天从公司仓库发出超过6 000份订单。

博登（www.boden.co.uk）完全有理由感到欣慰——它曾经不是一

个成功的案例，而它现在毫无疑问是成功的。在《真实的商界》(*Real Business*, www.realbusiness.co.uk>ARTICLE）的访谈中，博登解释了为什么这家邮购服装公司在前3年一直大量亏损。"我们一直缺少现金，"博登说，"尽管这种观念是错误的，但我缺乏一个像样的商业计划。"

以下是克兰菲尔德大学管理学院MBA项目推荐使用的商业计划的大致结构。通过观察国际商业计划间的竞争，你会发现它是非常通用的。

概　要

这是商业计划最重要的部分，是向董事会、股东和潜在投资者进行展示的核心。这部分最先被撰写，它应当简短有力——最好是一页，绝不要超过两页。概要的主要目的是激发受众继续读剩余部分的兴趣和意愿。

概要应从一个能够展示公司所从事的关键领域的历史业绩及未来目标的简表开始（见表11–1）。它能让读者清楚地看到公司的能力及其未来的任务规模。

表11–1　概要——历史和预测

上一年	当年	业务范围	第1年	第2年	第3年	……
		产品或服务销售额				
		1.				
		2. ……				
		总销售额				
		毛利率（%）				
		营业利润率（%）				
		员工总数				
		销售员工数				
		已动用资本				
		已动用资本回报率（%）				

概要的其余部分应涉及如下内容。

- 公司的主要产品或服务是什么；它们为什么比别的公司的产品或服务好，或者有什么不同。
- 哪类市场或客户群最需要你的产品或服务，为什么。
- 你对于出售产品或服务准备得如何了，还需要为此做哪些事。
- 你的企业为什么有能力和经验执行这一策略，如果你还需要更多人，那么你要找什么样的人，如何招聘。
- 财务预测概要，包括未来3~5年的销售额、利润、利润边际及现金状况。
- 公司如何运营，概述从原材料采购到销售、送货及付款的关键步骤。
- 该计划需要的实物资源——设备与经营场所。

内容——充实细节

不同于旨在展示商业提案核心要点的概要，商业计划本身需要遵守如下的逻辑顺序。

- 愿景：说明企业愿景的目的是延伸企业能力。一般来说，与企业相关的人很少在制订商业计划阶段就能看到如何实现愿景，但所有人都同意：如果愿景得到实现，那就太好了。那时公司可能就该接受新的挑战甚至开展新业务了。
- 使命：使命陈述简要解释了公司是做什么的，服务于谁，以及为何公司要优于市场上的其他公司或者说与它们有何不同。公司使命的范围应该足够小以便于聚焦，但也要留出足够大的成长空间。最重要的是，它应该让所有人都相信。
- 目标：包括一些全局性的数据，比如通过实施选定战略能够实现的市场份额、利润和投资回报。

- 市场营销：这部分提供的信息包括产品或服务、客户及市场规模、竞争对手、建议定价、促销及其他销售手段。
- 运营：这部分包括所有的流程，如制造、装配、采购、持有库存、交付或履约及网站。
- 财务预测：计划期内销售额和现金流的详细信息，涉及公司需要多少钱，用来做什么，何时需要及最合适的资金来源，如短期或长期借款、股权、保理或租赁等。
- 经营场所：需要的空间和设备（如果是在家创业，该场所是否合法合规）。
- 人力：你拥有的有助于经营公司和执行经营策略的技能与经验；你还需要哪些人，到哪儿去找他们。
- 行政事务：你的产品或服务所涉及的知识产权，公司需要的保险，会计、控制和记录系统需要的费用。
- 重大事件时间表：这部分包括公司实现主要目标需要开展的关键行动及完成目标的时间。
- 附录：这部分包括所有繁杂的信息，比如你在商业计划中提及的市场研究、竞争对手的传单、客户背书、技术数据、专利和简历等。

使用商业计划软件

有很多免费的软件包可以帮你撰写商业计划。以下列出的是包含一些能够加快速度的表格和技巧的有用资源，但它们却不能替你找出关于市场、客户和竞争对手的基本信息。

一个很好的开端是 BizPlanIt 网站上的免费虚拟商业计划（www.bizplanit.com/virtual-business-plan/）。该网站上有一个菜单涉及你想要了解的商业计划的各个部分和主题，包含从概要到附录的 14 个方面，这是个很好的基础，也是关于这方面非常适宜的学习资料。这家网站还提供咨询服务，可以帮你撰写定制化的商业计划，售价为 1 300 英镑，3~5 周内完成。

预算和差异

预算是运营部门和财务部门主要的交接点。作为职能部门，财务部门或者说具备 MBA 能力的人都应当能协助经理编制下一年的详细预算，预算应涵盖公司的各个方面。所有的 MBA 都应当承担起加快本部门预算流程的职责。通常是每季度都会审核，预算至少会在年中进行审核。在进行审核时，人们会再加入一个季度或半年的预算，从而将预算时长维持在提前一年。这被称为"滚动季度（半年）预算"。

预算准则

预算应遵循如下一般原则。

- 预算必须基于现实的而非挑战性的目标。实现这些目标既要通过高层管理者自上而下的"期望"，又要通过相关部门能够看到的自下而上的预测。
- 预算应由负责展示成果的人编制——销售人员编制销售预算，生产人员编制生产预算。高层管理者应保持沟通的畅通，这样所有人就都能知道其他各方的计划。
- 预算协议应当是清楚且明确的。在预算编制过程中，人们应就某一特定预算进行不同版本的探讨。例如，老板可能希望实现 200 万英镑的销售额，但销售团队最初的预测是 175 万英镑。在经过讨论后，双方协商一致的数字可能是 190 万英镑。一旦双方就某一数字达成一致，就形成了一份虚拟的合同。合同表明员工承诺会实现这一目标，而老板对这一目标也感到满意，并会提供资源来支持这一目标的实现。就协商好的预算形成书面合同是很有意义的。
- 预算最晚应于本年度开始前一个月最终定稿，而不能是本年度开始数周或数月后才定稿。
- 全年都应对预算进行定期的基本审核，以确保支撑预算的所有基本假设仍然有效。
- 在月底前 7~10 个工作日应拿到能够对照预算评估业绩的准确信息。

差异分析

对差异做出解释也是 MBA 的任务，因此 MBA 需要严格监测公司业绩并在财年中对照预算进行比较，在必要时采取纠正措施。这项工作应当每月进行（如果需要，时间间隔可以更短），从而评估公司当月的业绩以及迄今为止当年的业绩。

通过表 11-2 我们能一眼看出这家公司本月的销售情况不够理想，但仍然优于年度目标。预算的惯常做法是把所有不利的差异放在括号当中。因此，高于预算的销售数据不带括号，高于预算的材料成本带括号。我们还能从表 11-2 中看出尽管实际利润高于预算，但利润边际稍低于预算（少 0.3%）。这在某种程度上是由于劳动力和分销等其他直接成本都远超预算。

表 11-2　固定预算　　　　　　　　　　　　　　（单位：万英镑，百分比除外）

科 目	月			截止年		
	预算	实际	差异	预算	实际	差异
销售	80.5	75.3	(5.2)	635.8	731.4	95.6
材料	62.7	56.7	6.0	494.2	570.4	(76.2)
材料边际	17.8	18.6	0.8	141.6	161.0	19.4
直接成本	7.4	7.9	(0.5)	59.5	68.9	(9.4)
毛利	10.4	10.7	0.3	82.0	92.1	10.1
百分比	12.92	14.21	1.29	12.90	12.60	(0.30)

弹性预算

预算的制定是基于特定的销售目标的，但实际上这些目标很少能够真正实现。表 11-2 显示的是一个公司使用的材料比预算的材料多了 76.2 万英镑。因为销售的更多，这也没什么好惊讶的。这种情况的处理方法就是让预算更有弹性，从而根据实际发生的销售显示可能产生的费用，把预算比率应用到实际数据中。例如，预算中计划的材料占销售额的比例是 22.11%（17.8 万/80.5 万英镑），把这个比例应用到实际的月销售中，就能得出材料的成本是 58.7 万英镑。

通过表 11-3 中的固定预算，我们能看出，鉴于实际的销售水平，公司实际支出的材料费用比预期的多了 19 000 英镑，而不是固定预算表中显示的 76.2 万英镑的超支。

表 11-3　固定预算　　　　　　　　　　　　　（单位：万英镑，百分比除外）

科目	月 预算	月 实际	月 差异	截止年 预算	截止年 实际	截止年 差异
销售	75.3	75.3	—	731.4	731.4	—
材料	58.7	56.7	2.0	568.5	570.4	(1.9)
材料边际	16.6	18.6	2.0	162.9	161.0	(1.9)
直接成本	6.9	7.9	(1.0)	68.5	68.9	(0.4)
毛利	9.7	10.7	1.0	94.4	92.1	(2.3)
百分比	12.92	14.21	1.29	12.90	12.60	(0.30)

同样的原则也适用于其他直接成本，而看上去当年的直接成本超出预算 94 000 英镑。考虑到固定预算表中的超额销售，我们能看出公司实际的直接成本超支是 4 000 英镑。尽管这很严重，但并不像固定预算表显示的那么严重。固定预算表能让你集中精力处理业绩差异。

年度营销预算模板（www.score.org/resources/annual-marketing-budget-template）能帮你预估年度营销费用。该表格为市场调研、通信、销售和活动支持、营销差旅、广告和在线营销提供了空间，你可以根据业务的需要随时修改该模板。

季节性和趋势

每个时间段的预算数据都是不一样的。例如，120万英镑的年度销售额并不代表每个月就是10万英镑。具体的数字取决于两个因素：其一，预计趋势可能会提示年初的月销售额是80 000英镑，到年底月销售额可能就变成了12万英镑，平均数是10万英镑；其二，由于季节因素，每个月可能都会在基本趋势上进行上下调整，例如，取暖油的销量可能会在秋季到达顶峰，而在春末又会下降。

◯ 课程和讲座在线视频

1. 评估经营理念：这是微软前副总裁、凯鹏华盈公司风险资本家拉斯·西格尔曼（Russ Siegelman）在斯坦福大学商学院研究生部的讲座，其中涉及了企业家在思考经营理念时应该评估的各个方面（www.youtube.com/watch?v=y9ClKzMq3n0）。

2. 预测——时间序列模式——简单的指数平滑法，印度理工学院马德拉斯分校（IIT Madras）管理学院教授G·斯里尼瓦桑（G Srinivasan）（www.youtube.com/watch?v=k9dhcfIyOFc）。

3. 从商业计划到商业模式，亚历克斯·奥斯特沃德（Alex Osterwalder）在Aaltoes（阿尔托创业社群）夏季创业芬兰创业加速项目上的讲话（www.youtube.com/watch?v=jMxHApgcmoU）。

4. 如何制订营销计划——逐步指导：伦敦培训公司简化（Made Simple）集团商务培训简化（Business Training Made Simple）部分

（www.youtube.com/watch?v= YlFpM1UAEaE ）。

5. 如何撰写商业计划书：风险投资人和企业家的商业计划观点，以加州大学伯克利分校哈斯商学院的计划书为例，处理计划书中重要的各种细节（www.youtube.com/watch?v=QwlClWaR7DI ）。

6. 麻省理工学院具体细节：商业计划——提炼并展示你的创业想法，麻省理工学院斯隆管理学院高级讲师乔·哈德齐马（Joe Hadzima）（www.youtube.com/watch?v=Adl-E_lnCI ）。

▶ 案例研究在线视频

1. Alice + Olivia：总裁迪安娜·伯克利（Deanna Berkeley）谈自己是如何走进时尚行业的，以及自2002年以来她是如何把当时的服装生产线扩张到超过50个国家的800个销售点的。在伯克利女士的领导下，该公司通过和亚洲领先的零售品牌管理和分销公司ImagineX集团进行战略合作，成功进入了大中华和东南亚市场。这是2014年10月16日伯克利哈斯商学院院长系列演讲中的一个主题（www.youtube.com/watch?v=hUsn2tXhE14 ）。

2. 博登：约翰尼·博登，创办了英国服装零售公司博登，通过在线和邮购方式销售女装、男装和童装，他谈论自己的商业计划及其疏漏（www.high50.com/startup/johnnie-boden-entrepreneur-interview-i-dismissed-online-shopping-now-i-own-a-global-brand ）。

3. 布兰森商业计划——拼命工作，拼命玩：理查德·布兰森（Richard Branson）在"全球对话"（Global Conversation）上的讲话（www.youtube.com/watch?v=g7fbe-oV-X0 ）。

4. 加州大学伯克利分校商业计划比赛决赛入围仪式。哈斯商学院从破纪录的110组入围者中选出了最终进入决赛的8支队伍，他们共同竞争45 000美元的奖金（www.youtube.com/watch?v=k4NlDNmAaGM）。

5. 2012年华盛顿大学商业计划比赛决赛展示——福斯特商学院提供（https://vimeo.com/43505531）。

第十二章　MBA 通用的其他核心课程

- 了解市场
- 处理人际关系
- 塑造组织结构
- 战略选择
- 战略分析工具

每个MBA学生，无论学习的是通识项目还是像本书一样专门学习某一特定学科，都需要学习四大主干学科。其中包括MBA在日常工作中会用到的或多多少少会参考的基本工具，即以下4个部分。

- 金融和会计（本书涉及的内容）。
- 市场营销。企业通过市场营销活动向客户传递其外在形象，而其形象的成败可以用于衡量企业的市场业绩。企业需要识别市场，评估产品属性，了解竞争对手并把广告信息传达给选定的市场。市场营销或许是最容易被误解或误用工具最多的一个领域。
- 组织行为。在组织的成长和发展过程中，组织、启发、激励、奖励和管理个人与团队是恒久的挑战，而员工是企业拥有的能用来制约竞争对手的绝对优势。
- 战略。这是一个统一的学科，通常被称为"企业战略"。它处理的是企业的核心目标，以及企业应如何应对瞬息万变的环境中的挑战。这门学科不仅仅聚焦于企业如何制定战略，比如使用波特的五力模型，还能让企业认识到：如果没有共同的目标、价值观及目标感——对企业未来的共同期许，那么企业就不能真正成为伟大的企业。

本章包含以上各个学科所必备的工具，这些工具能帮助商务金融的学生在通过自己的技能制定和执行组织的发展方向时更好地发挥作用，而不再受到基础商务知识匮乏的限制。

市场营销

市场营销并不是商学院发明的，但作为学科来讲，商学院在其发展历程中无疑是拥有卓越地位的。西北大学凯洛格商学院的菲利普·科特勒（Philip Kotler）等人编著的《市场营销原理》（*Principles of Marketing*）和《市场营销管理》（*Marketing Management*）是在这方面影响重大的著作，在过去几十年里，它们一直都是世界各地管理课程的核心阅读书目。在过去15年里，凯洛格商学院的市场营销系无论是在美国国内还是在国际上都名列前茅。

市场营销是指确保正确的产品和服务在正确的时间和地点进入正确的市场的过程。这个句子中让人困扰的是"正确"这个词的使用。交易就是为了顾客，因为如果他们不想要你提供的产品和服务，那么这场游戏还没开始就已经结束了。你不仅要给顾客带来价值，还要让他们满意，否则他们就会选择明显优于你的竞争对手。如果他们从你这买了产品，却不满意，那么他们以后也不会再买了。更坏的情况是，他们可能会跟其他人说很多你的坏话。对于市场营销人员来说，保持"正确"意味着要有足够多的人想要公司的产品或服务，这样公司才能盈利。理想的情况是，这些人的数量只能更多而不是更少。

因此，对于供应商和顾客来说，市场营销都不可避免地成了某种意义上的发现之旅，双方都能从中学到一些东西，可能还提升了自我。市场营销的范围很大，从顾客的内心想法——可能是发现了他们自己没有意识到的情感，到把产品或服务送到顾客手中的后勤支持系统。从公司到顾客，这个价值链中的每个环节都有可能因为它而升值或扼杀交易。例如，亚马逊公司的商业思想的核心就是极为高效的仓储和运送系统，以及一种能让顾客退货并立即收到付款的简单的零成本方式。亚马逊市场营销战略中的这些因素与它的产品范围、网站结构、广告植入或有竞争力的定价一样重要。

市场营销还是一项迂回的活动。通过探索以下话题，你会发现在继续前进之前，你需要找到一些问题的答案。当然，一旦你有了答案，你可能就还要再退回去回顾一下之前的某个阶段。

市场调查

市场调查的目的是确保你掌握了关于顾客、竞争对手和市场的充足信息，从而对人们愿意买你的东西有足够的自信，且制定的价格能够让商业计划变得切实可行。

你没必要为了验证产品或服务有没有顾客而发布产品或进入市场。说实话，哪怕提前稍微做一些市场调查，其结果就能很明确地告诉你这次冒险是否能成功。

尽管大公司可能会雇用市场调查机构来设计和开展这项工作，但MBA仍应了解市场调查流程并能够在时间短、预算少的情况下进行基本的调查。

市场份额的重要性

你所在的市场由不同的竞争企业以不同的比例共同分享。这个市场通常会有一个市场领导者，数家市场跟随者及大量紧随其后的普通企业。每个竞争对手占有的那块市场就是它的"市场份额"。你会发现市场营销人员对市场份额非常执着，甚至比对绝对销售额还要执着。这种执着不仅仅只是要打败"敌人"或让自己的排名更靠前的合理欲望，而是根深蒂固的思维逻辑。

在20世纪60年代，美国的一家管理咨询公司发现，生产一件物品（或提供一项服务）的成本和相关产品在整个生命周期内的总产量之间有一种对应关系。该公司注意到，累计生产数量每增加一倍，总单位成本

（劳动力和材料）就会下降20%~30%。

所以，任何市场份额较大的公司相对于市场份额较小的竞争对手都有潜在的成本优势。这种成本优势可以用来增加利润、降低价格和竞争更大的市场份额，或者可以用来改善产品从而领先竞争对手。

竞争地位

如果市场份额和相对规模对你来说是很重要的营销目标，那么你需要评估你的产品和服务在市场中的相关竞争情况。进行这种分析最常用的方法是SWOT[优势（strength）、劣势（weakness）、机会（opportunities）和威胁（threats）]分析法。

SWOT分析法

SWOT分析法是一个通用工具。勒尼德（Learned）、克里斯坦森（Christensen）、安德鲁斯（Andrews）和古思（Guth）于20世纪60年代末在哈佛开发了这一工具，并发表在他们合著的影响重大的《商业政策、文本和案例》（*Business Policy, Text and Cases*，Richard D. Irwin出版社，1969年）一书中。SWOT分析法的框架是一个十字坐标，每个象限用来总结你的发现（见图12–1）。

优势	劣势
1. 开始获得品牌认可 2. 在印度餐厅被广泛使用	1. 不能自己生产 2. 需要更多股权融资来加强广告宣传
机会	威胁
1. 我们应在开发印度餐厅关系上投入更多 2. 我们只在英国运营——需要走向世界	1. 相对于瞄准我们的利基市场的更大竞争对手来说，我们较弱 2. 所在领域的主要税项有上升趋势，可能会减少总需求

图12–1　蛇王啤酒假想竞争对手SWOT分析表示例

在这个例子中，SWOT 分析仅限于少数几个领域，但在现实中，4 个象限中列出的可能有一打甚至更多的领域。SWOT 分析的目的是找到可以提升公司竞争地位并提高市场份额的方法，同时还要尽可能地降低潜在威胁的风险。通过该 SWOT 分析得到的值得一试的战略，可能是推出低酒精度的产品（并回避税收威胁）来吸引所有饭店，而不只是印度饭店（拓宽市场）。公司也可以利用英国品牌的国际声誉开始在印度进行销售，这样既可以进一步打开市场，又可以控制更大的英国竞争对手所带来的损害。

市场细分

不同的顾客对同一产品或服务的需求可能不同。典型的营销案例是用户对牙膏作用的不同期待，有的顾客群想要美白功能，而另一个顾客群可能只对抗蛀牙的功能感兴趣。应对这些不同需求意味着我们在进行市场营销时必须能满足这些个性化的要求，但是试图让每个人满意并不可取，也不能实现，因为那意味着最后不能让任何人都完全满意。可以帮助我们应对这一看上去不可能完成的任务的营销过程就是"市场细分"。通过这一过程，顾客和潜在顾客被组织成集群或同类群体。

例如，地毯或家具清洁行业的顾客包括个人和餐馆或宾馆之类的企业顾客。这两类顾客在本质上是不一样的，个人顾客更关注成本价格，而企业顾客更关心清洁过程是否能够尽量少地干扰公司的业务。每个顾客群体购买商品的原因都是不同的，你的营销信息也要相应做出调整。

营销组合

营销组合指的是制定和执行营销策略的要素组合。这些要素最初被称为 4P：价格（price）、产品或服务（product or service）、促销（promotion）和渠道（place）。现在已经扩展成了 7P，另外的 3P 为：人员（people）、过程（process）和能适应日益增加的顾客导向的有形展示

（physical evidence）。这就好比是做饭，按不同比例使用同一种材料可能会做出完全不同的"食品"。营销组合中的要素只代表大部分（而不是全部）在公司可控制范围内的要素，不可控要素包括经济形势、法规变化、新的更强大的市场进入者以及快速的技术变化。

"营销组合"这个词可以追溯到20世纪40年代末，当时营销经理们借助这些要素组合来制定营销策略。哈佛商学院教授詹姆斯·W.库尔顿（James W. Coulton）的文章《营销成本管理》（Management of Marketing Costs）（哈佛大学工商管理研究生院研究中心，1948年）是有记录的最早使用"组合"这个词的文献。在这份对于制造商的营销成本的研究报告中，库尔顿把企业主管称为"决策者、艺术家——各种要素材料的混合者，他们有时会用别人准备的菜谱，有时会自己准备菜谱，有时会根据手头上的材料调整菜谱，有时还会用别人没试过的材料进行试验或创造"。

库尔顿在哈佛的同事尼尔·博登（Neil Borden）喜欢他把营销主管称作"要素混合者"的说法。为了实现企业盈利，他们一直致力于创造性地使用各种营销程序的组合和营销策略。1953年，博登在美国市场营销协会主席发言（American Marketing Association Presidential Address）中引入了"营销组合"这个词。1964年，他在自己的文章《营销组合概念》（The concept of the marketing mix）[《广告研究杂志》（Journal of Advertising），4（2），pp.2-7]中继续阐释了应如何使用这一概念。

案例研究

默契网

网络约会因为处于色情边缘而成为互联网中灰色的一角，不过它现在已经成了全球的主流业务。那些想要寻找友情甚至超乎友情的人已经不仅仅局限于当地的分类广告，而是扩展到了世界的各个角落。

来自纽约和波士顿的人联系到来自西贡（Saigon）和马尼拉（Manila）的人，就像逛当地的书报亭一样毫不费力。根据美国人口普查局的调查，美国9 000万单身人士中有约4 000万人试过网上约会。民调机构舆观（YouGov）的调查数据显示，美国的爱情关系中有1/5是从网上开始的。网络约会已经成为继"朋友介绍"和酒吧认识之后排名第三的最常见的寻找约会对象的方式。如今，婚恋交友网站默契网（Match.com）每年收入超过4亿美元，有180万付费用户。

默契网的创始人加里·克雷门（Gary Kremen）是从一个与众不同的领域开始创业的。1989年，他完成了在斯坦福大学的MBA学习，和别人共同创办了洛斯阿尔托斯技术公司（Los Altos Technologies，www.lat.com），该公司的主要业务是主要为军方和其他行业消除硬盘驱动器上的敏感数据。1992年年底，他把公司卖给了一名员工，该公司直到现在还在运营。在洛斯阿尔托斯技术公司任职期间克雷门注意到了人口统计方面一个很重要的变化：诸如IBM的协同办公平台Lotus Note之类的新系统可以让行政人员无须借助IT人员就能发送电子采购订单。而这意味着越来越多的女性正在使用这类工具首次触网。他自己是"1号到900号"服务（一个电话约会中介）的用户，通过换位思考，他看到了数量虽小但日益增加的上网女性人群的同等潜力。

1993年，克雷门创办了Electric Classifieds公司，他想做电子版的分类广告，他把这一尝试当作在约会市场开展同类业务的一次试验。他看到了印刷媒体通过分类广告获得的令人垂涎的收益。《洛杉矶时报》（*Los Angeles Times*）的分类广告收入占到其总收入的40%，其中1/4是来自个人广告。两年后，他的试验成功了，他就成立了默契网，并得到了20万美元风险资本的支持。默契网成了第一批利用网络进行约会的网站之一，也是首次对这种服务收费的公司之一，而这也为其后来让渡价值带来了很大压力。1995年，很少有人上网，主动寻找男性的女性就更少了。克雷门在设计网站时心里想的就是女性需求。"整个系统都是为女性设计的,而不是男性。"他说,"谁知道男性在想什么?所以安全和匿名是很重要的。还有一些其他细节,比如要说体型,而不是具体多重。不要问女性的体重。"但即便这样,默契网的注册用户数量也还是增加得很缓慢。网络约会在很大程度上就是一个人数的游戏。克雷门让他认识的每个人都注册了,也让他的员工创建了个人档案;他和女朋友也注册了,当时他们的关系前途不明。克雷门的女朋友通过默契网结识了另一个男的,然后就离开了他。从积极的一面来看,他证明了自己的网站是行得通的。

通过使用"Synapse"这个代码,默契网开发出了一种算法,能够在考虑到用户描述的偏好(如期望的年龄范围、发色和体型等)的同时,了解到用户的网上活动。所以,如果一个男人说他不想和年龄超过30岁的女性约会,但他又经常看40岁女性的个人资料,默契网就会推断出他实际上是可以接受年龄更大的女性的。Synapse还使用"三角测量法"来考察相似用户的行为及此类信息因素。默契网使用自己的顾客信息制定了灵活易变的定价策略,其所在的市场竞争激烈、分散严重,对于刚进入市场的竞争对手来说门槛很低。网络约会软件很便宜,创建网站很简单,而且市场很大。尽管他们的最大顾客的年龄段是30~49岁,15%左右的会员都是50岁以上的,考虑到高离婚率和生育高峰期时出生的人群数量,这个年龄段的人很可能会快速增加。然而,全世界约有8 000家竞争对手,有1 000家新成立的网上约会服务提供商,年费成了顾客关注的敏感问题。

默契网在电视、广播及在线搜索引擎和分销合作商方面的花费超过了7 000万美元。它做这些旨在吸引人们到网站来,但是只有恰当的定价策略才会让人们留下来。默契网的分级定价菜单体现了价格歧视策略,这在行业里被称为"金发经济"。通过提供3种价格选择,默契网实际上就给潜在顾客提供了好——更好——最好的选项。不确定自己想要什么的人一般都会选居中的，也就是更好的选择，因此提供一个中间选项是获得客观的询问转化比率的关键。默契网还使用了照单点菜式的定价策略，除了每月的服务费用，用户还可以通过"菜单"选择其他的与潜在约会对象沟通的方式，如通过视频、语音邮件和短信。一旦会员成为基础用户，默契网就可以通过提供增值服务或补充服务来增加收入。它还提供一些季节性的服务，例如，在圣诞节后的淡季投资寻找爱情。节礼日和新年伊始是网络约会网站最忙的时段，有些网站的访问量甚至增加了3倍。仅在那一周时间里，默契网的用户就发出了超过300万封邮件。

克雷门和董事会之间存在很多分歧，这最终导致他们在1998年以700万美元的价格把默契网卖给了康涅狄格州的一家顾客服务公司Cendant。一年后，Cendant又把它卖给了IAC，即后来的捷特玛（Ticketmaster），交易价格是5 000万美元。克雷门在第一次交易中收获很少，只拿到了50 000美元和网站的终身账户。而这个账户后来被证明也没什么价值，因为他和妻子的相遇和结合是通过技术含量很低的方式——双方的共同朋友——实现的。克雷门通过另一种不同的与性别有关的事业得到了财富。2001年，他在关于sex.com的域名纠纷中拿到了6 500万美元，这个域名是他在20世纪90年代注册的。2004年，在Electric Classifieds停业后，克雷门花20万美元买下了这家公司，他这么做是为了拿回其价值不菲的专利，紧接着他就以170万美元的价格把公司卖了。

了解顾客需求

当一家成功的化妆品公司的创始人在被问及他到底是做什么的时候，他曾这么回答："我们在工厂生产香水，在商店出售梦想。"一方面，从商的人通常在一开始都会用很实际的词汇来定义自己的生意；而另一方面，顾客认为商人的生意具备满足他们需求能力的基本价值。即便是宣称"顾客满意"或"顾客高兴"是它们的宗旨的公司，通常也会发现这个目标比一开始看上去的更复杂。以奇妙盛开公司（Blooming Marvellous）为例，这是一家生产时尚孕妇装的公司。它为准妈妈制作衣服，这点没有疑问，但它想要满足的顾客的基本需求不是保持低调或保暖，而是要实现更高的目标——确保顾客在跟别人进行社交和自我评价时相信自己穿得很时髦。一些小的因素，比如衣服评级显示布料的保暖性和羽绒衣是一样的，并不能影响奇妙盛开公司的潜在市场。

除非你已经清晰地确定了市场需求，否则你就不能向市场提供产品或服务来满足其需求。幸运的是，你所需要的帮助唾手可得。美国心理学家亚伯拉罕·马斯洛（Abraham Maslow）在位于波士顿的布兰迪斯大学教书。该校的国际商学院在《经济学人》的一项关于顶级商学院的调查中名列前茅。马斯洛的研究表明："所有的顾客都是目标寻求者，他们通过购买和消费满足自己的需求。"他又进一步把顾客的需求分成了5级金字塔，并把它称为"需求等级"，位于最底层的是人的生理需求，如对空气、水、睡眠和食物的需求，而这些需求是维持生命所必需的。之后是人的安全需求——顾客的安全需求是在使用你的产品或接受你的服务时有安全感。社交需求是对归属感的需求——同事、朋友及其他群体。人们在这些基本需求得到满足之后，才会考虑更高级的尊重和自我实现的需求。最后这两种需求是被别人尊重以及快乐和自我满足的需求。

促销和广告

所有的广告和促销策略都要回答这5个问题：

- 你想做成什么？
- 实现目标你需要付出多大的代价？

- 要实现这一目标你需要传达什么信息？
- 哪种媒体的传播效果最好？
- 你如何衡量自己的努力和花费的效益？

你想做成什么

你想让潜在的顾客访问你的网站，给你打电话、写邮件、回赠卡片或在邮局发一份订单吗？你是期待他们迫不及待地给出你现在就想要的回应，还是希望在未来某天当他们需要你的产品或服务时能够记起你？

你越能够确定订单、来访、电话或文件等要求的具体回应，你就越能更好地进行定制化促销来实现目标，你也就越能清晰地评估促销的有效性及其投入产出比。

实现目标你需要付出多大代价

一旦你知道某一特定促销活动要实现什么目标，预估成本就会变得简单一些。假设你花费 1 000 英镑做广告有望产生 100 次对产品的询问。如果经验显示平均 10% 的询问就能产生一笔订单，并且你的利润边际是每个产品 200 英镑，那么你就可以期待 2 000 英镑的额外利润。这份"收益"比 1 000 英镑的广告成本要高得多，因此这份投资看上去是值得的。如果你心里有了目标，你就可以决定每个月在广告上花多少钱，再根据经验来调整这个数字。

确定你要传达的信息

你的促销信息必须基于公司和产品的基本事实。这里的重点是"事实"这个词。虽然关于你和你的产品有各种类型的事实，但你的顾客只关心其中的两种：影响其购买决定的事实，以及你的业务和产品为何优于竞争对手的事实。

这些事实必须考虑到顾客的需求。有时会有这样一种假设：每个人买东西都是出于明显的、有逻辑的原因，但是我们都知道无数的例子表明事实并非如此。难道人们只在旧衣服穿破了的时候才想买新衣服？老板的桌子比下属的要大，难道是因为老板的桌子上要放更多的文件吗？

选择媒体

你的市场调研应该能够让你清楚地了解谁是你的潜在顾客群，而这会为你指明走近这些顾客的方法。但即便你知道了自己的广告信息应该指向谁，事情也并不总是一帆风顺的。例如，《渔讯》（*Fishing Times*）可能对渔民很有效，但对于为了圣诞节或生日给他们买渔具的伴侣可能就没那么有效。此外，《渔讯》上充斥着竞争对手的广告信息。考虑投放网页广告是值得的，这样就有了潮汐表可以避免和竞争对手的正面交锋，或者可以设计礼品目录来抓住特定市场的注意力。

如果消费者已经知道自己想买什么，也正在寻找供应商，那么数据显示：约 60% 的人会看打印版的黄页（或者类似的），12% 的人会使用搜索引擎，11% 的人会用电话簿查询，7% 的人会使用网络黄页，只有 3% 的人会向朋友求助。但如果你正在特定时间内努力劝说消费者考虑购买产品或服务，那么传单可能是更好的选择。这还是要回到你的广告目标上，目标越清晰，选择媒体就越容易。

衡量效益

前面提到过的孕妇装销售公司奇妙盛开的联合创始人朱迪·利弗（Judy Lever）不仅坚信评估广告结果的必要性，而且同样相信监测某一特定媒体公司吸引顾客能力的重要性。

我们首先在专业媒体上投放 1/16 版面的页面广告，之后一旦证明该媒体是有效的，我们就逐渐扩大到半版，经验证明这是最佳尺寸。平均每年有 70 万名孕妇，但专业杂志的发行量只有约 30 万份。我们还没有发现一种方法可以在正确的时间——也就是在女性怀孕的早期，把信息传达给所有的潜在顾客。

渠　道

渠道是营销组合中的第 4 个"P"。关于渠道的营销战略是指产品和服务如何真正到达顾客手中。

举个例子，如果你是个零售商，或是饭店或连锁酒店的经营者，顾客会来找你。这样，你的物理位置可能就是你成功的关键。对于制造企业来说，更大的可能性是你需要走出去"寻找"顾客。在这种情况下，分销渠道就成了决定你成功与否的至关重要的环节。对于很多提供服务的企业来说，网络既是其订货渠道也是其履约渠道。

过　程

营销组合中的这一要素和顾客与供应商打交道的经验有关。本质上，这将使公司提供的服务元素更鲜明和突出。这一过程涉及顾客与供应商关系的方方面面。例如，奈斯派索（Nespresso）胶囊咖啡机最近的一次报价过程——从 2015 年 3 月开始，顾客每买一台奈斯派索咖啡机就可以获得 25 英镑的俱乐部奖励，而兑换奖励的过程使得这个策略没那么有吸引力了。

为了获得这笔奖励，你需完成两大步骤。

首先，购买奈斯派索咖啡机。从 www.nespresso.com 网站购买任意一台咖啡机，并注册奈斯派索俱乐部会员，由此你就可以获得奈斯派索俱乐部的会员账号。

其次，收到咖啡机并申请 25 英镑的俱乐部奖励。你一旦收到咖啡机，就必须在www.nespresso.com/UKpromotion网站上申请奈斯派索俱乐部信用。你需要上传购买证明，并输入你购买的咖啡机的19位序列号。或者，你可以从www.nespresso.com/UKpromotion网站上下载一个申请表，附上购买证明的复印件，在规定截止日期前将其寄到申请表上的地址。

网站和移动应用程序是潜在顾客对该公司这一流程不满意的另一原因。谷歌引入了"移动—友好性测试"，通过该测试可以分析URL，并得出页面的设计是否移动友好的报告。请访问www.google.co.uk/webmasters/tools/mobile-friendly。

有形展示

营销组合中的这个"P"是要确保公司使用的所有场所都是合适的，且都能支撑公司在市场中的地位。例如，德国连锁超市历德（Lidl）的展销方法通常是把产品堆放在地面或离地面很近的可移动货架上以方便补货。而这种方法却不适合全食超市（Whole Foods Market）这样的品牌，因为它们的重点是质量和范围——全食的面包店里有很多好吃的食物，如巴伐利亚椒盐卷饼、蔓越莓松饼和燕麦奶油派等，所有这些好吃的食物都需要以让人视觉上非常享受的方式得到展示。

人　员

麦肯锡咨询公司（McKinsey & Company）的一份名为《顾客服务中的"真实时刻"》（The "moment of truth" in customer sevice）的报告研究了员工是如何管理对顾客十分重要的关键互动方式的。该报告的结论是：公司和顾客的长久关系会在某些时刻发生重大的改变——要么变好，要么变差。该研究继续引用了诺德斯特龙公司（Nordstorm）前联席总裁吉姆·诺德斯特龙的话："当员工可以自由地按照自己认为合适的方式完成工作并且可以以自己想要被对待的方式对待顾客时,他们就会很努力地工作。"(www.mckinsey.com/insights/organization/the-moment-of-truth-in-customer-service。)

组织行为

组织行为是一个全局的而零散或者说混乱的领域,它主要是和人打交道,涵盖了人为什么会表现出某种行为,以及如何创建并管理能够实现业务目标的组织。正如一位愤世嫉俗的CEO总结的那样:"让人们做我想让他们做的事情,而他们这么做是因为他们自己想做"。

一项战略失败最普遍的原因之一是执行不到位,而对拟定的行动方案的分析和规划很少会成为根本原因。问题更有可能在于对执行战略的人员的选择、管理、激励和奖励,以及如何组织和领导人员。这听起来好像是一项很简单的工作。

遗憾的是,无论是个人还是群体在应对这些情况时都很难迅速适应和灵活应对。德国著名的军事战略家老毛奇(Moltke)如此陈述:"没有任何作战计划在与敌人遭遇后还有用。"在此,我们可以用"组织"这个词替代"敌人"。然而,通过理解和应用典型的MBA教学大纲中的大量原则和概念,我们就可以提高实现组织目标的概率。

战略与结构、人员和系统

这个问题就好比"是先有鸡还是先有蛋"的问题。除非你要从一个荒无人烟的地方开始创办组织——除了自己和一堆现金外没有别的了,否则所有的经营情况都要考虑人员和组织结构方面的理想状况与实际状况之间的妥协。

理论是很清楚的。作为经营环境的产物,组织的战略会决定企业的架构，应当雇用什么样的人以及如何管理、控制和奖励这些人。但在现实世界中，经营环境会随着经济变化、竞争对手的进入退出、消费者需求及其欲望和期望的改变而不断变化。无论如何，企业的行动自由都是受限的。无论企业战略发生多剧烈和重大的变化，企业都不太可能为了改变发展方向而随心所欲地雇人和裁员。例外的情况是企业彻底倒闭或者退出某个活动，如玛莎百货在2001年极具争议地关闭了它们在法国的分店。这一行动被认为对整个企业的生存至关重要。尽管法国因此爆发了"五一抗议"游行活动，但公司的股票在宣布这一决定后上涨了7%。

图12-2可以很好地帮助你了解如何处理组织行为。这些同心圆是一个比喻，它提醒我们注意组织行为的循环特性。你不可能在处理某一方面的问题时不顾其对其他方面的影响。

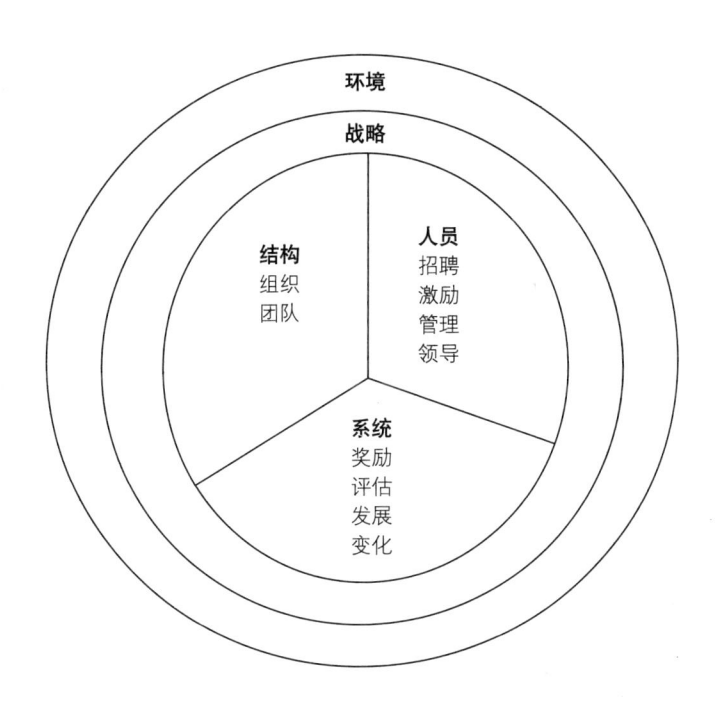

图 12-2 帮助理解组织行为的框架

组织架构图

用图表来展示组织是如何工作的这种方法已经存在几个世纪了。罗马军队和普鲁士军队都有关于其等级结构的描述图，普鲁士军队的结构图还包括了直线参谋制。还有一些证据表明，古埃及人记录了他们在实施诸如金字塔等重大工程时是如何组织和分配工人的。然而，丹尼尔·C. 麦卡勒姆（Daniel C. McCallum）被公认于1855年为了有效组织铁路建设而制定了第一套系统的组织机构图。触发他进行这一创新的问题是，他发现每英里铁轨的建造成本并不会随着在建线路长度的增加而下降，这和人们正常的逻辑想法是相反的。其实，这种低效是组织不当造成的。

基本层级组织

在图12-3所展示的简明结构中，组织的每个人或每个单位都有一个汇报人。如果组织规模较小，那么这种方式的效果很好，因为这种组织结构的决策很简单，日常事务的开展和沟通也很方便。

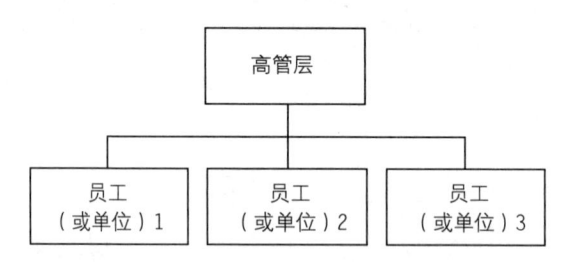

图 12-3　基本层级组织图

这个基本结构可以基于不同分组中的任意一种，包括：

- 市场营销或制造等职能；
- 国际或地区等地理位置；

- 产品；
- 消费者，或交易、消费者、新账户或关键账户等细分市场。

管理幅度

在层级结构中，有多少人向经理汇报是由管理幅度决定的。汇报的人数少，管理幅度就窄；汇报的人数多，管理幅度就宽。

管理幅度窄意味着向经理汇报的人数少，因此沟通效果应该会更好，管理也更容易。然而，随着组织的发展，这通常意味着管理层级会越来越多，从而会削弱之前的组织效率。

管理幅度宽的组织结构，通常被称为扁平化管理结构，是指很多人或单位都向一人汇报。这通常意味着管理层级少，但从事管理的人就需要具备更高的管理水平。下属开展的任务的性质限制了管理者管理扁平化组织的能力。例如，负责相同单位——如连锁超市分店的区域经理，在良好且成熟的管理系统的支持下，能够管理 10 个或更多的直接汇报人员。但如果组织是由完全不同的单位，如零售店、中心面包店、车库、工厂、财务部和销售团队组成的，任何一位经理处理这种多样性问题的能力都会受到限制。

这里要考虑的另一个要素是管理者和被管理者的技能水平。被管理者的劳动技能水平越高，管理者的管理幅度就越宽，因为他们不需要那么多的监管。技能水平更高的经理可以管理数量更多的员工。

直线参谋制

随着企业规模的扩大，经营更加复杂，保持扁平化组织结构的方法之一就是引入可以接管部门经理日常职责的职能部门。例如，生产经理可能要处理自己部门的员工招聘、筛选和培训，但这个领域可能有十几个人。一旦人数扩展到了几百个，而且这种扩展同样涉及销售和营销等管理领域，那么更有效的做法就是成立专门的人力资源部门来支持部门经理的工作。

员工通过提供知识和专长来为经理提供支持，但是最终责任是由部门经理来承担的。直线参谋制中有3种职权（见图12-4），它们随着效率的提高可能也会产生冲突。

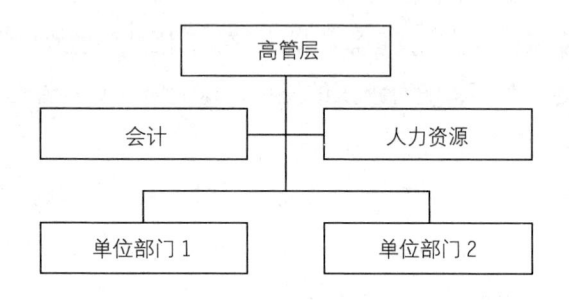

```
          ┌─────────┐
          │  高管层  │
          └────┬────┘
       ┌───────┴───────┐
    ┌──┴──┐         ┌──┴────┐
    │ 会计 │         │人力资源│
    └──┬──┘         └───────┘
   ┌───┴────┐
┌──┴────┐ ┌─┴──────┐
│单位部门1│ │单位部门2│
└───────┘ └────────┘
```

图12-4　直线参谋制示意图

- 直线职权适用于指挥链，赋予位于指挥链上层的人以权力和职责，以便他们去指导下属完成特定任务。
- 参谋职权是在特定领域给部门经理提供建议的权利和责任。例如，人力资源职员会就裁员条件、雇佣条件和组织纪律等方面为直线经理提供建议。
- 职能权限或受限直线职权赋予了员工对于某一特定职能（如安全或财务报表等）的最终裁决权。这时直线员工和参谋员工之间可能会产生冲突，但是这种冲突可以通过两种方式被尽量减少。其一，参谋员工直接向对他们有直线管辖权的上级汇报；其二，可以把直线员工和参谋员工组织成拥有共同目标的不同团队。

职能组织

在职能组织中，参谋员工和直线经理都向共同的高级经理汇报（见图12-5）。这就使得高级经理有了更大的职责和更宽的管理幅度，并且要负责更多样化的任务。然而，这种结构把所有的职责都聚集在了一个人身上，从而将冲突的可能性降至了最低。这也可能使得组织失去专业参谋职能部门所具备的高水平的专业知识。例如，这将把完全熟悉当前雇佣法的责任留给生产经理，而不是让他听取参谋员工的建议。他当然可以认真研究法律，但肯定不如把人力资源管理当作日常技能和专业基础的人做得好。

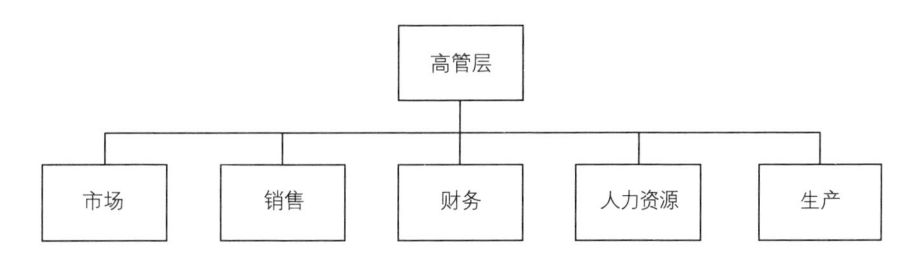

图 12-5　职能组织示意图

矩阵组织

矩阵组织给了两个人在相互关联的职责领域的直线职权。在图12-6中，你会发现一个经理要负责欧洲和亚洲两个地区的产品群1的销售，同时该经理还需要负责自己所在大洲的所有产品的销售。

矩阵结构旨在确保组织中的所有关键领域都有一位直线经理负责，但这里边还是有产生利益冲突的可能。例如，负责产品群2的人可能会想在某一市场为自己的产品争取更多的关注。理论上，矩阵组织的经理有足够的能力消除争端，但在现实中却不一定是这样的。争端往往要靠双方的老板来解决。

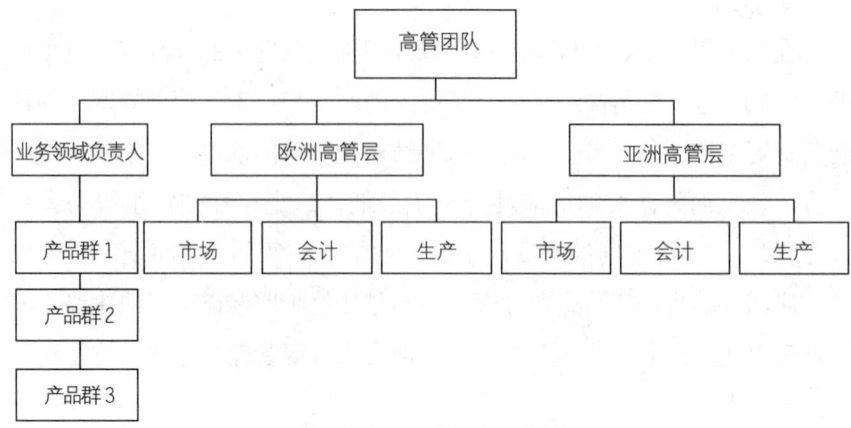

图 12-6　矩阵组织示意图

战略业务单元

战略业务单元（见图 12-7）实际上是自负盈亏的独立企业，它们的组成方式可能是前面讲到的任意一种。如果它们没有自己的专业职能部门，那么它们可能会在需要时从母公司进行服务采购。这样，它们就保持了完全利润责任的理念。

战略业务单元还可以被进一步分成只负责管理当前收入和开支的部分及"投资中心"。其中投资中心可以在开设新工厂、研发投资或收购竞争对手等方面做出资本开支的决策。

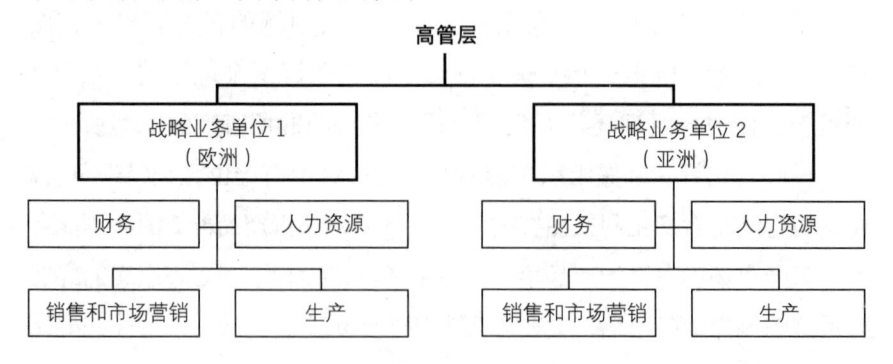

图 12-7　战略业务单元的组织结构图

激 励

激励是一门值得认真研究的课程，但它相对而言是一门新的"科学"。17世纪的英国哲学家托马斯·霍布斯（Thomas Hobbes）认为，人类的本性是自私的。他曾说，激励简单来说就是围绕着痛苦或高兴进行的选择。西格蒙德·弗洛伊德（Sigmund Freud）也曾非常简单地提出了人的两种基本需求：生存和死亡的本能。这些想法第一次真正挑战了历史悠久的"胡萝卜大棒"激励法（这种方法渗透在组织生命的各个方面——从战时的军队到工业革命时期的英国织工）。

在商界，除了奖励和裁员之外，首次出现的其他激励方法是哈佛商学院教授埃尔顿·梅奥（Elton Mayo）在其著名的霍桑研究中提出的。这些研究是1927—1932年他在位于芝加哥的西部电气霍桑工厂进行的。从研究照明对生产力的影响开始，梅奥通过改变休息时间、温度、湿度和工作时间，甚至在某些时候提供免费用餐来观察员工的疲惫和单调工作是否符合自己提出的公式。梅奥和一个由6名女性组成的团队一起工作，他改变了自己能想到的所有参数，包括增加或减少工作时间和休息时间，最终又回到初始情况。每种改变都会提高生产力，除了把上午和下午两次的10分钟休息时间增加到了6次（每次5分钟）——员工感觉频繁的工作间歇会扰乱自己的工作节奏。

梅奥的结论是：展示出"上面的人的关心"以及建立所有权和责任感是管理层可以使用的重要激励因素。之后，梅奥提出了一系列关于激励的理论。威廉姆·麦克杜格尔（William McDougall）在他的书《人的能量》（The Energies of Men）中列出了18种基本需求，他把这些需求称为"本能"（如好奇心、主张和服从）。哈佛心理诊所（Harvard Psychological Clinic）的助理所长H. A. 默里（H. A. Murray）列出了人的20种核心心理需求，包括成就、归属和权力等。商学院的研究生们研究和应用最多的激励理论是马斯洛提出的需求层次理论和下面的一些理论。

X 理论和 Y 理论

美国社会心理学家道格拉斯·麦格雷戈（Douglas McGregor）曾在哈佛大学和麻省理工学院两所顶级大学任教。他提出了这两个理论来解释支配管理活动的人类行为的假设。

X 理论的设想是：正常人天生就讨厌工作，如果可以的话，他们会尽量避免工作，所以管理者需要把工作重点放在生产力、激励方案和"公平日工作"这个理念上。因为讨厌工作，多数人必须受到强迫、管控、指引和惩罚的威胁才能实现公司的目标。人们更喜欢被指引，想避免责任，没什么雄心壮志，而且最重要的是人们其实想要过安稳的生活。

尽管 X 理论确实解释了一些人类行为，但它并没有提供一个框架来让人们了解在最佳企业的应有行为。麦克雷戈和其他人提出了另一种理论——Y 理论。

Y 理论的基本理念是：人们在工作中的体力和脑力付出就跟休息和娱乐一样自然。在恰当的条件下，努力工作可能会带来巨大的满足感；在不当的条件下，它可能就变成了苦工，无法激发那些被迫参与的人的付出和思考。一旦致力于一个目标，多数工作的人就可以实现较高水平的自我管理。工作满足感和个人认同感就是人们可以收获的最高"奖赏"，并可以让他们最大程度地投身于当前任务。在恰当条件下，多数人会接受责任，甚至还愿意承担更大的责任。在企业中，很少有人"满足"于自己的现有能力，大多数人也都乐意对需要解决的问题做出创造性贡献。

典型的 X 理论老板可能会尽可能远离员工。例如，无论企业规模多小，他们都要确保拥有自己的办公室，而且办公室的门要紧关着；和他人的接触也仅限于下达工作指令和抱怨业绩不好。采取 Y 理论方法的人会合作进行决策，而不是下达命令和在出现问题时训斥别人，他们还会反馈意见，这样每个人都能从成功或失败中有所收获。

激励保健理论

克利夫兰凯斯西储大学（Case Western Reserve University）心理学教授弗雷德里克·赫茨伯格（Frederick Hertzberg）发现有些因素会给员工带来明显的工作满足感或导致他们对工作不满足。他在研究中发现以下 5 个因素会非常明显地决定人们的工作满意度：

- 成就。人们想要成功，所以如果你设定的是他们可以达到并且能够超越的目标，那么他们就会比一直错过目标更能感到满足。
- 认可。每个人都想要自己的艰辛工作能够获得认可。但是，并不是每个人都想以同样的方式获得认可。
- 责任。人们想要获得对自己的工作和整个任务负责的机会，这样能帮助他们实现个人的成长。
- 进步。晋升或任何形式的进步都是重要的激励。在小公司里，能够为重要员工提供未来的职业发展机会可能会成为企业得到发展的重要原因。
- 工作本身的吸引力（工作兴趣）。你没理由让工作变得很无趣，你需要让工作变得有趣，并让员工在如何完成工作方面有话语权——这会鼓励他们想出新点子来更好地完成工作。

当分析人们不满意工作的理由时，你会发现它们可能和各种不同的因素有关。

- 公司的政策：规定（无论是正式的还是非正式的），如上班和下班的时间、休息就餐及着装要求。
- 监督：员工的工作进展，或者允许有人全天监督他们的进度。
- 管理：事情是否进展顺利，文书工作是否乱七八糟，供货是否总是延迟。
- 工资：员工是不是至少能拿到现行市场标准的工资和福利。
- 工作条件：员工是否是在设备差、工作安全没保障的恶劣条件下工作。
- 人际关系：工作气氛是否和谐或员工是否分成了势不两立的派别。

赫茨伯格把这些造成不满意的因素称为"保健因素"。他说缺少保健会带来疾病，但拥有保健条件本身并不会带来健康。因此，缺乏足够的"工作保健"会造成人们对工作不满意，但单单有保健条件并不会带来工作的满意度。为了实现这个目标，你还要解决工作满意度的决定因素。

战　略

卡斯商学院战略学教授约瑟夫·兰佩尔（Joseph Lampel）是《战略反咬》(Strategy Bites Back) 一书的作者。他讲了自己收到一名 MBA 学生的紧急请求的故事："您能提供一个清楚易用的战略的定义吗？""我的职业，"学生写道，"可能就取决于它。此外，在开始学习这门课时我想对自己应该寻找的东西有一个更好的想法。"兰佩尔继续解释说，他接到这个请求并没有那么吃惊，让他吃惊的是在课程尚未开始时他就已经收到了这个请求。在过去，学生一般都是在课程结束时来找他，向他坦白说自己还是没搞明白战略到底是什么。

尽管战略在每所商学院都是核心课程，但是与不断变化的关于企业应当如何定位自己才能最好地应对挑战的评价方法相比，战略的学术性并没有那么强。英国央行的某位行长曾说，直到复活节，圣诞节的真实意义才会变得明显。与此极为类似的是，当涉及预估节日期间的零售额时，成功的战略的意义在事后才会被真正认识到。

三大成功型战略

就设计出能够掌握企业战略重点的最简洁有用的方法而言，我们必须要谈到的一个人就是迈克尔·波特。他曾在普林斯顿大学学习经济学，之后在哈佛商学院获得MBA（1971年）和博士学位（1973年），现在是哈佛的教授。他的书《竞争策略：分析产业和竞争对手的技术》（*Competitive Strategy: Techniques for analyzing industries and competitors*）（1980年）印了63版，被翻译成了19种语言。这本书首次提出了现在广为流传的制定战略的方法。除了多数商学院将这本著作列为必读书目之外，全球还有80多所大学开设了基于波特的书的合作课程，这些课程使用哈佛研发的课程安排、视频和师资支持。

波特首先发现的是有两个最重要的因素影响着企业实现优厚利润的概率：第一，企业所在行业的吸引力；第二，相较于企业的影响力来说，更重要的是企业在业界给自己的定位。在这方面，企业可能只有成本优势，即它生产产品或提供服务的成本比别人要低。或者，它可能在某方面能做到与众不同，而这对消费者来说很重要，这样它的产品或服务就具有了独特性，至少相对来说是这样。波特还提供了另一条路径：企业可以走成本优势或者差异化的路径，或者它们还可以走第三条路径——专注于更窄的特定细分市场（参见本章前面讲的市场细分），从而实现成本优势或者差异化。他把这种战略称为专一化战略。

成本领先

我们不能将低成本和低价格相混淆。成本低的企业可能不会把这部分节约的成本让渡给消费者。它们可以利用这种优势、严格的成本控制及低边际来有效地阻止其他想要进入市场或扩大市场份额的企业。最有可能实现低成本战略的情况包括：置身于巨大的市场，需要大规模资本投资，生产或服务量很大以及可以从长期发展中实现规模经济。

低成本并不是偶然发生的幸运事件，它可以通过以下主要活动来实现。

经营效率

这包括新的工艺、工作方法或是成本更低的工作方式。瑞安航空（Ryan air）和易捷航空（easyJet）就是这样的例子，它们通过分析所有的业务组成部分，剔除了一些大的成本因素——如航空餐、免费行李和座位分配，但保留了基本的部分——把你从 A 地送到 B 地。

产品再设计

这是指从根本上重新思考产品或服务，以寻找更有效的工作方式或可以使用的更廉价的替代材料。汽车制造行业就通过"平台共享"采取了这种方法。在共享平台上，雪铁龙、标志和丰田等主要汽车制造商重新思考并设计其入门车型，从而实现了主要汽车部件的共享。

产品标准化

那些宣称会扩大消费者选择的各种产品和服务毫无例外地都会导致成本升高，而问题是要确保这种增值真的能给消费者不一样的选择并且能增加价值。2008 年，英国铁路网花很长时间仔细研究了其十几种不同的票价结构和同一种价格结构常用的不同票名，而这些从 20 世纪 60 年代以来基本就没变过。它们把这些不同的票价结构减少到了 3 种基本的产品定位，采用这种方法以及铁路网通用的其他标准的目标是大量减少过高的售票交易成本。

规模经济

要实现规模经济，要么是你的体量足够大，要么是你足够大胆。同样的总部、仓储系统和分销渠道能够为乐购3 263家门店提供支持，而索莫菲尔德（Somerfield）的997家门店也是如此。乐购的基础成本更低，因为它们有更多的门店来分摊成本，同时有更强大的采购力。

经验（或学习）曲线

尽管很早之前我们就知道随着产品或服务数量的增加，成本会降低，但这种说法第一次出现是1936年由美国航空工程师T. P. 赖特（T. P. Wright）把它作为一个会计流程提出的。这个流程又被称为"累计平均模型"或"赖特模型"。之后，斯坦福的研究团队建立了单位时间模型或克劳福德模型。波士顿咨询集团通过其经验曲线推广了这一流程。它们的经验曲线显示，做某件事——生产产品或提供服务——的累积量每翻一倍，单位成本就会呈现恒定的、可预测的数量下降。成本下降的原因包括4个方面。

- 重复劳动会让人们更熟悉任务，从而能够做得更快。
- 在经验曲线的影响下，供应商自己的成本下降，它们可以获得更高效的材料和设备。
- 组织、管理和控制程序的改善。
- 解决了工程和生产问题。

波士顿咨询集团是布鲁斯·D. 亨德森（Bruce D. Henderson）在1963年创办的。布鲁斯之前是《圣经》销售员，毕业于范德堡大学的机械工程专业。

后来，他在从哈佛商学院毕业前的90天去了西屋电气公司（Westinghouse Corporation）工作。离开西屋电气公司之后，他担任了理特管理顾问公司（Arthur D. Little）服务管理部门的领导。之后，他加入了波士顿平安储蓄信托公司（Boston Safe Deposit and Trust Company）并创办了银行咨询部。波士顿咨询集团把这个曲线叫作经验曲线，正是这个战略工具让它们走上了成功之路，而且从此之后一直很好地为它们服务。

经验曲线（见图12-8）作为战略流程的价值在于它可以帮助企业预测未来的单位成本，提示什么时间成本不会再以历史的速率下降，这些都是企业追求成本领先战略的重要信息。每个行业都有自己的经验曲线，这条经验曲线会随着时间的变化而变化。你可以在管理和会计（Management and Accounting）网站（http://maaw.info/LearningCurveSummary.htm）上找到更多关于如何计算自己所在行业的经验曲线的信息。

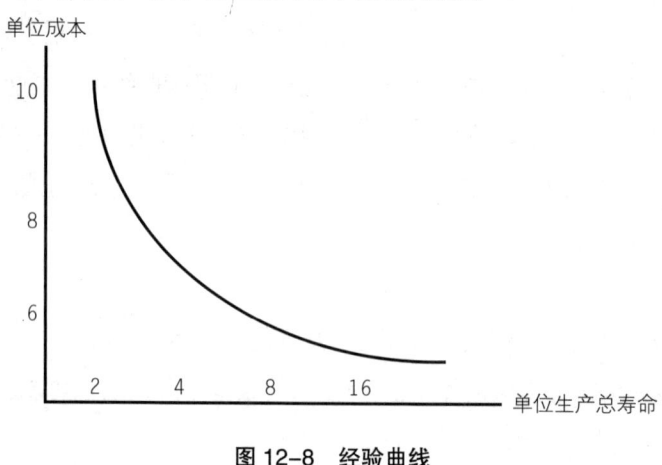

图 12-8　经验曲线

差异化

实现差异化的关键是要深刻理解顾客真正想要什么和真正需要什么，更重要的是他们更愿意多花钱买什么。苹果的开放战略是基于图标而不是单调的MS-DOS（微软磁盘操作系统）的"好玩"的操作系统。这源于它们认为计算机用户大多数都是年轻人——他们想直观地掌握系统，而"图形用户界面"就是为此而设计的。苹果继续实施其差异化战略，而且还增加了设计感和时尚元素，从而更易于控制产品提供额外价值的方式。索尼和宝马也是实施差异化战略的例子。这两家企业的产品都有明显且理想的差异，它们和苹果的产品在各自的行业中都不是价格最低的，但顾客却愿意为了这些产品中的特殊的且有价值的差异多花钱。

差异化不一定仅限于市场领域。如果差异化的主体在没有预警的情况下错过了时机，那么差异化也不一定能成功。尽管北岩银行（Northern Rock）通过货币市场收回房贷的多数资金的战略是稳操胜券的，但它最终为了维持运营而不得不国有化并由此走向失利。差异化既然能让该银行比竞争对手成长得更快，也就能让其储户更信任它们。这需要利率低且货币市场运作平稳，一旦促使北岩银行成长的差异化特征被逆转，它的业务模式也将会失败。

专一化

专一化战略就是全神贯注服务于某一特定市场或特定地理区域的战略。例如，宜家在30多个国家有235家分店，它们把年轻白领作为自己的首要顾客群。来自瑞典南部斯马兰省的企业家英格瓦·坎普拉德在20世纪40年代末创办了这家企业，为年轻人提供能买得起且功能和设计良好的家居产品。他仅仅通过不影响产品质量的成本削减法就做到了这点。

世界首富沃伦·巴菲特十分精通专一化战略。2008年5月，他和玛氏（Mars）一起以230亿美元（143亿英镑或170亿欧元）的价格收购了美国口香糖制造商箭牌（Wrigley）。位于芝加哥的箭牌公司在19世纪90年代推出了薄荷和多汁水果口香糖。自此以后，它们一直专注于口香糖，尽管其竞争对手的产品更多样化，但箭牌比它们做得都好。箭牌是唯一一个成长速度比其市场人口和通货膨胀率增长还快的大型消费品公司。例如，其他消费品公司在过去10年间已经将业务多样化：吉列公司（Gillette）通过收购金霸王电池（Duracell），进入了过去驱动它的产品的电池领域；雀巢收购了普瑞纳（Purina Purina）、醉尔斯冰激凌（Dreyer's）、美国第三大冰激凌生产企业Ice Cream Partners和美国厨师公司（Chef America）。但是，这两家公司的业绩都没有箭牌的业绩好。

企业通常会随着时间的流逝而失去自己的专一性，它必须定期重新发现自己的核心战略。宝洁就是不得不重新调整核心战略来拯救增长疲软的公司之一。2000年，宝洁公司的9大产品类别中有7个都出现了市场份额下跌，在两个季度内有4次的盈利预期都较低。这就促使公司做出调整并再次聚焦核心业务：大品牌、大顾客和大国家。宝洁出售了自己的非核心业务，成立了拥有特别专一的产品组合的五大全球业务单元。

先行者的市场谬论

获得"先行者优势"被用作一个咒语，来证明高开支以及涌向新的战略领域的合理性。它是商业理论和实践中历史最悠久的概念之一。企业家和行业巨头总是竞相做市场先行者。20世纪80年代的研究显示：市场先行者在分销、产品线种类、产品质量，尤其是市场份额方面具有持久的优势。这些研究进一步强调了这一原则。

尽管先行者优势很有吸引力，但它可能是错的。南加州大学的杰勒德·特利斯（Gerard Tellis）和纽约大学斯特恩商学院的皮特·戈尔德（Peter Golder）在他们的《意志和愿景：后来者如何成长为市场主导者》（*Will and Vision: How latecomers grow to dominate markets*）（2001年）一书和之后的研究中一再表示之前关于这方面的研究漏洞百出。

首先，之前的研究是基于对那些存活下来的企业和品牌的调查，不包括任何失败了的市场先行者。这就让有些企业认为自己是进入市场的第一人，即便实际上它们并不是。宝洁吹嘘说自己开创了美国一次性尿布业务，实际上一家名为 Chux 的公司早在 1961 年——宝洁进入市场 25 年前——就已经推出了这样的产品。

另外，早期研究中用于收集数据的问题充其量是模棱两可的，或者可能是非常危险的。例如，"开发出此类产品或服务的先驱之一"这个词被用作了"市场先行者"的代名词。两位学者通过列出对他们分析的 66 个市场中的真正先驱的常见误解，强调了自己的观点：

- 网上图书销售——亚马逊（错误），Book.com（正确）；
- 复印机——施乐（错误），IBM（正确）；
- 个人电脑——IBM 或苹果（错误）。

1974 年，微型仪器遥测系统公司（Micro Instrumentation Telemetry Systems，简称 MITS）推出了个人电脑 Altair，售价 400 美元。1977 年，坦迪公司（Tandy Corporation）紧随其后推出了 Radio Shack 电脑。

实际上，所有研究中最有说服力的证据是：近一半的致力于成为市场战略先行者的公司都失败了，而那些紧随其后的公司成功的可能性却高出了先行者两倍。特利斯和戈尔德称，最好的战略是在先行者运营 19 年之后再进入市场，这样就能从它们的错误中学习经验，从它们的产品和市场开发中有所借鉴，并且能更加明确顾客的喜好。

制定战略——工具和技巧

尽管波特的五力模型是制定战略的标准起点（至少对于商学院来说是这样），但还有很多其他的工具需要 MBA 熟悉。这些工具有些在时间上早于波特的五力模型，有些会有重叠，还有些会集中于一些特定的问题。跟很多其他工具一样，它们和市场营销中使用的工具会有重叠。以下是 MBA 应当知道和了解的主要工具和技巧。

安索夫成长矩阵

伊戈尔·安索夫（Igor Ansoff）在担任卡耐基梅隆大学经营管理研究生院教授时出版了具有里程碑意义的著作《企业战略》(*Corporate Strategy*)（1965 年）。他在书中解释了一种战略分类方法，以帮助人们理解风险性质。他请自己的学生把成长选择看作被分成 4 部分的正方矩阵（见表 12-1）。从轴心出发，产品和服务在 X 轴上，都从"现有的"和"新的"开始，在 Y 轴上标记市场。

表 12-1 安索夫成长矩阵

	现有产品	新产品
现有市场	市场渗透	产品开发
新市场	市场开发	多元化经营 横向 纵向 同心 混合

依据风险程度的增加，安索夫继续给每种类型的战略取了名称。

- 市场渗透，指把更多的现有产品和服务卖给现有顾客群——是风险最低的战略。
- 产品或服务延伸，指扩大现有产品或开发新产品并把它们卖给现有顾客群。这种战略比市场渗透战略的风险高，但比进入新市场的风险低，因为进入新市场你会面临新的竞争对手，而且可能并不能像现在一样充分地了解顾客。
- 市场开发,指进入国内或国外的新市场细分领域或者全新的市场领域。
- 多元化经营,指向新市场出售新产品,这是风险最高的战略,因为二者都是相对未知的。你要避免使用这种战略,除非其他所有战略都用完了。多元化经营战略又可以进一步分成4种增加风险预测的类型:横向多元化(全新产品进入现有市场);纵向多元化(返回上游供应商的业务领域或进入下游顾客的业务领域);同心多元化(新产品在技术和营销推广等方面和现有产品密切相关,但仍要进入新市场);混合多元化(全新产品进入全新市场)。

波士顿矩阵

这个工具是波士顿咨询集团在1969年开发的,可以和生命周期理念一同用于规划产品或服务的组合。这个矩阵背后的逻辑如图12-9所示,公司的产品和服务应当根据其现金创收和消费能力分成两个维度:

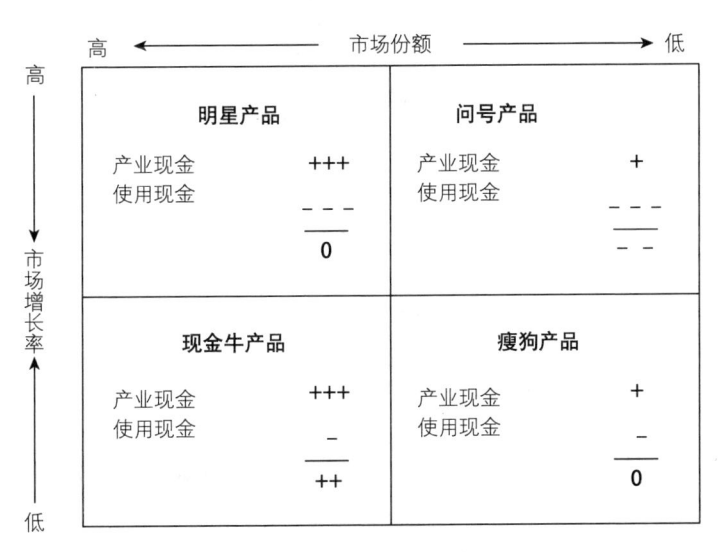

图 12-9　波士顿矩阵

市场增长率和市场份额。使用现金而非利润进行衡量，是因为现金是用作新投资的真正资金来源。目标是将"现金牛产品"（通常是不再需要大量营销支持预算的成熟产品）产生的正向现金流投资于"明星产品"（迅速成长的更新产品，），后者定位于公司已有较高份额的市场——通常是新市场。"瘦狗产品"就不应该再投资了；公司应限制对"问号产品"的投资并仔细观察其将来是更可能成为"明星产品"还是"瘦狗产品"。

战略目标

公司领导在 MBA 的协助下要完成三大任务：确定发展方向，开辟道路和设定目标。公司的发展方向由很多部分组成，如果你能把它们视为金字塔的各部分，那么你就能深入地理解它们（见图 12–10）。

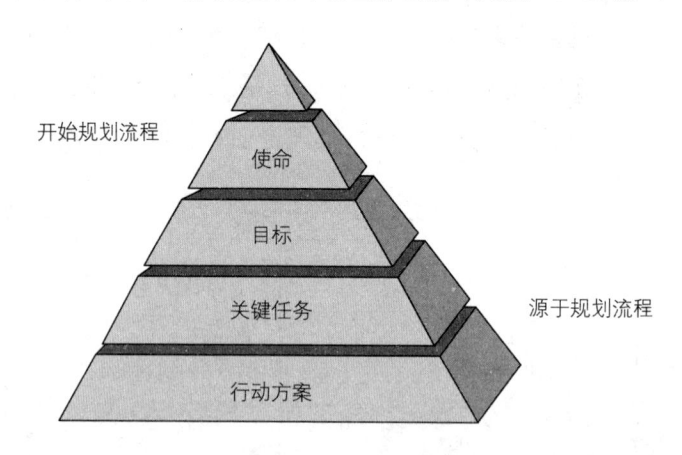

图 12–10　目标金字塔

愿　景

愿景是对组织能力范围的延伸。很少有人当下就知道如何实现愿景，但是他们明白如果愿景实现了那将是非常好的结果。

在很少有办公室能拥有一台电脑时，微软公司就确立了让每个家庭都拥有一台电脑的愿景,这个愿景现在已经实现了。当他们在 1990 年提出这一愿景时可能会让人苦笑。毕竟就在几十年前,IBM 曾预测全世界只需要 7 台电脑!

企业家们的股市纳斯达克的愿景是建立第一个真正的全球证券市场:"建立一个在连接资金池和全世界投资者的全球网络市场中的市场,从而确保以最低的成本实现最优的证券价格。"这种愿景绝对超出了今天很多企业的设想。

有愿景就更易于让员工相信所有者对企业的长期投入,同时也能让他们清楚在一个知道往哪走的组织里他们可能会获得职业机会并取得进步。

使 命

企业使命指明了方向,旨在将你的注意力都集中在整合并服务于市场或与顾客相关的专项能力的基本要素上。首先,使命足够具体才能为企业中的所有人提供方向性的指引。这种专注是企业成功的关键,因为只有专一在特定需求上,小企业才能将自己和其他大的竞争对手区别开来。没有什么事比想要短时间内做很多不同的事情能更快让企业失败了。其次,使命应当能开辟足够大的市场,从而能让企业不断成长并发挥自己的潜力。之后你可以一直往其中添加新的内容。总而言之,使命陈述应当解释如下 3 个方面的问题。

- 企业是做什么业务的,企业的目标是什么。
- 未来 1~3 年你想取得什么成就,比如你的战略目标。
- 企业的道德规范、价值观和标准是什么。

最重要的是,使命陈述必须是实事求是且可以实现的——而且要简短。

目　标

公司是否实现了愿景和使命，是通过其是否实现了公司目标来衡量的。这些目标从高层"上传下达"到整个组织，而它们的衡量标准从利润到产量和质量，再到不合格率和旷工率等。

目标设定是一个基础性的流程，在这个过程中，所有的员工都要就明确的绩效衡量标准达成一致。最终衡量领导是否有效的标准为公司是否实现了特定的目标。

案例研究

雅来药厂

除了公司操作层面有 MBA 外，最近雅来药厂（Alpharma）的主席和 CEO 当中也有了 MBA。1994—2000 年担任 CEO 的格特·W. 蒙特（Gert W. Munthe）是哥伦比亚大学的 MBA。自 1995 年以来担任雅来董事会主席的皮特·G. 汤布罗斯（Peter G. Tombros）于 1968 年在宾夕法尼亚大学获得了 MBA 学位。其他拥有 MBA 学位的高层团队成员包括迈克尔·J. 内斯特（Michael J. Nestor），他最初担任医药事业部总裁，之后担任品牌专业医药业务部总裁，他在后面这个职位上开创了雅来的疼痛药品特许经营业务。内斯特是中田纳西州立大学的工商管理学士、佩珀代因大学的 MBA。

雅来是 1903 年由一群来自挪威的药剂师创建的。作为制药企业，雅来迅速成长，在第一次世界大战之前，药品产量增长迅猛。到 1939 年，雅来成为重要的绷带和膏药制造商，其产品成为挪威在第二次世界大战中的重要物资。在接下来的 20 年里，它们通过一系列的收购成长为全球最大的杆菌肽生产商，这一战略为它们进入美国市场奠定了基础。

1983年，雅来收购了它最大的竞争对手——丹麦 A/S Dumex 公司，它是通过在纽约上市为这笔交易进行融资的。这是欧洲公司的美国分公司第一次在纽约上市。通过进入世界最大的资本市场，雅来开始进行大规模的收购。1987年，它收购了美国 Barre-National 公司，该公司是美国，可能也是全世界最大的液体非专利药品生产商。1988年，它收购了美国制药企业 NMC 实验室公司，这家公司是专门生产非专利药膏和药霜的。2000年5月，雅来收购了罗氏药业（Roche）的药物饲料添加剂业务。2001年，它收购了澳大利亚 FH Faulding 公司旗下的美国 Purepac 制药有限公司——Purepac 为北美市场供应非专利片剂和胶囊。

据公司资料记录，在1997年前后，随着公司出现很多服务于不同市场的不同部门，股东对收益的要求不断增加，这种压力导致公司需要监测可能会影响息税前利润的各项公司活动。雅来认为当前手头上的管理工具不能满足股东的期待，所以开始寻找新的管理工具。就在这时，有很多外部咨询公司关系网的公司首席执行官开始考虑平衡计分卡。对于一个专注于医药的企业来说，平衡计分卡的简单、战略评估功能，以及既可以使用财务指标又可以使用非财务指标的方式是极具吸引力的。

一旦决定之后，由公司内部控制部的4个人组成的项目团队就开始一起研究如何最好地实施平衡计分卡策略。他们把自己的发现写成了一本手册。在1998年6月底，这本手册在全公司范围内发放，确定了所有与计分卡相关的事项的公司政策。起初，公司鼓励各分部都制定计分卡，但这不是强制性的，一直到2001年1月公司战略规划流程中正式需要计分卡报告时才强制实施。

罗伯特·卡普兰（Robert Kaplan）和戴维·诺顿（David Norton）建议用25~26个月的时间使平衡计分卡成为雅来公司管理流程和价值

传递中的常规部分。到 2003 年，雅来成为在全球 27 个国家运营、年销售额达到 6.54 亿美元的全球制药企业。

2008 年 12 月 29 日，经过数月的持久战，雅来最终同意了君王制药公司（King Pharmaceuticals Inc）16 亿美元现金的收购要约。当天，君王制药公司同意每股向雅来支付 37 美元，这比新泽西州桥水公司（Bridgewater）8 月 21 日的股价溢价了 54%。当天是君王制药公司最初的每股 33 美元出价前的最后一个交易日。

平衡计分卡

平衡计分卡（见图 12-11）是卡普兰和诺顿开发的，并于 1992 年发表在《哈佛商业评论》的一篇文章中。平衡计分卡是一个管理流程，它把企业活动对标企业愿景和战略，能改善对内和对外沟通，并且能够对照战略目标监测组织绩效。

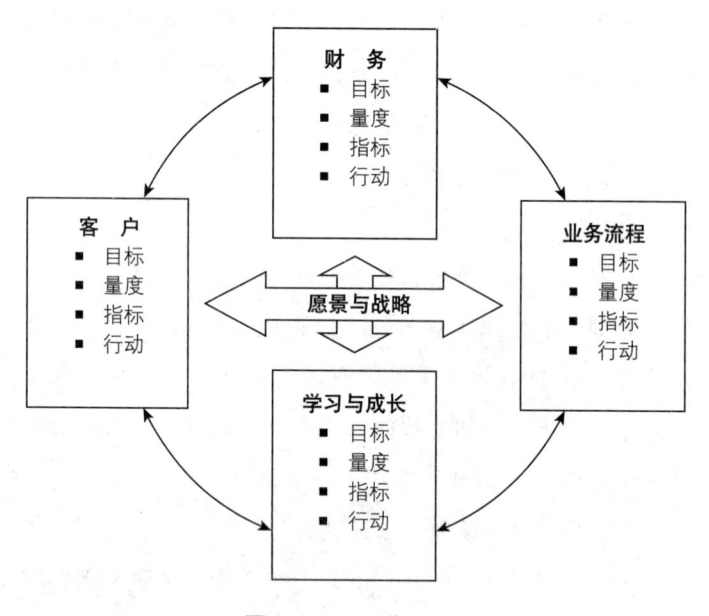

图 12-11　平衡计分卡

平衡计分卡的独特性在于它在传统的财务目标上加入了非财务绩效量度，从而让经理和董事对组织的绩效有更"平衡"的理解。

尽管公认提出这一说法的是卡普兰和诺顿，但平衡计分卡这一想法最初源自通用电气在 20 世纪 50 年代的绩效测量报告，以及 20 世纪早期法国工艺工程师的工作（他们发明了绩效衡量"面板"）。

这个管理流程包括 4 个方面，它实际上在目标和价值导向管理方面把管理范围延伸到了单纯的财务目标设定之外的领域。我们可以通过设定各种目标、量度、指标和行动来实现各方面特定的关键绩效指标（KPI）。

- 财务：包括投资回报、现金流、利润边际和股东价值的关键绩效指标。
- 顾客：包括顾客的保持率、满意度、推荐和投诉。
- 内部业务流程：包括存货周转率、事故率、生产缺陷、流程数量的减少和沟通的改善。
- 学习与成长：员工的离职率、道德水平、培训和发展成就、内部晋升与新招聘等都是这里会用到的关键绩效指标。

这 4 个方面通过双反馈回路连接在一起，目的是确保各项关键绩效指标不发生冲突。例如，如果我们可以通过提高送货次数来提高顾客满意度（比如通过提高库存水平来达到这个目标），那么这可能会跟改善已动用资本回报率的财务目标产生冲突。

课程和讲座在线视频

1. 广告，金·多纳休（Kim Donahue）教授，凯莱商学院（Kelley School of Business）（www.youtube.com/watch?v=NroY4SSrjL8）。
2. 消费者行为，决策流程。金·多纳休教授，凯莱商学院（www.

youtube.com/watch?v=yKb3j45QTpA）。

3. 好战略与坏战略：区别和重要性。伦敦政治经济学院（LSE）教授理查德·鲁梅尔特（Richard Rumelt）（www.youtube.com/watch?v=UZrTl16hZdk）。

4. 如何完成 SWOT 分析：Alanis 商学院（www.youtube.com/watch?v=0D2fT6obqdg）。

5. 如何开发创造性的产品和服务：麻省理工学院教授埃里克·冯·希普尔（Eric von Hippel）的 4 个讲座和对应的笔记（http://ocw.mit.edu/courses/sloan-school-of-management/15-356-how-to-develop-breakthrough-products-and-services-spring-2012/）。

6. 平衡计分卡导论：Alanis 商学院（www.youtube.com/watch?v=I-jt8zySe8E）。

7. 马斯洛的需求层次理论：Alanis 商学院（www.youtube.com/ watch?v=wx3qR3gLh60）。

8. 明茨伯格的管理角色：Alanis 商学院（www.youtube.com/ watch?v=NgkQYRqxKTs）。

9. 滑动平均数：布兰登·福尔茨（Brandon Foltz）在圣智学习（Cengage Learning）的讲课（www.youtube.com/ watch?v=kWYYTK79Fg4）。

10. 定位、市场细分和差异化：IE 商学院（www.youtube.com/watch?v=-0yFXLA6YW0）。

11. 定价策略和战略：金·多纳休教授，凯莱商学院（www.youtube.com/watch?v=0U-6Huw2gFo）。

12. 市场细分和目标市场选择：沃顿，《行动知识》（www.youtube.com/watch?v=9QKGo5rLdw4）。

13. 塑造战略的五大竞争力：迈克尔·波特教授接受《哈佛商业评论》的采访（www.youtube.com/ watch?v=mYF2-FBCvXw）。

14. 霍桑效应：为什么工人不仅仅只对金钱做出反应。Alanis 商学院（www.youtube.com/watch?v=EEwCWR5Vkpw）。

15. 管理层次：透视不同管理层次。Alanis 商学院（www.youtube.com/ watch?v=UJS9JrFDuRo）。

16. 理解相互关系：布兰登·福尔茨在圣智学习的讲课（www.youtube.com/watch?v=4EXNedimDMs）。

案例研究在线视频

1. 爱彼迎：首席技术官和联合创始人内森·布莱卡斯亚克（Nathan Blecharczyk）谈他们获取 192 个国家的顾客的战略（www.akamai.com/html/customers/testimonials/airbnb.htm）。

2. 亚马逊的第七代成就：CBS 60 分钟（www.cbsnews.com/news/amazons-jeff-bezos-looks-to-the-future/）。

3. 可口可乐的发展历程：使用消费者心理学来理解买家行为，威斯敏斯特商学院（Westminster Business School）——市场营销管理 2014（www.youtube.com/watch?v=aGfdubLAtY8）。

4. Costa 咖啡：普罗杰克特·马洛（Project Marlow）"让世界摆脱中庸的咖啡"。吉姆·斯莱特（Jim Slater）（Costa 企业常务董事），在伦敦商学院德勤创新和创业研究所（Deloitte Institute of Innovation and Entrepreneurship）所做的 Costa 咖啡的案例研究（www.youtube.com/ watch?v=0wLjM9BYUYs）。

5. Demandware 案例：市场细分。Hi（哈佛创新实验室）（www.youtube.com/watch?v=dZJGNyAwWxE&list=PLvy2hkfDK8JrKqZumPYVbO-qo5qSMU5Pa）。

6. 揭露脸书的战略：迅速行动、打破僵局！商业内幕（www.businessinsider.com/henry-blodget-innovation- highlights-2010-

2?IR=T)。

7. 中国怡园酒庄（Grace Vineyard）：CEO 陈芳（Judy Leissner）在欧洲工商管理学院谈用来使公司把梅洛特珍藏（解百纳）变成"全球第六大葡萄种植国——中国最好的红酒"的战略（www.youtube.com/watch?v=y20iOjyNDE4 ）。

8. 领英（LinkedIn）：领英 CEO 杰夫·韦纳（Jeff Weiner）和全球解决方案高级副总裁迈克·加姆森（Mike Gamson）谈人力战略（www.youtube.com/ watch?v=oU8BoQmgTp8 ）。

9. 沃尔玛案例研究——战略营销：强生（Johnson & Johnson）销售主管、沃顿商学院讲师罗德·麦克尼利（Rod McNealy）为普林斯顿的听众讲沃尔玛战略营销的案例研究（www.youtube.com/watch?v=cFhfOj36s4I ）。